JN410781

여성도 하고 돈도 되는
BUS & TAXI

여성도 하고 돈도 되는

BUS & TAXI

초판 1쇄 인쇄 2011년 4월 15일
초판 1쇄 발행 2011년 4월 20일

지은이 | 이영우
펴낸이 | 金泰奉
펴낸곳 | 한솜미디어
등 록 | 제5-213호

편 집 | 박창서, 김주영, 김미란, 이혜정
마케팅 | 김영길, 김명준
홍 보 | 장승윤

주 소 | (우143-200) 서울시 광진구 구의동 243-22
전 화 | (02)454-0492(代)
팩 스 | (02)454-0493
이메일 hansom@hansom.co.kr
홈페이지 www.hansom.co.kr

값 12,000원
ISBN 978-89-5959-263-0 (03810)

여성도 하고 돈도 되는
BUS & TAXI

한솜미디어

머리말

CT와 MRI를 합쳐 놓은 기능을 갖춘 PET라는 양전자단층촬영기가 등장해서 몸속의 1~2mm(좁쌀 크기) 정도 되는 암 조직까지 발견할 수 있다. 그리고 그 암 조직의 성장을 억제하는 혈관신생 억제제인 아바스틴(Avastin)이 미 FDA의 승인을 받아 시판되고 있는데, 처음에는 1인당 월 약값이 천만 원 정도였으나 요즘은 5백만 원 정도로 다운됐다. 그 억제제로도 잡지 못한 암 조직은 나노버블(Nano bubble) 주사법이라는 신기술이 개발되어 암 조직으로 통하는 혈관을 막아 결국 그 암 조직을 굶어죽게 할 수 있다고 보고하고 있다. 최근엔 중입자 가속기라는 방사선 치료기가 개발되어 암 치료 역사를 다시 쓰고 있다고 한다.

바이오테크놀로지의 발달로 인간의 생명이 날로 연장되어 초고령화 사회가 너무 빠르게 다가오고 있다. 한마디로 장수하는 데도 적지 않은 경비가 필요한 것이다. 작금에 아사히 신문은 큰 병원에서 치료를 포기하는 환자가 늘어나고 있다고 보도했는데, 그중 40%는 경제적 이유로 원치 않는 퇴원을 하고 있다고 한다.

2010년부터 베이비붐세대(55~64년)의 정년이 시작되어 그 수가 713만 명에 이른다. 8년간 매년 90만 명씩 패잔병 신분으로 일자리 구하기가 힘들고, 거의가 '열중 쉬엇!' 자세로 사회에 배출되고 있는 것이다. 가뜩이나 초고령화 사회로 급속히 진입하고 있는 노인들에게 있어 더욱 더 치열한 생존경쟁을 예고하는 아찔한 이야기가 아닐 수 없다. 정부도 급속도로 다가오는 초고령화 사회에 대한 뾰족한 대책을 내놓지 못하고 있다. 최근에는 현재 40세의 평균수명이 95~100세도 가능하다고 학자들은 주장한다. 이것은 분명하게 말해서 우리 사회에 큰 재앙으로 다가오고 있는 것이다. 왜냐하면 갑자기 다가온 장수사회를 맞이할 경비가 국가나 개인에게 여유롭지 못하기 때문이다. 연금제도가 정착 단계에 들어섰다고는 하나 현재 55세 이상 고령자의 78.7%(2010년 현재)가 연금과 전혀 관계없이 살아가고 있고, 65세 이상 노인들의 60%가 스스로 민생고를 해결해 나가고 있다.

현재보다 인간수명을 30% 늘릴 수 있는 약이 개발 중에 있는데, 이는 지난 10년간 동물실험 성공률에서 볼 때 그 가능성은 매우 높다. 임금피크제가 시작되었고, 노인 7명 중 1명이 치매환자, 국민연금 삭감, 초고령화로 인한 경제성장 급감이 예상되고 있다. 자녀들의 노부모 부양능력 상실과 이런저런 이유로 혼자 살다 이웃도 모르게 쓸쓸하게 죽는 노인이 연 32,000명이나 된다고 일본 신문이 보도하고 있다.

남자의 사회적 평균 은퇴 연령은 51세, 여자는 50세로 조사됐다. 그야말로 노인들이 갈 길은 먼데 앞날이 너무 어둡다. 젊은 사람들이 취업난에 시달리는 것처럼 앞으로 노인들도 민생고 해결에 직접 나서지 않으면 큰일을 맞을 수밖에 없다는 메시지를 필자는 독자들께 꼭 전하고 싶다.

사법고시에 패스하면 출신학교 정문에 그 이름을 크게 게재하던 시대가 있었는데 2010년 사법연수원을 수료한 양반들의 절반(500명)은 일자리가 없어 생계를 걱정하고 있는 시대에 우리는 살고 있다. 이들 모두가 수요와 공급에 대한 계산상 착오를 일으킨 사람들이라고 할 수 있다. 천당이 좋은 곳이라는 것을 모르는 사람은 없다. 하지만 그 천당을 가기 위해 죽으려 드는 사람은 없다. 이승이 더 좋다고 생각하는 사람들이 많기 때문이다.

미국의 노부부는 절대로 살아생전에 한국처럼 재산을 자식들에게 물려주지 않는다. 그래서 미국 노인들은 부자다. 반대로 한국은 젊은 자식들이 노부모보다 부자다. 그 이유는 부모를 반 협박하여 자식에게 재산을 물려주도록 분위기를 조장하기 때문이다.

"아니! 왜 다른 집 자식들은 부모가 사업자금을 대줘서 사업을 잘들 하고 있는데, 우리 집은 왜 이래요?"라는 '반 협박성' 말에 자유로웠던 부모가 별로 없었다는 말이다.

공장 일자리는 자동화에 밀리고, 사무업무는 컴퓨터에 밀려 갈수록 일자리는 줄어들 수밖에 없다. 국가는 부자가 되어 가고 있는데 국민은 가난해져 가고 있다. 이웃나라 일본처럼 말이다. 세계 최고인 미국은 인구가 3억이며 그 중 12%(3천6백만 명)가 빈곤층이다.

우리나라의 평균수명이 연장되어 가는 속도가 OECD보다 크게 앞질러 가고 있다 한다. 노령자들의 전용 직장으로 여겨졌던 아파트 경비도 이제는 젊은 사람들에게 이미 그 자리를 빼앗겼고, 강남 대다수의 아파트 경비는 젊고 건장한 사람들로 구성되어 가고 있다.

그런데 흥미로운 것은 오래 살 수 있는 시대가 왔다고 해도 좋아하는 사람들이 그리 많지 않다는 사실이다. 경제적인 능력이 없거나 노후를 대처할 만한 자신감이 없기 때문이다.

그나마 노후에도 일할 수 있는 소개할 만한 직업이 있기에 필자는 이 책을 쓰게 된 것이다. 70대 이후에도 많은 사람들이 일하고 있는 곳이 바로 버스와 택시다. 이 직종은 선진국들이 그렇듯이 절대로 사양길은 없다.

본 책은 철저하게 실전에서 얻은 경험을 주제로 했다. 직접 글을 써서 출판해야 했기에 머리글을 쓰면서도 여간 노심초사한 것이 아니다.

조상들은 한 우물만 파라고 가르쳤다. 그러나 IMF 때 가장 많이 피해를 본 사람들이 바로 한 우물만 팠던 사람들이다. 평생을 몸담아 온 직장에서 졸지에 내밀리고 보니, 타 분야에서는 도무지 아는 것이 없었던 것이다. 여러 가지 기술을 가진 사람이 굶어 죽는다는 속담은 이제 더 이상 통하지 않는다. 오히려 요즘은 여러 가지 기술(경험과 자격증 등)을 가지고 있는 사람들이 뜨는 세상이 된 것이다. 언제 어느 때 지금 몸담고 있는 직장에서 잘릴지 모르니, 제2의 또는 제3의 직업 전환용 노하우(사이드 잡)를 비축해 두어야 한다는 말이다.

혹 필자보다도 더 열악한 환경에 계시는 분들이 평소에 일하고 싶었던 업종의 분야에 아는 사람도 없고 루트 또한 알 수 없어 많은 관심을 갖고 있으면서도 선뜻 나서지 못했던 분들께 작게나마 도움을 드리고 싶다. 그래서 필자의 오랜 운전 경력에서 축척된 노하우와 1천 명 이상의 택시 손님들과의 직접 인터뷰 과정을 통해, 손님들이 싫어하고 좋아하는 것들을 가감 없이 다루었다.

이 책은 운전을 소개하고 있으나 반드시 운전자들에게만 국한된 정보만은 아니다. 이 시대를 살아가는 모든 사람들에게 필요한 정보이고, 아무도 가르쳐 주지 않는 오직 경험에서만 얻을 수 있는 여러 가지 삶의 정보와 요령들을 담았다. 운전기술이 거의 모든 사람들에게 '필수적' 삶의 기술이 아니라고 부인할 사람은 아무도 없을 것이다.

미국에서 영업용 차량의 안전에 관한 교육을 이수한 필자의 경험을 바탕으로 시중에 노출되어 있지 않은 중요한 안전운전 요령과 차량관리 방법을 소개했다.

그리고 힘든 식당일만을 전전하며 자기의 승용차도 힘들게 몰고 다녔던 순하디 순한 필자의 아내에게 버스운전을 권하여, 비교적 짧은 시간에 의젓한 서울의 시내버스 기사로 6년 무사고 경력을 유지하면서 적지 않은 돈도 벌고 자신감도 생기게 했던 경험담을 란제리까지 소개했다. 누구나 마음만 먹는다면 할 수 있는 버스운전과 취직 요령을 깊이 있게 파헤쳤다.

택시기사가 손님들에게 친절하게 대하면 되돌아오는 좋은 점들을 소개하고, 아울러 친절이란 진정 무엇인지에 대한 경험담과 택시 속의 웃지 못할 풍경도 다루었다.

처음 교통사고를 당한 현장에서 당황하여 사고 뒤처리를 잘못하면 패가망신을 당하는 냉혹한 현실을 파헤쳐 보았고, 그 누구도 가르쳐주지 않는 사고현장에서의 목격자 확보요령을 보다 현실성 있게 제시했다. 새벽녘 대형 사고를 일으킨 후 뺑소니치는 차량을 추적하던 박진감 넘치는 스릴도 논픽션으로 담았다.

인생사 고스톱이다! 뒷주머니에 밑천을 넉넉하게 넣어 두고 '고'를 해야 하는 것처럼, 유비무환의 자세로 한두 가지 기술을 더 배워 준비해 놓는 것이야말로 바로 우리 인생에 있어 이보다 더 큰 보장성보험은 없을 것이다.

자본이나 학력 없이 아무나 그리고 여성도 할 수 있고, 안정된 생활을 보장받을 수 있는 직업으로 가는 길이 이 책에 있다.

스티브 잡스, 빌 게이츠, 카를로스 곤, 워런 버핏, 샘 월튼, 이건희 등 세계적인 CEO들의 회사를 운영하는 전략은 각기 달라도 이들이 이구동성으로 강조하는 훌륭한 말이 하나 있다.

세상에서 가장 무서운 것은 '변하지 않는 사람들'이라고….

Think outside of the box!

이영우

Contents

제2장 돈 되는 택시는 따로 있다

제3장 건강만큼 중요한 운전기술

제4장 목격자는 현장에서 확보하라

Part 1

여성도 하는 버스기사

여성 버스기사 전성시대

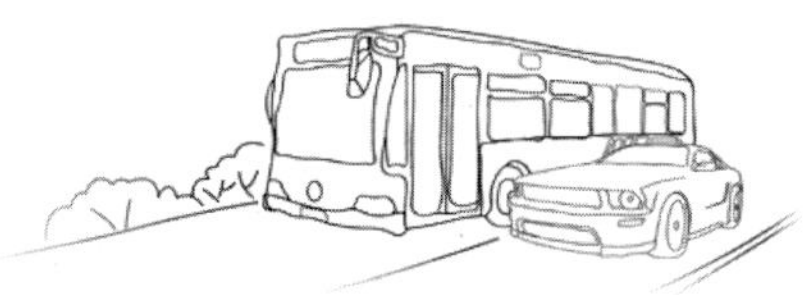

미국은 여성 버스기사들이 참으로 많다. 파리를 가 봐도 여성 버스기사들은 1/3은 되는 것 같다. 중국과 북한에도 여성 버스기사들이 많다고 한다. 이것은 곧 세계적인 추세다. 그러나 한국만 여성 버스기사들의 수가 적다. 힘이 세고 운전을 잘하는 남성 운전자라고 해서 길거리에서 펑크가 나거나 고장이 나면 차 수리를 직접 하는 것도 아니다. 어차피 정비사들이 출동한다. 오히려 다소 차분하고 얌전하게 안전운전을 하는 것은 여성 측이 더 잘한다.

세상을 남보다 앞서간다는 것은 미래의 길목을 잘 예측하고 준비해 나가는 일일 것이다. 이러한 계획들이 가능한 것은 사람들이 걸어온 발자취(통계학)를 잘 들여다보면 어느 정도는 갈 길(미래)이 보이기 때문이다.

노후 복지가 잘 되어 있는 미국도 은퇴 후 77%의 사람들이, 캐나다는 69%가 일자리를 원한다고 조사됐다. 돈보다도 놀고먹는 것이 얼마나 힘든 일이란 것을 이들은 잘 알고 있기 때문이다.

오래 사는 것을 속으로는 좋아하는 사람들이 많을지 몰라도 겉으로는 대다수의 사람들이 싫어하는 것처럼 대답한다.

"아이구! 그렇게 오래 뭘 먹고 삽니까?"

"적당히 살다 죽어야지 목숨만 붙어 있다고 사는 것은 아니지요."

“벽에 똥칠할 때까지 살면 자식들에게 못할 짓 하는 겁니다.”

“그것도 돈 있는 사람들의 말이지요. 당장도 어려운데….”

그렇지만 건강하게 남의 부축을 받지 않고 장수한다면 그것까지 싫어할 사람은 없을 것이다. 문제는 삶의 경비이다. 수명은 늘어나는데 일자리는 오히려 줄어들고 있다. 따라서 가난한 노인이 크게 증가하고 있고 일자리가 없다고 아우성이다. 일자리가 없어 고민하기보다는 일자리를 만들어 보자는 말이다.

남존여비(男尊女卑) 사상에 뿌리가 깊었던 우리 사회가 이제 호적법도 바꾸어 여성도 호주가 되도록 하고 있어, 겉으로는 그야말로 남녀평등 시대를 외치고는 있다. 하지만 여성보호단체에서는 아직도 우리나라는 여성을 무시하는 사회적 성향이 여러 분야에서 사라지지 않고 있다고 주장하고 있다. 빈민국인 아프리카 국가들 다음으로 우리나라가 여성을 홀대하고 있다고 한다. 거의 대다수가 최저임금으로 100만 원에도 못 미치는 급료를 받고 있고, 남성들에 비해 60%도 채 되지 않는 저임금에 시달리고 있다. 해고되는 사람들의 십중팔구는 여성이라고 한다. 다시 말하면 아직도 우리 사회는 직업전선에 뛰어들어야 하는 여성들의 갈 길이 험하다는 말이다. 이런 와중에 그나마 남녀가 평등하게 일하고 있는 곳 중에 하나가 바로 여성 버스 운전직이다.

현재(2011년 1월) 서울의 버스는 지선, 간선, 광역 등의 노선을 합쳐 369개 노선에 7,548대의 버스가 투입되어 16,200여 명(2010년 12월 현재)의 버스 운전자 중에 여성 버스 운전자는 316명이 종사하고 있다. 이는 전체 버스기사의 2%를 약간 상회하는 비율인데 남자기사 50명 중에 여성기사 1명꼴인 셈인데 아직까지 홍일점임에는 틀림이 없다. 선진국들에 비해 아직까지는 미미한 숫자다.

앞으로 한국도 여성 버스기사들이 많이 늘어날 것으로 예상된다. 왜냐하면 여성들이 차분하고 섬세한 운전을 하면서 사고 발생률도 남자들보다는 덜하기 때문이다. 아직까지 여성 버스기사의 수가 적은 것은 남존여비사상에서 비롯된 우리들의 의식구조 때문이 아닌가 하는 생각이 든다. 제사 지내는 것만 빼고는 거의 모든 것을 서양에서 도입하다시피해서 사용하고 있는 것이 요즘의 우리네 문화인데 아마도 여성 버스기사들도 그들처럼 많이 팽창하리라는 생각이 든다.

하이브리드카(Hybrid car)를 생산하는 데 있어 세계의 자동차 회사들이 혈안이 되어 있다. 아니, 자동차 회사들만 설치는 것이 아니라 세계의 모든 나라가 환경 살리기에 동참을 선언하고 나선 것이다. 이제는 어느 나라도 환경을 생각하지 않고 만든 제품은 팔아먹을 수 없는 날이 급속도로 다가오고 있는 것이다. 지구에서 배출되는 온실가스로 온난화 현상이 빠르게 진행되어 남극과 북극의 얼음이 엄청난 속도로 녹아 흐르고, 한국의 기후마저 아열대기후로 바뀌고 있다고 한다. 이제는 온 세계가 나서서 환경을 보호하지 않으면 전쟁보다도 무서운 재앙이 닥친다는 것이다. 이대로 방치하면 지구도 얼마 가지 않아 종말을 맞을 수밖에 없다는 사실에 세계가 공감하고 있다.

서울시도 대기오염에 대한 환경개선에 관심이 대단하다. 따라서 대기오염을 줄이는 방법은 자동차의 도로운행을 억제하는 것만이 최상의 정책일 것이다. 그렇다면 승용차 운행을 줄이고, 디젤 차량의 시내운행을 제한하는 정책이 필요할 것이다. 이에 시민들이 승용차 사용을 자제할 수 있도록 서울시내 대중교통의 시스템을 편리하게 고급화하여, 자가용 운전자들의 승용차 운전을 자제하도록 유도하는 전법으로 나갈 것이라는 추측이 얼마든지 가능하다. 그래서 서울의 버스기사라는 직업은 선진국들이 그렇듯이 미래지향적이라는 말이다.

2009년 12월 초순에 일간신문과 방송에 보도된 일이다. 강서구의 어느 버스회사에서 6명의 버스기사들을 모집하는데 몰려든 지원자가 무려 130명이었다. 경쟁률이 20대 1이 넘었다. 버스 운전자들의 근로

환경이 전과 다르게 크게 개선되었다고 하는 소문 때문이었을 것이다. '요즘 같은 불황에 버스나 해볼까…' 하는 계산이 선 사람들이 많아졌다는 얘기다. 그러나 지금은 분명하게 말해서 '버스씩이나'라고 말할 수 있을 정도로 서울 시내버스의 근로환경이 크게 개선되었다. 서울시에서 환승시스템을 도입한 이후로 버스를 이용하는 서민들의 기분이 한층 업그레이드된 것도 사실이다. 여론조사에서도 현재의 서울 시내버스에 대한 만족도가 82%나 된다고 한다.

시민들 입장에서는 많은 버스요금을 절약하게 되었고, 여기저기 잠깐씩 들러서 일을 보고 다니는 사람들에게는 저렴한 요금으로 버스와 지하철을 이용할 수 있으니 말이다. 버스 전용차선을 만들어 버스만을 통행하도록 한 제도는 출퇴근 시간에 오랜 시간 시달리던 서민들의 스트레스를 날려주는 데 큰 몫을 하고 있다. 버스 회사들 간의 경쟁운전과 기사들의 난폭운전에 시달렸던 시민들의 불편 또한 크게 개선된 것도 사실이다. 전용차선으로만 운행하는 버스들은 추월도 할 수 없다.

아직도 버스 전용차선이 아닌 도로에서 일부 양심 없는 버스 운전자들이 저 잘났다고 운전하던 못된 버릇들이 가끔씩 보이기도 하지만 서울시에서 절대로 방관하지 않는다. 그래도 이 정도나마 잘 정리된 이유는 서울시에서 버스 회사들을 철저하게 관리감독하고 있고, 그 대가로 버스 회사들에게 경제적인 지원을 확실하게 하고 있기 때문이다. 서울시에서는 그야말로 채찍과 당근을 양손에 들고 말(버스)을 길들이고 있는 것이다. 서울시의 이 같은 버스 정책은 대성공을 거두었다.

카드를 사용한 환승제도는 세계가 부러워하는 IT 강국임을 입증한다. 버스를 이용하는 승객들은 시내버스 운전자들에게 서울시의 준공무원이라는 별칭을 나름대로 부여하고 있으니 말이다. 이런 말들을 스스로 인정이라도 하듯 버스기사들도 이마에다 그 말이 '맞다'라고 자신 있게 써 가지고 다니는 것을 버스기사들의 얼굴 표정에서 얼마든지 확인이 가능하다.

미국으로부터 갑작스레 밀어닥친 경제난에 많은 국민들이 경제적 어려움을 호소하고 있는 요즘, 버스기사라는 직업은 웬만한 기업의 사원도 부럽지 않다. 왜냐하면 연일 신문과 방송에 대기업은 물론이고 공공기관과 공무원들까지도 구조조정에 들어가야 한다는 말이 무성하고, 실제로 밀려 나오는 사람들이 부지기수이다. 이런 사회적인 험악한 분위기와는 달리 시내버스 운전기자는 아직까지 흔들리지 않는다.

사회가 불황일수록 자가용이나 택시를 이용하던 손님들도 자연스럽게 버스나 지하철 같은 대중교통수단으로 대거 이동하기 때문이다. 그래서 당분간 버스기사들의 실업에 대한 불안감은 묶어 두어도 무방하다고 필자는 장담한다. 아마도 필자와 같은 생각을 했던 사람들이 일시에 몰려드는 바람에 앞에서 언급한 것과 같이 버스기사를 모집하는데 있어 대단한 경쟁률을 보인 것이 아닌가 생각한다.

버스운전이란 직업은 필자가 어렸을 적에는 못 배우고 가난하여 갈 곳 없이 소외된 사람들이 택했던 직업인데, 지금은 대학을 졸업한 사람들도 제법 많이 포함되어 있는 것을 보면 그야말로 격세지감을 느끼게 한다. 미국에서도 버스운전을 하면 중산층에 속한다. 서울시에서 앞으로 버스계획을 발표하기를 시민이 버스를 이용하기 더 편리하도록 저상버스에 자동기어를 장착한 안락한 버스를 2013년까지 모두 교체할 예정이라고 한다.

그런데 작금의 뉴스를 보면 전기버스로의 전환이 빠른 시간 안에 이루어질 가능성도 있다. 전기버스는 무공해이기 때문인데 비용이 너무 많이 들어가는 것이 문제로 남아있기는 하지만 말이다.

요즘 같은 취업난에 연봉 4,300만 원 이상이라면 결코 적은 돈은 아니다. 물론 고속버스나 공항을 출입하는 시외버스는 회사에 따라 약간의 차이는 있지만 연봉 4,500만 원을 상회하는 회사들도 적지 않다.

'임금 피크제'를 도입해야 하고, 최저임금을 내려야만이 경제를 살릴 수 있다고 경제계나 여러 언론에서 수시로 거론하고 있는 이때, 버스 기사들의 직업은 대단히 안정된 직업이라고 말할 수 있다. 그들이 받고 있는 보수도 무시할 수 없는 금액이다. 물론 이보다 더 많이 받는 직장이 없다는 말이 아니라 특별한 학력이나 힘든 교육과정 없이, 특수자격증이 없어도 손쉽게 뛰어들 수 있는 직업이기에 하는 말이다. 내가 산 주가가 어느 곳으로 흐를지 아무도 예측하지 못하는 것처럼 우리네 인생살이도, 독자의 앞날도 어느 곳으로 흘러갈지 예측하기 어려운 요즘의 일자리 난국에서 볼 때, 서울시가 공을 들이고 있는 시내버스의 앞날은 어둡지 않다. 지금의 제도가 좋은 정책이기에 시민들로부터 절대적인 인정을 받아 전국의 많은 지방 도시들도 서울과 같은 버스시스템을 그대로 벤치마킹 중이다.

임금(월급)이라든지, 장비(버스)라든지, 복지혜택과 처우 면에서도 크게 개선된 것이 사실이다. 서울 시내버스 회사들의 환경이 좋아진 이후로는 취업하기가 어렵다고 하지만, 남성은 물론이고 여성도 얼마든지 취업할 방법은 있다. 물론 취업경쟁은 심하지만 말이다. 그러나 어느 분야든지 경쟁이 심하지 않으면 희소가치도 떨어지는 법이고, 따라서 재미도 없다. 박지성이나 김연아 같은 사람이 우리나라에 10명 정도 있다면 그 사람의 희소가치는 별 볼 일 없을 것이다.

사람은 누구나 처음 접하는 분야는 낯설고 어색하기 마련이다. 요즘은 일반인들이 취업난 때문인지 버스를 운전하고 있는 여성을 보는 눈길이 예전과는 사뭇 다르다. 필자는 현재 서울에서 택시운전을 하고 있는데, 가끔 손님과의 대화 중에 푼수처럼 아내가 버스드라이버라고 자랑을 한다. 그냥 운전을 하다가 불쑥 손님에게 자랑해 놓고 손님들의 표정을 살피는 악(?)취미가 필자에게 생겨난 것 같다.

손님들에게 아내가 버스드라이버라고 하면 거의 모든 사람들이 "그래요!" 하면서 놀라는 표정을 지어 준다. 그러면 필자는 마음에 준비되어 있는 다음 말을 자연스럽게 이어간다.

"돈도 계산해 보니까 저보다는 더 벌어요!"라고 하면 손님은 "그래요! 아저씨는 금방 돈 벌겠어요" 하며 한 번 더 놀라는 표정으로 필자의 기분을 거들어 준다.

필자가 팔불출처럼 아내를 자랑하고 싶어서 하는 말이 결코 아니다. 손님이 필자의 말에 추임새를 더해 주는 것을 보면서 한 번 더 손님의 생각을 물어보면 필자가 분명하게 말해서 좋아 보인다는 말을 한다.

택시 손님 중에도 버스기사로 가는 길을 구체적으로 질문해 오는 손님들도 제법 많다. 필자가 택시 손님 10명에게 여성 버스기사에 대한 평가를 질문했을 때 10명 모두가 대단하다는 말을 한다. 거기에는 아마도 그렇게 큰 차를 몰고 다니는 용기를 가상히 여긴다는 뜻도 포함되어 있겠지만, 연봉이 4,300만 원(일을 얼마나 하느냐에 따라 다소 차이가 있으나 정상적인 근무에는 이 정도의 수입이 있다)이 넘는다는 말에 확실하게 다시 한 번 놀라는 것을 확인한다. 이렇게 버스기사의 길을 가고 있는 사람들 중에는 3,000만 원대의 승용차(자가용)를 구입한 사람들도 다수 있다. 전 같으면 상상도 하지 못할 일들이 이제는 버스기사들 사이에서도 자연스러운 현상이 되어 버린 것이다.

버스기사라는 직업은 분명하게 말해서 정규직이다. 직책상 승진도 없고, 말년(정년)이 다 되어 가도 마냥 운전기사다. 다만 근속년수에 따라서 근속수당만 약간 더해질 뿐이다.

전에는 뒤따라오는 버스에게 배차간격을 벌려 놓아 엿(?) 먹으라는 식의 골탕을 먹이던 앞서 가던 못된 버스기사들도 많았지만 전용차선이 만들어지고 서울시가 직접 관리에 들어간 이후로는 그것도 옛말이다.

버스 운전기사가 되고 보면 재미있는 것이 하나 있다. 대한민국의 은행들이란 서민들이 담보 없이 은행에 가면 쳐다보지도 않던 곳인데,

버스 운전기사로 1년 이상 근무했다는 재직증명서만 가져가면 보증인 없이도 2~3천만 원 정도는 무담보 대출이 가능하다.

이 경제 난국에 버스기사들에게 재미있는 일이 아닐 수 없다. 필자 아내의 친구가 제법 큰 미장원을 운영하고 있다. 월수입은 600 정도 되는데도 무담보 은행대출은 사절이다.

사람들은 선망하는 직업에 도전할 용기는 있으나 그 분야에 대한 정보나 인맥이 없는 관계로 생각에만 그치고 포기하는 사람들이 의외로 많다. 독자에게 다소는 생소하게 보이는 업종이라고 해도 그 내막을 자세히 들여다보면 그 분야를 리드해 나가는 사람들 역시 우리네와 똑같이 그렇게 크게 잘나지도 않고, 모나지 않은 사람들이다. 누구든지 끈기 있게 파고들면 안 되는 일이 없다는 것을 필자는 강조하고 싶은 것이다. 다만 처음 접하는 분야다 보니 그것에 대한 생리를 잘 모르기에 힘든 것처럼 보이는 것뿐이다.

처음에 어떤 자격증을 취득하기 위해 마음을 정하고 독학하기 위해 그 분야의 전문서적을 구해서 들여다보면, 도대체 무슨 말인지 쉽게 이해가 되지 않는 법이다. 그렇게 생소하고 이해하기가 어려웠던 분야도 그것을 몇 번이고 반복해서 읽다 보면 누가 설명해 주지 않아도 서서히 이해가 되는 것처럼 무슨 일이든지 계속 부딪치면서 파고들면 풀려나가기 마련이다.

요즘은 필자의 아내가 운전 중에 가끔 버스 손님으로 탄 아주머니들이 버스운전을 하려면 어떤 루트가 있느냐고 자주 물어온다고 한다. 하긴 버스기사를 양성하는 학원이 있는 것도 아니고 버스기사로 가는 길을 제시해 줄 수 있는 정보가 전무한 실정이다.

버스를 운전하고 있는 작은 체구의 필자 아내를 버스 손님들이 볼 때, 남성 호르몬이 왕성해 보이기는커녕 가냘파 보이기만 하기에 '저 정도면 나도 얼마든지 할 수 있지 않을까?' 하는 생각을 해본 여성 손님들이 용기를 내서 질문하는 것이 아닌가 하는 생각을 필자 나름대로 해석해 본다. 그런데 그렇게 질문해 오는 사람들 중에는 남성들도 제법 있다고 아내가 일러준다.

필자의 아내는 6년간 단 한 건의 사고도 발생시킨 적이 없는 무사고 운전자다. 버스운전이란 그렇게 어렵지만은 않다는 말이다.

인생은 너무 짧다. 망설이다가 보내는 허송세월을 독자들은 계산해 본 적이 있는가? 필자는 어떠한 주식을 어느 때 사면 큰돈이 될 수 있을 것이라고 주장하는 것이 아니다. 누구나 그렇게 크게 그리고 어렵게 생각하지 않아도 삶의 길을 정도(正道)로 갈 수 있는 방법이 있다고 제시하고 있는 것이다. 그것도 한 치의 거짓됨이 없이, 마치 연구원들이 신약을 개발하여 그 신약의 효능을 입증하기 위해 임상실험을 거치는 것처럼 필자도 그 실험 대상자를 필자의 아내로 정하고 성공적으로 경험한 사실을 독자들에게 사실 그대로 전하는 것이다.

두드려라! 버스업계도 우리네와 같은 평범한 사람들이 운영하고 있는 것이 사실이라면 그 문은 어렵지 않게 열리게 되어 있다. 그리고 찍어라! 열 번 찍어서 안 넘어가는 나무도 세상에는 있을 수 있다는 것을 염두에 두고 열심히 찍는다면 그 찍는 팔뚝에 힘이 더 가해질 테니까 말이다.

그렇다. 버스운전자라는 직업이 여성에게 있어 이 시대에 제법 근사해 보이는 직업으로 생각된다면 그까짓 도끼질 몇 번 정도 못할 것이 무엇이 있겠는가. 사람의 능력에 따라서 다소 차이는 있겠지만 우리 사회에 열 번까지 찍어야 할 나무는 그리 많지 않다. 너덧 번 정도 찍으면, 대개는 '잘…' 넘어간다.

버스를 경험해 보지 못한 사람들, 특히 여성들은 여성 버스기사가 저렇게 큰 버스를 도대체 어떻게 몰고 다니는지 모르겠다는 생각을 한번쯤은 해봤을 것이다. 그러나 사실은 절대 그렇지 않다. 누구나 할 수 있고 아무나 할 수 있는 승용차 운전과 크게 다르지 않다. 다만, 대형면허가 있어야 하는 이유는 많은 손님들의 안전을 책임져야 하기에 운전경험이 많은 사람을 쓰기 위한 것이라고 생각하면 정확할 것이다.

취직하기가 어렵다 해도 취업하는 방법은 반드시 있다는 것을 필자는 분명하게 전하고 싶다. 비단 버스회사뿐만 아니라 사회 어느 분야든지 평소에 가지고 있던 고정관념을 조금만 바꾼다면 얼마든지 사회 각 분야에서 막강한 경쟁력을 갖출 수 있고, 따라서 활기찬 삶을 이어갈 수 있음을 확신한다.

많은 사람들이 시도해 보지도 않고 포기하는 예가 많은데, 항상 쟁취하는 사람들을 보면 끈기 있고 지독하리만큼 열정적으로 매사에 치밀하게 임하고 있다는 사실이다.

심각한 취업난

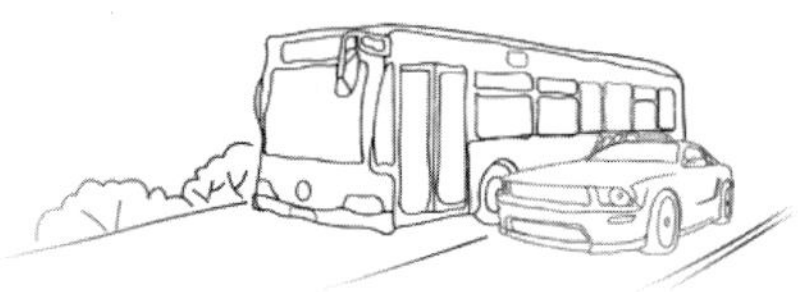

미국발(리먼브라더스) 경제난은 우리에게도 그 여파가 너무 커 2010년 현재 실업자가 300만 명이고, 취업을 하려고 대기하고 있는 사람이 150만 명, 취업을 하려다 지쳐 포기상태에 있는 사람이 220만 명, 가장이 실직한 가정이 6가구 중에 1가구에 달하고 있다는 암울한 통계들만 있는데, 금년에는 또 어떤 암울한 통계가 잡힐지 답답하다. 가면 갈수록 상황이 더욱더 심각해질 가능성에 학자들은 무게를 두고 있다. 선진국들의 발자취가 그렇듯이….

미국 등 선진국에서 석박사 학위를 취득하여 귀국하였으나, 일자리가 없어서 다시 공부한 나라로 되돌아가는 고급 인력의 수가 적지 않다고 보고되고 있다. 이렇게 취업난에 힘들어하는 사람들의 가족들까지 합쳐서 계산한다면 우리 국민의 약 30% 정도는 경제적으로 큰 어려움에 놓여 있다는 것을 짐작할 수가 있다. 반면에 이른바 3D업종이라는 분야에서는 일손이 모자라 동남아시아권에서 온 외국인(불 · 합법자를 합친)들을 약 120만 명 정도 쓰고 있다. 다시 말하면 우리가 해야 할 일을 우리 식구는 놀고 있는 반면에, 남의 식구들을 데려다가 집안일을 처리해 나가고 있는 것이다. 그런데 이제는 이들도 많은 수가 직장을 잃고 그들의 나라로 귀국하거나 다른 직장을 구하기 위해 거리를 헤매고 있다고 한다.

일자리를 못 구하는 사람들에게도 책임이 없는 것은 아니다. 힘든 일이나 시시한 중소기업에서는 일하지 않으려고 하는 생각들을 가지고 있기에 고급 인력의 적체현상을 불러온 부분에 대해서 말이다.

'주위의 이목 때문에…'라는 생각은 깡그리 버려라. 생각을 바꾸는 데 망설이지 말아야 한다.

미국에서는 3층 건물 높이의 세계에서 가장 큰 600톤이나 되는 트럭(캐터필러 덤프트럭)을 운전하는 사람이 바로 여성이다. 미국의 최신예 전투기 F22(스텔스 기능을 갖춘 전투기)가 있는데 지상에서 50m 높이로 비행하면 적의 레이더를 피할 수 있다고 한다. 이 전투기가 평양을 다녀오는 데 15분이면 충분하단다. 이번 연평도 사태 때 조지 워싱턴호와 함께 서해에서 훈련에 참가한 미국의 최신 전투기로 이 전투기의 조종사 중에 여성이 포함되어 한국에 왔던 것이다. 미국 또는 선진국들에서도 많은 여성들이 각 분야에 남성의 전유물 같았던 직업전선에 많이 참여하고 있는 것이 사실이다.

길을 찾고자 노력하는 사람에게는 항상 방법이 있기 마련이다. 환경 탓만을 하지 말고 정신 상태를 바꾸어 보자. 발상의 전환이 필요하다. 카멜레온(Chameleon mind)처럼 삶에 적합하게 발달되어 있는 신체구조처럼 말이다. 순간의 위험을 느끼면 그 즉시 주변 환경의 색깔과 비슷하게 온몸의 색깔을 바꾸어 자기 자신을 보호하는 데 최선을 다하고, 느린 동작 때문에 먹이까지 직접 다가가지 못하기에 긴 혀를 속사의 속도로 쏘아서 먹이를 잽싸게 낚아오는 재주 하며, 양쪽의 눈이 제멋대로 거의 360도로 회전하여 몸이나 목의 방향을 전환하지 않고서도 자기 주변의 모든 물체를 파악하는 능력 하며, 꼬리로 나뭇가지에 매달려 적으로부터 몸을 보호하는 신체적 구조처럼 말이다. 카멜레온처럼 생존경쟁에서 절대로 뒤질 것 같지 않은 몸의 구조로 현실에 적응하는 신비한 기술을 우리는 반드시 느끼고 배워야 한다.

정규대학을 나왔으나 일자리가 없자 자격증을 취득하여 재차 직업을 구하기 위해 정규대학의 명예(?)까지 과감하게 버리고 전문학교로 유턴하는 사람들이 제법 늘어났다고 언론에서 접하고 있지 아니한가. 바로 이러한 사람들이 카멜레온 정신을 가진 사람들이라고 필자는 말하고 싶다. 그렇게 급변하는 주변 환경에 잽싸게 적응하는 순발력이 필요한 것이다.

언젠가 30대 초반으로 보이는 남자 손님이 탔다. 일본에 있는 여자 친구와 국제통화를 하는 것을 보고 필자가 물었다.

"일본에 사시나 보죠?"

"아니요! 중국에서 한의학 공부를 하고 있는 중입니다."

"나이도 제법 드신 것 같은데요?"

"예! 36세입니다. 그런데요 제가 자랑은 아닙니다만 서울공대를 나왔는데요. 직장생활을 하다 보니 학교에서 배웠던 기술을 가지고 사회에 나와 보니 그때 배웠던 그 시절 기술은 아무런 쓸모가 없고, 새로운 기술들이 하루가 다르게 쏟아져 나와 직장생활 하기가 매우 힘들어서 한의사가 되려고 중국 북경대에서 한의학 공부를 하고 있는 중입니다. 선배들 얘기가 한의사가 되면 특별한 변동이 없다고 하기에 보다 안정된 직업으로 전환하는 중입니다."

너 자신을 알라

적을 알고 나를 알면 백전무패라고 '손무'가 말한 것처럼 게임에 임할 때는 적을 정확하게 아는 것도 중요하지만, 자신도 정확하게 파악해야 한다. 대체적으로 적은 어느 정도 아는 것 같은데, 정작 자기 자신에 대해서는 잘 모르는 사람들이 많은 것 같다.

자신의 목소리를 녹음한 후 녹음한 소리를 재생하여 흘러나오는 오리지널 보이스를 들어본 적이 있는가? 자기 목소리를 스피커를 통하여 처음 듣는 순간 '아니! 이게 뭐야! 이거 내꺼 맞아! 이렇게 소름끼치는 목소리를 가지고 지금까지 세상 사람들과 대화를 하면서 살아왔단 말인가?'라며 자신의 목소리를 듣고 정색하며 스스로 정신적 회의에 빠져본 경험이 누구나 한번쯤은 있을 것이다.

그러나 크게 상심하지 마라. 자신이 느끼기에 이상하게 들렸을 뿐이지 그 목소리 자체에는 아무 이상이 없고, 또한 주변 사람들에게도 그렇게 지저분하게 들리지 않는다. 다만 태어나서 처음 발견한 자신의 목소리였기에 놀랐던 것뿐이다.

평소에 본인의 목소리인 줄 알고 머릿속에 입력해 놓고 살았던 목소리는 목청을 출발하여 목근육과 뼈를 통하여 귀청에 직접 전달된 것을 감지해 오던 목소리였다. 반면에 녹음해서 청취한 목소리는 목청을 출발하여 입 밖으로 나가 공기 속으로 흘러나간 목소리를 녹음기라는 기계가 감지하여 테이프나 CD 같은 곳에 보관했던 것을 기계를 통해 스피커에서 흘러나오는 소리가 다시 공기를 통해서 날아오는 것을 자신의 고막을 통해 귀청이 감지한 것이기에 다른 것이다. 따라서 평소에 느끼고 살았던 목소리와 녹음기를 통해서 확인해 본 목소리는 그 음질 자체가 다를 수밖에 없다. 다시 말하면 자신의 목소리가 타인에게 들리는 것과 자신이 느끼는 소리의 음질은 분명하게 말해서 다르다는 것이다.

이렇듯 자기 자신의 목소리도 모르고 살아왔던 것처럼 자기 자신의 행동거지에 대해서도 정확하게 파악하지 못한 채 살아가고 있는 사람들이 많다. 사람들은 자기 자신의 언행에 대해서 너무 많이 모르고 살아간다는 말을 하고 싶은 것이다. 자기 자신도 제대로 파악하지 못한다면 자기 자신의 개혁을 어떻게 해 나갈 것인가. 병을 치료하기 위해서는 정확한 진찰이 필요한 법이다.

돈을 아깝게 생각하지 않는 사람은 아무도 없을 것이다. 음식점 같은 곳에서 계산을 먼저 하는 사람들은 대개가 성질이 급한 사람들이다. 그런데 이런 사람들도 성격상 먼저 계산하는 것뿐이지 돈이 남아돌아 동료들과 음식을 먹을 때마다 계산을 하는 것이 아니라는 말이다.

서양 사람들은 자기가 먹은 것은 계산할 때 똑같이 나누어 내는 문화가 자리 잡고 있어서 우리처럼 누가 더 내고 덜 내고 하는 등의 스트레스는 받지 않는다. 다만 식사하는 그 자리에 참석 여부만을 결정하면 되는 것이다. 우리도 이제는 차츰 이런 문화가 자리 잡아 가는 것 같아 다행스럽다.

적극적으로 행동해 보자. 자신이 필요로 하는 사람들에게 접근하여 노크해 봐라. 그 대상이 생면부지의 인물이라고 해도 상관없다. 처음에 한두 번은 거절당할 수 있고 무시도 당할 수 있으리라. 그러나 이것은 도끼로 나무를 한두 번 정도 찍는 것에 불과한 것이다.

한두 번의 행동에 자존심이 약간 상한다고 해도, 때로는 황당한 상황을 경험한다 해도 속상해 하지 말아야 한다. 만일 처음 다가간 사람에게 너무 쉽게 반응해 온다면, 오히려 그 사람이 더 이상한 사람일 수도 있다. 계획한 것이 있다면 절대로 마음 상해하지 말고 다음을 준비해라.

처음 한두 번은 그냥 지나칠 수 있을지 모르지만 서너 번째부터는 쉽게 비켜 가지 못하는 것이 인간이다. 사람은 누구나 자기에게 관심을 보이는 사람 쪽으로 차츰 마음이 쏠리기 시작한다. 사람들의 마음은 그렇게 열리는 것이다.

내가 취직하고자 하는 회사에 아는 사람이 있으면 더할 나위 없이 좋겠지만 아는 사람이 없다 해도 절대로 낙심하거나 포기하기 마라. 처음 보는 사람도 얼마든지 눈인사로 시작하여 차츰 대화하는 관계로 발전시켜 나갈 수 있다.

Cooooooool한 여인

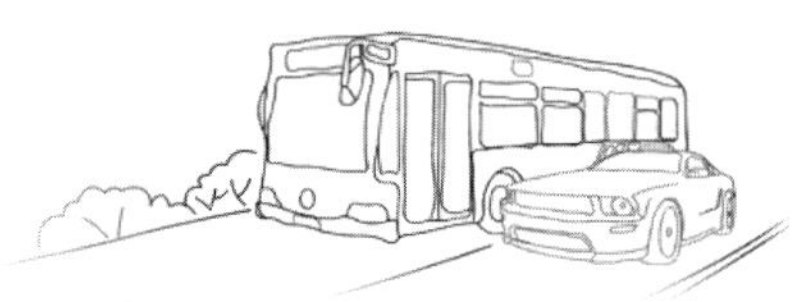

강서구의 어느 아파트단지 부근 5층짜리 신축건물을 짓고 있는 현장 바로 앞 왕복 2차선 도로의 인도에 40대 후반으로 보이는 160cm 정도의 깡마른 키에다 햇볕에 그을린 것 같은 검은 얼굴의 아낙이 야채를 팔고 있다. 아낙의 표정은 월남전의 참상을 그린 비극영화 '디어 헌터'에서 주인공으로 나와 아카데미상을 수상했던 로버트 드니로처럼 표정이 없다. 모진 세파에 시달린 사람처럼 무뚝뚝한 표정으로 그렇게 채소를 팔고 있는 것이다. 그곳으로부터 멀지 않은 주변에 상가들이 즐비한데도, 목도 좋지도 않은 그곳에서 그야말로 길바닥에서 채소장사를 하고 있는 것이다.

그런데 재미있는 것은 그 동네에서는 유독 그 아낙이 파는 노점 야채점만 손님이 많다. 빌딩 건축공사가 끝나 주변이 말끔하게 정리되어 더 이상 채소를 늘어놓고 팔 장소가 없어졌는데도 단골손님이 많아 수년째 노점상을 하고 있는 그 아낙은 그곳에 미련을 버리지 못하고 장사를 계속하고 있는 것이다. 그 이유는 돈이 되기 때문일 것이다.

주변의 신축공사가 끝난 후 장소가 너무 협소해져서 채소는 그런대로 진열해 놓았는데 본인이 서서 채소를 팔 수 있는 장소가 없자 그 아낙은 차도에 내려서서 채소를 계속 팔고 있다. 편도 1차선의 도로에서 차량의 통행도 빈번한데 위험천만한 일이 아닐 수 없다. 채소를 팔면서 얼마만큼의 재미를 보고 있는지는 몰라도, 처음에 작게 시작한 길거리 행상이 나중에는 한 남자가 추가되어 1톤 트럭으로 물건을 실어 나르는 규모로 발전했다. 최근에는 그 아낙과 얼굴이 비슷해 보이는 나이 든 여인이 추가된 것으로 미루어 그녀의 언니를 포섭한 것 같았다. 요즘은 그녀의 얼굴에 자신감마저 넘쳐 보인다.

그런 아낙을 두고 사람들은 "저 여자, 돈 많이 벌었어!"라고 말들을 한다. 주부들이 찬거리를 준비하는 오후 시간대에는 많은 사람들이 그곳으로 몰려와 그야말로 성황을 이룬다.

아낙의 허리에는 크고 작은 검은 비닐봉투로 둘러쳐져 있어 입고 있는 옷이 보이지 않을 정도다. 여기저기로 뛰어다니며 채소를 담아주는 아낙의 모습은 마치 얼굴색이 검은 인디언이 검은 봉투를 둘러매고 훌라춤을 추는 것처럼 보인다. 그런데 이 아낙의 채소 파는 액션이 너무 Cooooooo l하다는 것이다.

여느 길거리 채소상들은 도매시장에서 박스로 떼어 온(도매가로 사 온 가격) 물건을 가져다가 챙기고 싶은 만큼의 이윤을 원가에 더해 봉투나 작은 바구니 같은 것에 분리해 담아서 가격을 표시해 놓고 판매하는 것이 일반적인 길거리 채소장사들의 풍경이다. 그런데 그 아낙은 도매시장에서 떼어 온 박스 자체를 그대로 놓고 파는데, 찾아오는 손님들도 그녀에게 주문하기를 "아줌마, 얼마치 주세요!"라고 하면 그만이다. 그곳에서는 여하간에 더 달라는 손님도 없고, 깎아 달라고 조르는 손님도 없다. 왜냐하면 손님이 흡족해 할 정도로 채소를 싸게 팔기도 하지만 그 채소를 담아주는 과정에서 채소장수 아낙의 손놀림이 손님 위치에서 볼 때 너무 쿨해 보이기 때문이다.

그렇게 재미있게 장사하는 그 아낙의 상가에 저녁시간대만 되면 많은 손님들이 모여드는 그곳이 호기심 많은 필자의 레이더에 포착되었다. 호기심이 발동한 필자는 택시운전을 하면서 먼발치에서 그 아낙을 수십 번 관찰했다.

손님이 '얼마치 주세요!'라고 말하면 그녀는 검은 비닐봉투를 하나를 빼들고는 다른 한손으로는 채소를 한 주먹 집어 봉투에 담는다. 그렇게 담아준 채소를 손님은 그대로 가지고 가는 것이다. 물론 저울은 절대로 사용하지 않는다. 상추며 마늘이며 고추며 손에 잡히는 만큼 그대로 담아서 손님에게 건네준다.

자! 그렇다면 그렇게 건네는 야채의 양이 얼마나 되는지 사가는 사람도 궁금할진대 채소를 담는 아낙의 행동만큼은 개운하기 그지없다. 그리고 양도 아주 많이 준다. 여느 가게에서는 어림도 없는 물건 값이다. 이것이 바로 그녀가 길거리 장사에서 홍행하고 있는 비결인 것이다. 이를테면 박리다매(薄利多賣)였는데, 그녀는 손으로 듬뿍 집어 주면서 채소의 양이 약간 많이 잡혀도 봉투에 담는 과정에서 망설이거나 덜어내는 행동 없이 그대로 봉투에 담았다. 듬뿍듬뿍 집어 주는 그 아낙의 손이 저울이고 됫박인데, 손님들이 전혀 눈치 채지 못하게 연속동작으로 채소를 담아주는 매끄러운 행동을 연출하려면 오랜 시간 숙달된 손놀림이 아니고서는 쉽지 않았을 것이다.

그렇게 채소를 봉투에 담아주면서 자기의 손저울에만 의존할 수밖에 없는 것이 그 아낙의 채소 파는 비결인데, 공산품들처럼 고정된 가격의 물건들이라면 별 문제가 아닐 수도 있다. 하지만 농수산물이라는 것이 날마다 날씨에 따라서 그 값을 달리하는 성질이 있기에 그 아낙이 사용하는 손저울은 매일같이 사용할 때마다 계량하는 양을 달리해야 하기 때문에 더욱더 정확도를 요하는 손저울이어야 한다는 계산이 나온다. 게다가 채소를 봉투에 담는 과정을 뚫어지게 쳐다보는 손님들의 시선을 시원하게 처리해 주어야 하는 부담감마저 안고 있기에 여간 세련된 실력이 아니고서는 쉽지 않은 상술일 것이다. 그럼에도 불구하고 개운하리만큼 아낙의 매끄러운 손놀림에 손님들은 친근하고 편안한 마음을 느끼는 것이다.

물론 다른 채소가게의 주인들도 싸게 팔아야 손님이 많다는 것을 잘 알고 있으면서도 다음과 같은 행동을 하는 사람들이 대다수이다.

예를 들어 방울토마토를 파는데 1근에 이천 원이라고 써놓고, 손님이 한 근을 달라고 하면 그것을 봉투에 담아 저울에 올려놓고 저울질을 하면서 조금만 센 것 같으면 망설이지 않고 한두 개를 봉투에서 꺼내고 모자라다 싶으면 한두 개를 더 담는다. 마치 금저울을 다루는 것처럼 말이다. 그야말로 '꼴갑'을 떨고 있는 것이다. 이런 방법으로 장사를 하는 가게는 아무리 방울토마토 가격이 타 가게에 비해 싸다고 해도 많은 사람들은 야박하게 행동하는 그런 가게는 싫어하기 마련이다. 이렇게 바보스럽게 장사하는 사람들이 우리 주변에는 꽤 많다. 그래서 위에서 언급한 아낙의 채소 파는 행동이 인기를 끄는 것이다.

인생은 연극이라고 하지 않았던가. 물건을 담아 파는 연기력이 딸리면 차라리 봉투나 바구니에 담아서 가격을 표시하고 파는 것이 현명한 장사 방법일 게다.

한국 사람들은 이 아낙처럼 개운하게 행동하는 사람을 매우 좋아한다는 사실이 강서구 가양동 어느 길거리에서 채소를 파는 아낙의 실험(?)에서 확실하게 입증된 것이다. 요즘도 그 아낙은 성황리에 장사를 하고 있는데 비가 오면 무조건 쉰다. 상가의 지붕이 없기 때문이다. 그래도 또다시 날씨가 개여 길거리 상가의 문이 열리면 약속이라도 한 것처럼 주부들은 몰려든다. 그 깡마른 아낙의 개운한 손동작을 관람하기 위해서 말이다.

유명한 스티브 잡스나 워런 버핏 같은 사람의 마인드를 배워야지 무슨 길거리 채소장사를 예로 드느냐고 시시해 할지는 모르겠으나 필자는 단호히 말할 수 있다. 이곳에서 채소를 파는 그 아낙에게 삶의 진리는 모두 담겨 있다고 말이다. 여기서 잠시 생각해 보자.

그 여인은 40대 후반으로 보였는데 고된 인생길을 돌고 돌아서 채소 파는 노하우를 이제야 터득하여 차도에 채소를 진열하고 인도에 서서 장사를 하고 있는 중이라고 생각할 수 있다. 그 아낙은 채소를 팔 때는 채소를 싸게도 팔아야 하지만 그 채소를 봉투에 담아주는 액션을 쿨하게 하는 것이 진리라는 것을 깨달았을 것이다. 그 장소는 채소장사를 하기에 부적합하다. 지나치는 차량들에 의해 사고가 일어날 수 있는 위험한 장소라는 것을 잘 알고 있으면서도 그곳을 떠나지 못하고 있는 것이다.

처음에 혼자 시작한 그녀는 그렇게 길거리 채소가게의 종업원을 4명으로 증원했다. 그 여인은 소비자들이 무엇을 좋아하는지를 정확하게 터득했다는 말이고, 그렇게 쿨하게 장사하는 여인에게도 철칙이 있을 것이다. 절대로 남지 않으면 팔지 않는다는 기준과 인건비도 건지지 못한다면 그 짓거리를 절대로 하지 않을 것이라는 사실을 말이다.

필자의 생각으로는 그 아낙은 한동안 그 장소를 버리지 못할 것이다. 많은 소비자들과 그곳에서 비가 오지 않는 한 채소를 팔기로 무언중에 굳은 약속이 되어 있기 때문이다. 그리고 사람들은 그렇게 쿨하고 싸게 파는 여인에게 야채를 사던 습관을 버리지 못해 다른 야채가게로 발길을 돌리기가 매우 어렵기에 그 깡마른 여인의 내일은 밝기만 하다는 말이다.

길거리 채소장사는 누구나 할 수 있다. 그렇지만 아무나 할 수 있는 것은 아니다. 다시 말하면 소비자들의 마음을 정확하게 읽어내지 못하면 장사를 할 수 없다. 싸게도 팔아야 하지만 물건을 집어 주는 행동이 쿨하지 않으면 안 된다. 주려고 마음먹었다면 확실하고 개운한 사람이라고 상대가 느낄 수 있도록 행동하자는 말이다.

사람은 결국에 어느 누구에게든지 팔려갈 수밖에 없는 쇼윈도우 속의 상품인 것이다. 다시 말하면 어차피 혼자 살아갈 수 없는 것이 인간이라면 누구에게든지 나를 팔아야 할 것이 아닌가. 그렇다면 나라는 신선한 물건을 싸게 그리고 쿨하게 팔아야 할 것이 아닌가. 그 위험한 차도에 서서 용기있고 쿨하게 장사하는 깡마른 아낙처럼 말이다.

버스운전이라는 든든한 직장을 구하는데 까짓 경비(교재비) 좀 못 쓸 것이 어디 있겠는가. 어떠한 일을 할 때는 남들이 하지 않는 것을 골라서 해야만이 효과가 큰 것이다. 사람들은 처음 대하는 사람에게 호기심을 가지고 있기 마련이다. 상대의 언행에 신경을 곤두세우게 되어 있기에 이것은 좋은 찬스인 것이다. 자신만 잘하면 목적하는바 크게 어려울 것이 없다. 그것도 여성일 경우에는 훨씬 더 유리하다.

취득하기 쉬운 대형면허

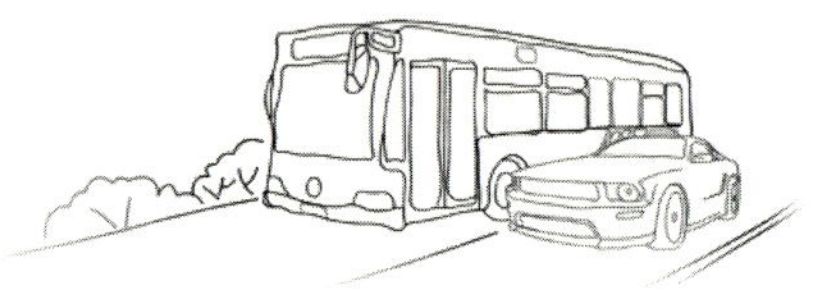

결론부터 말하면 버스운전은 절대 어렵지 않다. 버스운전과 승용차 운전은 크게 다르지 않으며 남녀노소 누구든지 할 수 있다고 장담한다. 어떤 기계든지 사람이 만들어 놓은 장비는 사람만이 다룰 수 있다. 다만 승용차에 비해 조작방법이 다를 뿐이다.

'태산이 높다 하되 하늘 아래 뫼이로다. 오르고 또 오르면 못 오를 리 없건만 사람은 제 아니 오르고 뫼(산)만 높다 하더라!'

2002년 겨울로 기억되는데, 어느 날 밤 택시운전 중에 갈증이 너무 심해서 편의점에 들러 콜라를 두 병이나 벌컥벌컥 마셨는데도 갈증이 가시기는커녕 더 심하게 느껴지는 것이었다. 처음 경험하는 것이라 겁도 나서 이튿날 동네의원을 찾았더니 의사 첫마디가,

"당뇨예요!"

"당뇨라니요?"

"당뇨도 모르세요?"

"……!"

"어제 오늘 일도 아니고 7~8년은 된 것 같은데요."

"당뇨가 뭐예요?"

"소변으로 당이 많이 빠져나오는 병인데요. 혈중에 있는 당을 정상

수치대로 관리하지 않으면 합병증을 유발시켜 심각한 상태로 몰아가는 무서운 병입니다. 지금 하고 있는 일이 뭐예요?"

"택시운전이요."

"그렇게 앉아서 하는 일은 좋지 않아요. 직업을 바꾸세요."

필자의 나이가 45세 되던 해였다. 정신이 번쩍 들었다. 그 나이 먹도록 당뇨병이 무엇인지조차 모르고 살아온 내 자신이 참으로 한심했다. 필자는 의사가 하는 말을 검사가 사형을 구형하는 듯한 말로 알아듣고, 즉시 직업을 바꾸어 아내와 함께 꽃집을 시작했다.

어느 날 아내가 느닷없이 하는 말이, 돈 모아 놓은 것도 없고 당뇨병까지 걸려서 이렇게 살다가 어느 날 합병증으로 죽으면 자기는 낙동강 오리알이라나 뭐라나! 필자가 듣기에는 매우 기분 나쁜 이야기임에는 틀림없었으나 생각해 보니 잘못된 말도 아니라는 생각이 들었다.

아내의 충격적인 말에 아무런 대답도 못하고 며칠 동안 고민을 하다가 아내에게 이르기를,

"이봐! 버스운전 한 번 해볼 생각 없어?"

"웬? 버스운전!"

"시내버스 말이야!"

"세피아도 잘 못 끌고 다니는데, 버스운전을 어떻게 하냐?"

"그러니까 할 수 있어? 없어? 그것만 말해."

아내는 더 이상 말을 하지 않았다.

"하고 싶은 생각이 들면 언제든지 얘기해!"

그런 말이 오고간 뒤 3개월 정도 지났을까….

"버스운전을 하면 어떻게 하는 건데?"

"할 것인지 안 할 것인지 그것만 말해."

"할 수 있으면 한번 해보지 뭐…."

"그럼, 내일 엄마(장모)한테 가게(꽃집) 좀 잠깐 보시라고 해! 대형면허

학원에 접수하러 가게."

아내와 함께 부천에 소재하는 대형면허를 취급하는 학원에 갔다. 학원비 50만 원을 지불하고 났더니 학원 직원이 아내를 교육할 담당 조교를 소개해 주었다. 나이도 지긋하고 덩치도 커 믿음직해 보였다. 필자는 그 조교에게 다가가서,

"저… 잠깐만요. 저 좀 뵐까요?"

필자는 그 조교를 건물 모퉁이로 데려가서 다음과 같이 말했다.

"제 아내가 운전 실력도 없고, 운동신경도 그다지 발달되지 못해서 그러는데, 이것 얼마 안 되지만 담배 값 하시고 잘 좀 부탁합니다."

아내는 그 다음날부터 교육을 받기 시작했다. 마침 그 당시에는 면허시험에 응시하는 지원자들의 수가 너무 많아서 면허시험장 외에 학원 등지에 면허시험장과 같이 시험을 치를 수 있는 시설을 만들어 놓고 담당 경찰관들을 파견하여 면허시험을 감독하도록 하여 그 학원을 시험장으로 사용하는 제도를 시작한 초창기였다. 그 학원에서 시험을 치르게 된 원생들은 홈웨이 경기를 할 수 있어서 시험에 임하는 마음이 한결 편했으리라 생각된다.

아내의 말에 의하면 그 조교는 휴식시간에도 한 번 더 버스를 태워주려고 부단한 노력을 하였고, 일과가 끝난 후에도 한두 번씩 더 태워주는 성의를 확실하게 보였다고 했다.

그렇게 해서 아내는 교육을 받기 시작한 지 5일 만에 면허시험을 치르게 되었는데, 필자도 아내의 면허시험 상황을 관람하기 위해 학원에 갔다. 시험을 치르는 아내의 태도가 너무 당당해서 평소 아내 모습은 찾아볼 수가 없었고, 설치고 다니는 모습이 그야말로 가관이었다.

사실 아내의 첫인상은 너무 애처롭게 보여 누구든지 동전이 있으면 보태주고 싶은 충동이 일어날 정도이다. 그런 아내가 대형면허 시험에 임하는 태도는 여느 때의 모습이 아닌, 이상하리만큼 민첩하고 건방진

듯한 행동을 보였던 것이다. 그렇게 폼을 잡고 시험을 치르던 아내는 코스도 통과하지 못하고 보기 좋게 낙방했다.

아내에게 "왜? 그렇게 경솔하게 행동했느냐"고 물어보았더니 조교 선생님도 합격은 따 놓은 당상이라고 하면서 걱정하지 말라고 했단다. 너무 기가 막혀서 더 이상 말을 하지 않았다. 사기가 충천되어 있는 아내의 기를 꺾고 싶은 생각이 없어서였다. 아내는 평소에 다른 여성 버스기사들이 운전하는 모습이 그렇게 대견하게 보였다고 했었는데, 자기가 막상 학원에서 버스로 교육을 받다 보니 자기도 그렇게 될 수 있다는 자신감을 얻어 무척이나 고무되어 있는 것 같았다.

필자가 봐도 5일간 받은 실력으로 얼마든지 면허시험에 패스할 수 있을 것 같았다. 그야말로 아내가 오두방정을 떨다가 그렇게 면허시험에 낙방했지만 조금도 미운 생각은 없었다. 3일 후에 또 시험이 있다고 하니 그때는 충분할 것 같다고 위로해 주었고, 그날 담당 조교와 함께 식당에 가서 아내를 잘 가르쳐 준 고마움의 표시로 저녁 대접을 하였다.

아내는 3일 후에 치른 면허시험에서 약속이나 한 것처럼 패스했고, 대형면허를 손에 쥔 아내가 그렇게 좋아하며 흥분하는 모습은 여지껏 함께 살아온 이후로 본 적이 없었다.

사실 대형면허를 취득하기가 그렇게 어려운 것만은 아니다. 왜냐하면 대형면허를 취득하는 과정도 소형차량 면허를 발급받는 것과 비슷하다. 다만 덩치만 크다는 것 외에는 별다를 것이 없다. 덩치가 큰 대신에 차선을 크게 주지 않는가. 오히려 자동차에 대해서 아무것도 모르는 사람들이 소형자동차를 배울 때보다는, 대형면허에 응시하는 사람들은 대부분 자동차에 대한 상식과 운전기술에 대해서는 경험들이 많이 있기에 힘이 덜 든다는 말이다.

대형면허를 취득하기 위해서 학원에 등록비를 내고 나면 그때부터는 게으름을 피운다 해도 그 학원에서 절대로 그냥 놔두지 않는다. 왜냐하면 책임지고 면허를 취득하게 해준다고 말을 했고, 또 어떤 수단과 방법을 동원해서라도 대형면허를 취득하게 하여 학원으로부터 빠른 시간 안에 야구에서 포볼로 밀어내는 것처럼 밀어내야만 하는 것이 그 학원의 운영방침이기 때문이다. 학원의 생리구조가 영리를 추구할 수밖에 없기에 하는 말이다.

교육 과정도 처음에 운전을 배울 때보다는 쉽다. 운전석의 레버, 버튼, 핸들의 크기가 약간씩 다를 뿐이지 기본적인 작동과정은 거의가 같고, 브레이크 시스템이 유압에서 공기압으로 바뀌고 그것을 다루는 감각에서 약간의 차이가 있을 뿐이지 한마디로 운전은 똑같다.

학원에서의 교육 과정도 커브에서 뒷바퀴의 진행방향만 잘 기억하면서 운전하면 된다. 왜냐하면 버스 같은 대형차들은 앞바퀴와 뒷바퀴의 거리가 멀기 때문에 커브에서 뒤따라오는 뒷바퀴의 진로가 앞바퀴와 차이가 나기 때문이다. 그러나 직진 주행 시에는 그렇게 신경 쓸 것이 없다. 코스를 연습하는 것이 관건인데, 이 코스연습은 승용차를 가지고 시험을 치르는 것보다는 확실하게 그 정밀도를 요한다.

처음 코스연습 하는 것을 목격하면 "야! 어떻게 저렇게 빠듯한 선 안으로 저 큰 버스를 운전해서 들어가냐?" 하면서 걱정을 하는 사람들도 많이 있지만 걱정하지 않아도 된다. 대형면허를 취득하고 싶은 생각이 있다면 그냥 어느 학원이고 가서 등록하고 그 학원에서 시키는 대로만 하면 되는 것이다. 그리고 학원마다 대형면허 시험을 치르게 하기 위한 노하우를 가지고 있다는 사실도 기억하기 바란다.

아내는 몇 달이 지나자 다음과 같이 말했다.

"면허를 따면 뭐하냐? 운전도 못하고…."

"기다려봐! 시간이 흘러야 되는 것이 세상 이치야! 밥도 뜸을 들여야 하고 와인도 숙성과정을 거쳐야 하고 젓갈류도 그렇지만, 우리네 인생살이도 뜸을 들여야 하는 것들이 있는 법이야. 대형면허를 일단 따면 장롱 속에 넣어 어느 정도 숙성과정을 거쳐야 한단 말이야. 그래서 장롱면허, 장롱면허 하는 거야, 알았어?!"

여성들에게 있어 버스운전이란 요즘같이 이혼이 유행하는 시대에 재혼이나 애인 바꾸기처럼 매우 용이한 직업이 아니겠느냐고 아내에게 반 농담 삼아 이른 말이다. 아무래도 여성이 돈을 많이 벌면 재혼하기가 쉽지 않겠느냐는 뜻이다.

나를 귀하게 만들고 그렇게 희소가치도 높여야 한다. 그래서 내 자신을 업그레이드하는 데 게을리 하지 말아야 한다. 남자가 부정한 혼외정사를 저지르고 다니는데도 어쩔 수 없이 끌려 다닐 수밖에 없는 이유는 여성 자신이 경제력을 갖추지 못했을 때가 대다수이다. 반면에 여성이 경제력을 갖추게 되면 오히려 남자들이 줄을 선다. 필자가 두 눈을 크게 뜨고 있는데도 아내에게 프러포즈가 쉴 새 없이 들어와 골머리를 앓은 적이 있다.

노력하지 않고 얻은 불로소득은 재미도 없을 뿐더러 아무리 많은 돈을 가지고 있다고 해도 언젠가는 바닥날 수 있고, 아니면 도둑을 맞거나 사기를 당할 수도 있다. 재물은 언제든지 날릴 수 있다. 또한 남자에게 돈을 얻어 쓰려면 그때마다 자존심이 상하기 일쑤다.

하지만 기술을 배우는 것은 퍼 먹어도 퍼 먹어도 마르지 않는 깊은 산속의 옹달샘과도 같은 이치다. 돈을 얻어서 쓰는 것은 잡아놓은 고기를 얻어먹는 것과 같고, 자격증을 취득하고 기술을 배워 놓는 것은 낚시질하는 방법을 배우는 것과 같은 이치다.

현실적으로 버스운전자가 되는 길은 1, 2종 보통면허를 취득한 지 1년 6개월만 경과되면 누구나 1종 대형면허를 취득할 수 있는 자격을 국가로부터 부여받는다. 다시 말하면 1, 2종 보통면허를 취득하여 장롱 속 밑바닥이나 아니면 은행의 자기 금고에 1년 6개월만 잘 보관해 놓기만 해도 운전경력이 있거나 없거나를 따지지 않고 대형면허에 응시하는 데는 아무런 하자가 없다.

버스기사 취업하기

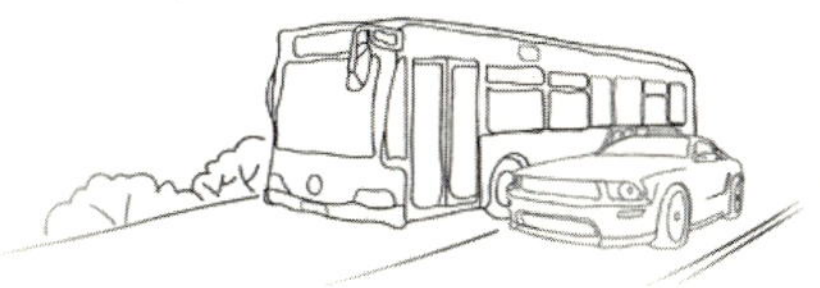

대형면허를 취득했어도 버스회사에 취업할 수 있는 공식적 루트는 매우 빈약하다. 전문 버스기사를 양성하는 과정의 공식적인 인프라가 구축되어 있지 않다. 그렇게 많은 시민의 목숨을 책임지는 직업인데도 말이다. 그렇지만 아직까지 한국에서 버스 운전기사로 취업하기란 타 업종에 비해 그렇게 어렵지만은 않다.

대형면허를 취득하고 버스기사 같은 프로 운전사로 진출하려면 영업용 차량을 1년 이상 운전한 경력 증명서가 있어야 취직할 수가 있다. 세상에 경력도 없는 신출내기에게 그 비싼 대형 장비나 시내버스를 맡기는 업주(차주)가 어디 있단 말인가. 이 대목은 대형면허를 취득한 사람이면 누구나 한 번쯤 가졌던 궁금증이 아닌가 생각한다.

대개는 대형면허 운전경력 없이 지인들을 통하여 덤프트럭을 운전하는 사람도 있고, 일반 카고트럭을 경험하는 사람들이 있는가 하면 마을버스나 학원버스 같은 곳에서 1년 정도 일한 경험을 가지고 시내버스 회사에 진출하는 것이 통례로 되어 있다. 그런데 대형면허를 취득한 후 1년이 경과했으나 대형면허 운전경험(장롱 면허)이 없는 사람들을 상대하여 취업을 원하는 예비 버스기사들에게 자가용 버스로 연수교육을 시켜 주는 곳이 여러 군데 있다. 이러한 정보는 생활정보지 등의 '운전기사 구함'이라고 하는 면에 많이 등장하는데 찾아보기가 그리

어렵지 않다.

대형면허 운전경험이 없는 사람들이 그런 비공식적인 곳에서 연수받고 그 학원에서 버스운전에 관한 여러 가지 정보와 취업도 알선 받는다고 모순된 점이 많다면서 가끔씩 언론에 보도되고 있지만, 이러한 정보는 어제 오늘 일이 아니고 필자가 20대 중반 때에도 있었던 일이다. 버스운전자가 되는 길의 모순된 점을 언론에서는 심심하면(수년마다) 한 번씩 거론하지만 지금도 그런 일들이 계속되고 있는 것이 현실이다.

그렇게 사회는 그런 것들을 필요로 하는 사람들에게 제공하는 집단과 함께 톱니바퀴처럼 맞물려 숨 쉴 새 없이 돌아가고 있다. 그러나 그런 과정을 거쳐서 취업한 버스운전자들도 큰 사고 없이 버스운전을 잘 하고 있으니 사회적으로 큰 문제가 되지 않는 것이다.

저렇게 큰 버스를 어떻게 운전하느냐고 지레 겁먹었던 아내도 신기하리만큼 무사고에 그 처세술까지 인정받아 주로 새로 나오는 버스만을 승무한다. 거짓말이 아니다!

버스기사로 취직하려면 버스회사에 종사하는 기사나 직원들에게 접근할 기회가 있으면 쿨하게 행동해 봐라. 필자가 무슨 말을 하는지 금세 파악이 가능하다. 쿨하게 다가가야 한다. 당신이 진출하는 분야에 연관되어 있는 스텝들에게 말이다.

승용차보다 쉬운 버스운전

어떤 여성들은 여성 버스기사를 보고 하는 말이 어떻게 하면 버스운전을 할 수가 있으며 또 저렇게 큰 버스를 어떻게 몰고 다니는지 담력이 큰 것 같다고 말하기도 한다는데, 실제로 버스운전을 해보면 그렇게 어렵지만은 않다는 것을 알 수가 있다.

옛날에는 장비 상태가 좋지 않아서 기어를 변속하기 위해 클러치를 사용하는 데 있어서 더블클러치(기아를 중립으로 뺄 때 한 번 밟고 다시 넣기 전에 한 번 더 밟는 클러치 사용방법)의 사용방법을 모르면 큰 차를 운전하기 어려웠고, 브레이크를 밟을 적에도 여러 번 페달을 밟아 브레이크에 압력을 축척해야만 제동이 잘 되었던 시절이 있었는데 현대에는 전혀 그렇지 않다. 지금은 장비(버스의 기계성능)들이 너무도 좋아져 제동장치만 보더라도 에어브레이크(Air brake)로 되어 있어 고급 승용차 못지않은 제동력을 가지고 있다. 핸들도 오히려 승용차보다도 가볍게 조작할 수 있도록 만들어져 있다.

운전하는 것만 놓고 본다면 승용차보다도 쉽다고 할 수 있다. 일단 폭이 넓고 좌석이 높아 시야가 넓어 앞서 가는 승용차들이 내려다보여 쉽게 운전을 할 수 있는 것이다. 그만큼 장비 자체도 많이 발전하였고 기능도 크게 향상되어 다루기가 용이할 뿐더러 사이드미러(백미러)와 룸미러 등도 아주 잘 보여 운전하기가 그렇게 어렵지 않다.

다만 커브길을 돌 때 앞바퀴에 비해 뒷바퀴가 버스가 회전하는 방향의 안쪽으로 크게 침범하면서 회전한다는 것만 잘 이해하면 된다. 그래서 버스는 커브를 하면서도 사이드미러를 잘 관찰해야 한다. 특히 커브를 돌아 좁은 길로 진입하기 위해서는 승용차처럼 그냥 쑥 들어가는 것이 아니라 뒷바퀴가 안전하게 따라올 수 있도록 앞바퀴의 회전반경을 크게 잡아 돌아야만 한다. 이때 뒤따라오던 승용차들이 버스가 다른 방향으로 가는 줄 알고, 그 틈새로 끼어들다가 접촉사고를 일으키곤 한다. 사고에 대한 책임을 거의 버스기사가 지게 되어 있기에 커브길에서의 운전은 특히 조심해야 하고, 끼어드는 차들이 있는가를 항시 회전하는 방향의 사이드미러를 통해 잘 관찰해야 한다.

앞으로 서울시는 모든 버스를 바닥이 낮고 출입구에 계단이 없는 저상버스로 바꾼다고 한다. 그것도 자동기어 시스템으로 바꾼다고 하니 시민들 입장에서는 기분 좋은 일이 아닐 수 없다. 버스가 자동기어를 사용하게 되면 간혹 과격하게 운전하는 버스운전자들의 못된 습관도 사라질 수밖에 없을 것이다. 버스를 난폭하게 운전하는 방법 중에 하나는 기어를 변속할 때 액셀러레이터를 세게 밟으면서 클러치를 떼기 때문에 충격이 크게 느껴졌던 것인데 자동기어에서는 이런 현상이 많이 사라질 수밖에 없다.

미국 같은 곳에서는 여성 버스운전자가 아주 많이 보이지만 한국에서는 아직까지 홍일점이다. 물론 직장 내에서도 여성 기사들의 수가 적다 보니 희소가치(?)는 있다. 많은 남성들 속에서 일을 하다 보니 항시 꽃 같은 대접을 받기도 한다. 여성 버스기사들의 입장에서 보면 재미있는 일이 아닐 수 없다.

아직까지도 우리나라의 여성 근로자들은 전체적으로 볼 때 보수 면에서 남자들에 비해 평균 60%(2010년 1월 통계청 발표)밖에는 받지 못한다고 한다. 여기에 비하면 여성 버스기사라는 직업은 고급 직업일 수도 있는 것이다. 오히려 여성들은 생리수당까지 챙기므로 남자보다도 임금이 더 센 것이 아닌가 싶다.

작업환경도 예전에 비하면 많이 좋아졌다. 올림픽이 열리기 전까지만 해도 서울 시내에서 한나절만 운전하면 입고 있던 와이셔츠의 목이나 소매가 새까맣게 되어 흉측하기만 했었는데, 지금은 서울의 공기도 눈에 띄게 좋아졌다. 지하철을 운전하는 사람들이 버스를 운전하는 사람들보다 월급은 조금 더 받지만 열악한 환경에서 오염된 공기를 마시면서 일하는 것을 생각하면 결코 보수가 많다고는 할 수 없다는 말이다. 버스기사라는 직업도 전과 같지 않다.

버스기사들의 노조파워도 그만큼 커진 것 같다. 요즘은 웬만한 단체들이 시위를 한다 해도 시위 효과를 얻기가 매우 힘든 데 비해, 버스회사는 버스기사들이 파업을 한다고 발표하면 그 즉시 관계 부처에서 보다 적극적으로 대처해 바로 타결을 보지 않던가. 그만큼 버스는 이제 우리 서민들에게 없어서는 안 될 매우 중요한 교통수단이라는 증거다.

그렇다면 대형차와 기계에 대한 상식과 경험이 있어야 되지 않느냐고 물어볼 수도 있겠다. 그러나 꼭 그렇지만은 않다. 버스라는 기계에 대해서 잘 몰라도 된다. 자신이 타고 다니는 승용차의 기계에 대해서 잘 몰라도, 고장이 나서 길거리에 서 있어도, 요즘은 보험제도가 잘되어 있어서 보험회사에서도 총알같이 레커차가 달려온다. 아니면 정비소에 전화만 해도 되고 경찰에 연락해도 처리해 준다. 버스도 마찬가지다.

그렇다고 버스기사는 차량에 대한 상식이나 경험이 없어야 된다는 말은 아니다. 요즘은 워낙 업무분담이 잘 되어 있어서 운전자는 그냥 운전만 하면 되는 것이다. 차에 대해 조금만 이상이 있다고 보고하면 그 즉시 정비사들이 수리해 주고, 노선 운행 중에 고장이 나도 바로 현장출동 수리를 하기 때문에 버스의 섀시(엔진 및 구동장치의 구조와 차의 빼대)는 몰라도 되는 것이다. 다시 말해서 운전자는 그냥 운전만 할 줄 알면 된다. 왜냐하면 차가 고장이 나서 운행을 못하는 상황이 된다면 서울시로부터 운행(탕수)을 못한 것에 대한 지원을 받지 못하는 결과를 가져오기 때문이다. 정비사들도 버스가 고장 나 운행하지 못하게 된 책임감으로부터 자유스럽지 못한 것은 버스기사와 마찬가지이다. 다시 말하면 회사 입장에서는 절대로 탕수를 빠트려서는 안 된다는 말인데, 정비사들도 버스기사들과 같이 한 배를 타고 가는 하나의 버스회사 소속의 선원들인지라 버스기사는 그냥 안전하게 운전만 하면 되는 것이다. 다만 운전을 하면서 타이어의 공기압을 체크하고 차에 이상이 있는지만 잘 체크하면 된다.

버스 타이어의 공기압이 정상인가를 체크하는 것은 아주 쉽다. 작은 망치를 버스에 비치해 두고 하루 일이 시작될 때 버스의 뒤 타이어를 망치로 쳐 보면 쉽게 체크할 수가 있다. 버스의 바디 상태도 교대운전자가 망가트리고 보고하지 않은 부분이 있나 없나를 확인해야 한다. 왜냐하면 대개는 버스 한 대를 가지고 두 사람이 교대근무를 하기 때문에 교대자가 망가트린 차를 보고받지 않은 상태에서 인수했다면, 전 교대자가 낸 차량파손 부분에 대해서 덤탱이를 쓸 수도 있기 때문이다.

이렇게 버스 바디의 이상 유무를 확인하면서 작은 망치로 두 개의 타이어가 장착되어 있는 뒤 타이어를 점검해 봐야 한다. 망치로 버스 타이어를 두들겨 보면 바람이 빠져 있거나 펑크가 난 것은 즉시 알 수가 있는데, 공기압이 빠져 이상이 있는 타이어는 퍽 하는 둔탁한 소리가 나고, 정상적인 타이어는 망치가 튀면서 펑 하는 경쾌한 소리가 난다. 필자가 경험한 바로는 분명하게 말해서 버스는 택시운전보다 쉽다. 택시는 가뜩이나 없는 손님을 찾아다니면서 안전운전에 신경을 쓰느라 분주하기도 하고, 손님에 따라서 생소한 길을 다니기도 하며, 운전의 형태를 따지자면 주행 중 경험하는 악조건들이 버스에 비해서 훨씬 많다.

서울에서 운행하는 시내버스는 장거리는 3탕 정도(1탕은 코스를 돌아오는 거리를 말함)를 운행하고 코스에 따라 5탕, 6탕, 마을버스는 10탕이 넘는 코스도 있다. 이들의 공통점은 하루에도 몇 번씩 똑같은 코스를 반복하여 운행한다는 것이다. 다시 말하면 하루에 4탕을 도는 코스가 있다고 치자. 한 달에 20일만 근무해도 80탕을 똑같은 코스를 도는데, 1년 정도 근무하게 되면 960회라는 엄청난 탕수를 똑같은 방법으로 같은 코스를 운행하게 된다. 이는 약간 심하게 표현하면 눈을 감고 운전을 해도 된다는 말이다.

필자의 말이 약간은 허풍같이 들릴지는 모르지만 그만큼 버스기사는 자기가 다니는 도로사정에 대하여 그 어느 운전자보다 잘 알고 있다는 말이다. 어느 사거리의 신호등이 몇 초 정도면 바뀐다는 것도 귀신같이 알고 있고, 신호대기에서 기다리는 차량들의 숫자가 몇 대인지는 정확하게 몰라도 신호대기 중인 차량의 총 길이만 대강 보아도 본인이 운전하는 버스가 이번 신호에 통과할 수 있을지 없을지에 대한 판단이 비교적 정확하다는 것이다. 그뿐인가. 어느 모퉁이를 지나칠 때면 뉘 집 강아지인지는 모르지만 그 근방에서 항시 서성이고, 유난히 무단횡단을 많이 하는 시장으로 가는 길목의 도로 등등의 도로사정을 너무도 많이 알고 있으므로 택시운전보다 훨씬 더 유리한 조건에서 일하고 있으니 사고율도 택시보다는 훨씬 덜하다.

처세술

취업을 하게 되면 연수교육을 받는다. 적게는 1주일에서 2주일, 또는 2개월 이상의 연수를 받는 곳도 있다. 버스운전자도 어느 정도의 연수 과정이 반드시 주어진다. 약 1주일 내지 2주일 정도 연수를 받는데, 운행 중인 노선버스에 타서 버스기사의 옆 또는 바로 뒤에 타고 버스노선과 버스정거장도 익히고 도로의 사정(취약한 도로사정 등) 등 운전자가 하는 행동을 눈여겨 익히기도 하고 고정 운전자에게 강연도 듣는다. 이러한 연수 과정을 경험하는데 석두가 아니고는 그 버스운전을 못할 이유가 없다. 가끔은 고정기사가 운전대를 한 번씩 맡겨 주기도 하는데, 바로 그때 버스연수를 받아본 사람이라면 모두가 다음과 같은 생각이 들었을 것이다. 세상에서 그렇게 은혜로운 분은 없을 것 같은 고마운 마음이….

이렇게 고마운 생각이 드는 순간 가만히 있지 말라는 것이다. 물론 배정받은 버스기사는 수순에 따라 운전대를 주었지만 연수를 받는 신입 버스기사에게는 좋은 찬스가 주어지는 것이다.

버스기사가 되기 위해 반드시 필요한 연수 과정에서 고정기사로부터 운전대(시운전)를 한 번 더 양보케 할 수 있는 것은 오직 사전에 그 고정 기사에게 어떻게 대시하느냐에 달려 있다고 해도 지나친 말은 아니다. 이를테면 회사에서 배정해 준 고참 기사는 강사이자 선배이자

고참 동료인 것이다. 바로 그 기사에게 정중하면서도 상냥하게 인사도 하고, 자판기 커피 한잔도 좋다. 고정 운전자가 어떤 종류의 담배를 피우는지 잽싸게 알아내서 담배 한 갑의 유혹(?)으로 그 강사를 사로잡을 수도 있고, 고참이 담배를 태우지 않는다면 하루일과가 끝난 후 저녁식사 대접 같은 것도 한 방법이 될 것이다.

암튼 연수 과정에서 확실하고 빠르게 버스기사로의 대열에 진입하고자 하는 마음자세가 되어 있다면 사소한 성의표시라도 게을리하지 말자. 신입기사의 그러한 처세술은 고정기사의 마음을 열게 할 것이고, 고정 기사로부터 최고의 연수교육을 보장받을 수 있을 것이다. 필자가 주장하는 것은 절대로 아부를 하라는 것도 아니고 뇌물을 주라는 말도 아니다.

필자의 말은 비단 버스기사가 되려는 사람들에게만 한정된 말만은 아닐 것이다. 사람은 어차피 사람들 속에서 사람들에게 기대면서 살아갈 수박에 없는 동물이기에 나보다 앞서 가는 사람들에게 잘 보일 필요가 있다. 다시 말하면 연수 과정에서 보다 질 좋은 교육을 받을 수 있다는 말이다. 이 과정에서 보다 열정적이고 붙임성 있고 예의 바르게 행동하게 되면 연수를 시키는 그 고참 운전자는 연수받는 신입 운전자의 태도가 좋다고 인정할 것이다. 그 고참 운전자의 입을 통하여 회사에 자연스럽게 보고될 것이고 그 평이 좋으면 연수 과정이 짧아질 수도 있다.

대다수의 면접관들이 사람을 채용할 때 기술 또는 기능 면에서 남보다 약간 앞서는 것보다 더 중요하게 생각하는 것은 따뜻한 인간미를 갖춘 예의바른 사람이라고들 말한다. 자기 귀여움은 자기가 받는 것처럼 어느 곳에 가든지 모든 것은 스스로 행동하기에 달려 있다. 다소는 기능 면에서 타인에 비해 뒤떨어진다 하더라도 따뜻하게 상대를 배려하는 마음을 가지고 있는 사람이라면 너나 할 것 없이 모두가 좋아한다. 한마디로 배은망덕해서는 안 된다는 것이다.

'그래, 나도 잘 해봐야지!' 하고 다짐을 하지만 막상 실천에 옮기려 하면 비용도 들고 귀찮기도 하고 또 시간만 뺏길 텐데 뭐가 필요하겠느냐고 생각한다면 당신이 할 수 있는 일은 세상에 그리 많지 않을 것이다. 세상은 용기있는 자들이 독차지하는 것이라고 하지 않던가. 지금까지 살아온 방식들이 사회에서 잘 통하지 않았다면, 이제부터는 아주 색다른 방법을 사용해야 한다는 말이다.

중(스님)은 절대로 자기 머리를 스스로 깎지 않는다. 여기서의 중은 고정 운전자일 게다. 요즘 세계적으로 유명한 기업인들이나 학자 그리고 정치인들도 이구동성으로 갈망하는 단어가 바로 '창의성'이다. 창의성이란 남들이 사용하지 않는 새로운 방법들을 찾아내어 여러 사람들에게 펼쳐 보이는 것으로, 그것을 본 사람들이 괜찮다고 인정하면 바로 그것이 창의성인 것이다.

취업하는 방법도 그렇고, 취업을 해서 연수를 받는 과정도 그렇고, 직장생활을 하면서도 남들과는 사뭇 다르게 행동해야 한다. 지금 가고 있는 길이 혼자만의 힘으로 가는 것이 아니고, 주위 사람들이 도와주고 있고, 그들이 있기에 나도 함께할 수 있다는 것을 생각한다면 범사에 감사하는 마음이 저절로 생겨날 것이다.

인생살이가 잘되고 못되는 것은 본인이 어떻게 생각하느냐에 따라 달라지는 것이 확실하다. 의식구조를 어떻게 갖추고 행동하느냐에 따라서 삶도 똑같이 그 뒤를 따라간다는 것을 명심하기 바란다. 베푸는 자는 세상에서 가장 존경받는 사람이고, 베푸는 자에게는 반드시 그 무엇이 부메랑처럼 돌아오는데 작은 것을 더해서 오는 수도 있지만 대부분 몇 배 더 큰 것이 돌아와 그야말로 횡재를 하는 수도 왕왕 있다.

대다수의 사람들은 자기에게 관심을 가져 주는 사람에게 반드시 더 잘해 주려는 마음을 가지고 있다. 이 말은 심리학적으로도 근거가 있다고 한다. 분명한 것은 베푸는 자의 주위 사람들이 베푸는 자를 위해서 함께 행동해 준다는 것은 만고의 진리이므로 용기를 가지고 도전해 보기 바란다.

인생이란 끝없이 주고받는 게임이다. 상대의 마음에 들고 싶으면 상대가 말하는 것을 잘 귀담아 들어야 한다. 그렇다고 마냥 듣는 척만 해서도 아니 되며, 상대가 언급했던 말의 일부를 기억했다가 중간 중간에 상대가 했던 말을 되새기면서 옳고 그르다는 판단의 말을 해주면 상대는 자기가 했던 말에 대하여 상대가 말해 주는 판단의 결과보다는 자기의 이야기를 계속해서 들어주고 있었구나 하는 생각에 감동하고 상대를 신뢰하게 되는 것이다.

그렇게 연수 과정에서 고참의 말을 경청하는 자세로 인정을 받아야 한다. 신출내기가 연수를 받는 과정에서 고마움도 모르고 예의도 모르고, 회사에 취직을 했으니 자기들이 알아서 하겠지 하고 마포에서 강 건너 여의도 비행장의 불빛을 바라보듯 한다면 성의 없는 사람으로 비추어질 것이다. 그러한 평가는 곧바로 사무실에 보고될 것이고, 그런 사람에게 잘 가르쳐 줄 일이 만무하며 앞으로 직장생활을 한다 해도 처음부터 찍히게 되는 것이다.

중은 절대 자기 머리를 스스로 깎지 않는다. 못 깎는 것이 아니고 안 깎는 것이다. 왜냐하면 중의 헤어스타일은 머리 깎는 기계를 그대로 두피에 대고 밀면 되는 것이라 특별한 기술이 필요한 것이 아니다. 깎기로 마음을 먹는다면 혼자서도 얼마든지 자기 머리를 깎는 데 별 문제가 없다. 그런데도 중이 자기 머리를 깎지 않는 이유는 자기 머리를 스스로 깎는 것을 누가 보게 되면 체면이 말이 아니라는 것이다. 적어도 중의 주변 인물들이 깎아 주어야만이 체면을 유지한다고 생각하기 때문이다.

필자가 말하는 이 대목에서의 중은 고참 운전자인데, 그 고참 운전자는 절대로 담배 한 갑 사달라고 먼저 말하지 않는다. 왜냐하면 그 고참은 체면을 생각하기 때문에 새로 들어온 신참에게 그 무엇도 먼저 요구하려 들지 않는다. 다만 신참이 알아서 행동하기만을 기대할 뿐이다. 마치 머리를 깎아야 할 시기가 된 중의 심리처럼 말이다. 이렇게 한국인들은 상대가 알아서 행동해 주는 것을 매우 좋아한다.

사람들은 형편이 좋아지면 자기가 운이 좋거나 실력이 있기 때문이라고 생각한다. 한마디로 잘되면 자기 탓이라고 생각한다. 그러나 세상에 운이란 절대로 없다. 운명은 스스로가 만들어 가는 것이다. 그런데 따지고 보면 인간사회란 자기 혼자서 이루어 내는 것이 거의 없다. 주변에서 도와주지 않으면 절대로 일어설 수 없는 것이 인간사회인 것이다. 미련한 사람들은 자기 주위의 사람들이 함께 도와주었기 때문이라는 것을 쉽게 망각한다. 다시 말하면 꼬리를 달고 온갖 구정물을 일으키면서 난리를 치고 다니던 올챙이 시절을 쉽게 망각하는 개구리처럼 말이다.

우리가 흔히 쓰는 '경우(사리나 도리)'라는 말과 미국 사람들이 쓰는 '매너(Manners)'라는 말이 있다. 이것은 곧 우리가 살아가는 생활의 한 수단인 돈과 그 관계가 너무도 깊다고 말하고 싶다. 인간사 모든 것이 결국에는 돈으로 환산되는 것이다. 어느 것 하나 돈하고 연관되어 있지 않은 것이 없다. 돈은 삶에 있어서 없어서는 아니 되는 생활의 중요한 수단이기 때문이다. 필자도 검소한 편에 속하나 아내에게 직접적으로 연관되어 있는 일이라면 그 액수를 막론하고 과감하게 쓴다.

돈 몇 푼이 아까워서 감사의 마음을 전해야 함에도 불구하고 망설이거나 결국에는 행동하지 못하고 포기하고 마는 사람은 낚싯바늘에 아무것도 끼지 않고 낚싯대를 물속에 담가놓고 기다리고 있는 사람과 같다고 할 수 있다.

아내는 필자가 이르는 대로 버스운전의 연수 과정에서 항시 고참 운전자의 눈에 들도록 계획적으로 행동했다. 처음에 버스 운전면허증을 발급받을 적에 잘 대해 주어 면허증을 빠른 시일에 취득하게 해주었던 면허시험장의 그 조교처럼, 버스연수를 받는 과정에서도 고참 운전자는 하루 일과가 끝났는데도 한 번 더 태워 주며 연수를 받게 했다. 버스회사의 연수 과정에서도 가급적이면 한 가지라도 더 가르쳐 주려고 신경을 쓰던 고참의 성의있는 행동을 아내는 지금도 기억하고 가끔 찾아가기도 한다. 현재 마을버스 회사에 머물고 있는 그 고참 운전자도 아내에게 안부전화를 자주 한다.

그런 방법으로 아내는 일과시간이 끝난 후에도 배우고 다듬어서 연수 과정을 무사히 마쳤고, 서울의 시내버스 운전자로서 자리매김을 하는 데 큰 어려움이 없었다. 사회 경험이라고는 전무했던 아내가, 게다가 단체생활이라고는 한 번도 해본 적이 없었던 사람이 말이다.

그렇게 대형면허 하나만을 딸랑 들고 취직한 아내는 어엿한 마을버스 기사가 되었고, 날마다 퇴근해 집에 오면 버스에서 있었던 하루의 일과 중에 운전미숙으로 일어난 이런저런 일들을 얘기하느라 우리는 심심하지 않았고, 잘못된 것이 있으면 집에 돌아와서 복습도 해보았다. 그리고 주기적으로 아내에게 빠트리지 않고 전해 주는 위로의 말이 있었다.

"당신은 할 수 있어! 얼마든지 할 수 있다고! 누구나 처음에는 다 그랬어! 걱정하지 말고 용기를 가져!"

그리고 동료들은 물론이고 상사들과 인간관계를 잘 형성해 나가는 것이 무엇보다도 중요하다는 것을 명심하라고 매일같이 일렀다. 동료들과의 인간관계란 간단하다. 호주머니에 동전을 상시 가지고 다니면서 커피자판기 앞에서 서성이는 동료들에게 한 잔씩 먼저 뽑아주는 것이 엄청난(?) 처세술인 것이다. 말이 필요 없다. 그러나 자신과 근접해 있는 사람에게만 해야 한다. 아니면 비용이 많이 드니까 말이다.

그렇게 멀고도 아득했고 암울하기만 했던 신출내기 아내의 심란했던 시간은 고참들과의 좋은 인간관계를 유지하면서 눈 녹듯이 사라졌고, 버스드라이버로 시작된 엉성한 걸음마는 이미 출발점을 한참이나 지나가고 있었다.

거칠고 험하게만 느껴졌던 버스기사, 남성들만의 직업인 줄 알았던 버스기사라는 직업전선에 졸지에 뛰어들어, 아내는 그들과 함께 동등한 자리를 유지하면서 믿어지지 않을 만큼 잘 해내고 있었다. 요즘은 아내가 필자에게 이렇게 말한다.

"나도 이제 6년차야! 버스의 앞뒤에 서서 운전하는 남자 기사들에게 운전 확실하게 하라고 고함도 지른단 말이야."

밖에서는 아무 말도 못하고 수줍어만 했던 아내에게 고마움을 느낀다. 그렇게 고생만 하고 살았는데, 막상 내가 죽기라도 하면 누가 아내를 보살펴 주나 하던 노파심을 이제는 버려도 되겠기에 하는 말이다.

사회에서 문제가 생기면 부부가 함께 고민하고 토론하면서 결론 낸 것을 밖에 나가서 그대로 행동에 옮겼던 것에 대하여 예상했던 대로 안 맞아 떨어지는 것이 없었다고 아내는 회고한다. 그래서 부부의 대화가 얼마나 소중한지를 필자는 강조한다.

승용차도 어설프게 몰던 실력으로 마을버스 기사로서의 길을 가고 있던 아내가 서울의 시내버스 기사가 된 것이다. 대형면허를 소지하고 있기 때문이다. 운전 실력이 다소 떨어진다 해서 버스운전을 하면 절대로 안 된다는 그런 법 규정은 없다. 아무리 실력이 없는 사람이라고 해도 누구나 그렇고 그런 과정을 거쳐서 본 궤도에 올라서게 되는 것이 사회적 생리이다. 모두가 그렇게 첫발을 내딛게 되는 것이다. 그런데 그 과정은 매우 중요하다. 말하자면 내 자신의 환경이 열악하다면 그 주위의 실력 있는 자들의 도움이 반드시 필요한 것이다.

인생을 살아가는 데 필요한 것들을 사용하는 방법과 요령은 누구도 잘 가르쳐 주지 않는다. 돈 몇 푼이 아까워서 주저하는 사람들은 더 큰 것을 놓치거나 그 좋은 기회로부터 따돌림을 받고, 그에게 주어진 좋은 기회를 제3자에게 빼앗기는 현실을 필자는 세상을 살아오면서 많이도 경험했기 때문이다.

여성이 버스기사가 되는 길은 과연 어떤 경로가 있을까? 버스회사의 사장을 잘 알고 있는 사람들이 아닐까? 아니면 버스회사 간부의 세컨드? 현직 버스기사 중에서 혹 애인이 있는 것은 아닐까? 아니면 저 여성은 남성호르몬을 많이 가지고 태어나서 저렇게 대담한 직업을 가지고 있는 것일까? 하는 기타 등등의 궁금증을 가졌다면 이제는 어느 정도 해소되었으리라 생각한다.

어쨌거나 아내는 항시 감사하는 마음을 표하면서 그럭저럭 6개월 정도 마을버스 운전을 하더니, 일반 시내버스로 옮겨 버스경력이 자그마치 무사고로 6년차이다. 그렇다. 이 글을 읽는 독자들은 물론이고 모든 여성도 얼마든지 가능한 것이다.

아내의 친구 중에 미용사가 있다. 미용실을 운영하려면 수개월간 학원을 다니고, 자격증을 취득한 후 실전에서 어느 정도 경험을 얻어야 미용실도 차릴 수 있다. 그렇다고 해서 그냥 미용실이 차려지는 것도 아니고 아무리 작게 차리려 해도 수천만 원은 필요할 것이다. 그렇게 차린 미용실에서 많은 수입을 보장받는 것도 아니고 힘들기는 버스운전보다도 훨씬 힘들다. 이렇게 미장원을 손수 운영하는 친구의 직업에 비하면 버스운전사가 되는 과정은 너무 쉽다는 말을 하고 싶다.

아직까지는 대형면허 하나만 소지하고 있으면, 약간의 요령만으로 얼마든지 서울의 버스기사가 될 수 있다. 그러나 취직하기가 어려운 것은 사실이다. 왜냐하면 사람들은 어느 분야가 좀 괜찮다더라 하고 소문이 나면 그쪽을 향해서 몰려가는 현상이 너무 쉽게 나타나기 때문에 이력서가 많이 쌓이는 것은 어쩌면 당연한 일인 것이다. 그렇다고 이 글을 읽고 있는 독자들마저 버스기사가 되기 어렵다는 말은 결코 아니다. 오히려 이 글을 읽고 있는 순간 이미 버스기사로 취직할 수 있는 길이 확보되어 있는 것이다.

아무것도 알아보지 않고 버스기사로 취직하기가 어렵다고 말하는 사람들은 감나무 밑에서 입만 벌리고 감 떨어지기만을 기다리며 아무 조치도 취하지 아니하고 바람 불 때만 기다리고 있거나, 아니면 감이 익어서 저절로 떨어지기만을 기다리는 사람들일 것이다. 필자의 말은 감나무 밑에서 누워 기다리지만 말고 주변을 둘러보고 돌멩이라도 있으면 집어 던져서라도 감 따는 행동을 취해 보든가, 돌이 없으면 멀리서부터 달려가서 이단옆차기로 나무의 허리를 차서 충격을 주라는 말이다.

세상이 좋아져서 3D업종으로만 취급되던 버스기사의 직업이 인기 직종이 되어 버스회사마다 인원이 꽉 차 들어갈 틈이 없다고 치자. 그래도 포기할 이유가 절대로 없다. 왜냐하면 모든 국민이 보험을 계약했다고 보험 상품을 판매할 곳이 없는 것은 아니다.

사람들이 죽어 없어지는 수와 비슷하게 다시 태어나기도 하지만 이런저런 사정으로 그 보험을 해약하거나 해지당하는 수도 왕왕 있으며, 돌발적인 사고로 죽기도 하고 피치 못할 사연으로 포기하기도 한다. 인간사회란 항시 새로운 수요가 만들어지는 것처럼 버스기사의 자리도 퇴직도 하고, 이런저런 사정으로 퇴사를 당하기도 하기에 일자리는 언제든지 만들어지게 마련이고, 그렇게 자연스레 공급이 뒤따르게 된다. 사회의 구조가 바로 이런 것이다.

서울시에서 재정적 지원은 하고 있지만 아직은 국가 공무원이 아니라서 인력관리까지 하고 있지는 않기에 버스기사를 채용하고 관리하는 일은 전적으로 버스회사들이 관장하고 있다. 버스기사를 채용하는 것은 회사를 소유한 사람들의 특권일 것이다. 버스회사라는 개인회사에 들어갈 수 있고 없는 것 또한 각 개인이 어떻게 마음먹고 행동하느냐에 따라서 얼마든지 가능하다. 다시 말하면 바늘구멍 같은 공무원 채용시험같이 그렇게 어렵지만은 않다는 말이다.

한국 사람들은 네댓 명만 거치면 모두 사돈에 팔촌이라고 하지 않던가. 뜻이 있는 곳에 길이 있는 것이다. 찾아봐라. 찾다가 없으면 만들어라. 자주 타고 다니던 노선버스의 인자하게 보이는 버스기사에게 직접 접근하는 방법도 있다. 내가 먼저 관심을 보여라. 반드시 열리게 되어 있다. 내가 들어가고자 하는 문을 향해서 끝없는 노크를 하란 말이다. 이때 만약 여성이라면 너무 좋은 조건이다.

남자라는 동물들은 대개가 치마만 두르고 있으면 코를 실룩거리고 킁킁대면서 쫓아다니는 자연적인 버르장머리(섭리)가 있는데, 그 이유를 생물학자들은 '종족번식의 본능' 때문이라고 말한다. 미국에서는 여성들에게 너무도 관대해서 여성은 이혼을 할수록 돈이 된다. 아이의 양육권도 대개는 여성에게 주어지고 그만큼 여성 편에 서서 보호해 주는 제도가 확실하다. 길을 가다가 펑크가 나서 갓길에 서 있으면 곧바로 어떤 놈이든지 다가와서 해결해 주고 가는 곳이 미국이다. 한국은 그 정도는 아니지만 일단 여성이라고 하면 놈(?)들이 침부터 흘리고 보는 것은 사실이다.

사람은 누구나 내가 필요한 부탁을 할 때는 그에 대한 대가를 잘 계산해서 여유 있게 먼저 제시해야 한다. 상대로 하여금 견물생심을 유발케 하기 위함이다. 어떤 일을 부탁할 때에는 "이번 일만 잘 도와주시면 제가 나중에 크게 한턱내겠습니다"라는 말은 절대로 사용해서는 안 된다. 목이 말라 답답한 사람이 우물에게 으름장을 놓는 말이 아닐 수 없다.

다시 말하면 목격자를 확보하지 못해 '연락 주시면 후사하겠습니다'라고 플래카드에 적어 놓은 글귀와 조금도 다를 것이 없는 말이다. 그야말로 '후사'라고 하는 말은 사람들이 매우 싫어한다. 후사보다는 '선사(先謝)'하는 자를 사람들은 좋아한다. 인간들이 가시적인 것을 좋아하는 습성(견물생심) 때문이다.

사람들이 생각하지 않고 있던 일도 그 대가에 대한 것을 제시하면 일을 부탁하는 사람의 마음을 불러일으킬 수 있다. 청탁을 받는 사람 입장에서 볼 때 일을 내가 해줘도 돌아오는 것이 별 볼일 없을 것이라고 생각하게 만든다면 그 일의 성과는 크게 기대하기 어려울 것이다. 왜냐하면 화장실을 갈 때와 나올 때처럼 사전(Before)과 사후(After)의 모습을 너무도 달리하는 사람들이 많기 때문에 모두가 싫어하는 것이다. 그러니까 행동을 하려면 먼저 베풀어야 한다. 그것도 상대가 그 '유혹'에서 자유롭지 못하게, 상대가 생각했던 것보다 약간 상회하는 수준으로 넉넉하게 말이다.

내가 얻고자 하는 그 무엇이 확실하다면 기회가 만들어졌을 때 그것이 절호의 찬스이므로 절대로 놓치면 안 된다. 그야말로 상대에게 Cooooooool하게 행동해 보이라는 것이다. 다만 성격상 자기에게 잘해주면 그 즉시 좋아하는 사람이 있는가 하면, 그야말로 소 죽은 귀신처럼 겉으로 반응이 없는 내성적인 인간도 더러는 있다. 그러나 속마음은 모두가 똑같다는 것을 명심하기 바란다. 노력한 것 이상의 대가를 얻는데 그것을 싫어할 사람은 없을 것이다.

망설이지 마라. 인생이란 고스톱 판에 끼어들 때 어느 정도 승산이 있다는 자신감을 가지고 뛰어드는 것이 아닌가. 그렇게 시작한 고스톱이라고 해도 가끔은 돈을 잃을 수도 있다. 좋아 보이는 직장이라고 판단되어 구하고자 하는데 어떻게 소홀히 할 수가 있느냐는 말이다. 세상의 이치는 내가 먼저 양보하고, 내가 조금 손해 보는 행동을 하지 않으면 절대로, 그 누구도 나의 인생길에 관심을 보여 주지 않는다는 것을 알아야 한다.

인간들이 얼마나 선심에 약한지 시험해 봐라. 약한 정도가 아니라 지대한 관심을 보인다. 우선 먹기 좋아서 즐거워하는 사람들도 있기는 하겠지만 대개는 자기에게 관심을 가져 주는 사람에게 크게 고무되기 마련이다.

그래서 필자는 이렇게 말하고 싶다. 먼저 잘 계산해 보고 이득이 되겠다 싶으면 멋지게 한잔 쏴라. 왜냐하면 사람들의 심리는 화끈한 성격을 가진 사람도 화끈한 것을 좋아하지만 미지근하고 우유부단한 성격의 소유자들 또한 화끈한 사람을 좋아하기 때문이다. 다시 말하면 모든 인간들이 화끈한 인간을 좋아한다는 말이다.

인간세상의 모든 것을 인간들만이 관리하고 있기 때문에 관리하는 사람의 위치에 서서 역지사지(易地思之)만 잘하면 못 풀어 나갈 일이 거의 없다. 내가 상대해야 하는 사람들의 마음을 동요케 할 수 있는 요령만 터득한다면 의외로 세상 살아가는 일이란 쉽기도 하고 삶이 너무 재미있어진다. 왜냐하면 내가 조종하는 대로 인간들이 움직여 주기 때문이다.

따라서 이러한 방식은 여성이 버스기사가 되는 길목에서만 필요한 것이 아니라 우리 인간들이 살아가는 모든 삶의 길목에서 반드시 필요한 방식이다. 여기서의 터득이란 그 누가 요구하지 않아도 스스로가 알아서 눈치 채고 먼저 행동하는 것을 말한다. 그러기 위해서는 작으나마 밑천이 필요하다. 때로는 그 미끼만 교묘하게 야금야금 따먹고 도망가는 물고기도 더러는 있다. 그러나 물속의 물고기들 모두가 그렇지만은 않기에 사람들은 낚시질을 계속하는 것이다.

'여우하고는 살아도 소하고는 못 산다'는 말이 있다. 소는 사람의 농사일을 도와주고, 우유도 공급해 주고, 일만 하다가 늙고 병이 들면 고기는 고기대로 사람에게 먹히고, 창자는 순대를 만들어 먹고, 털은 붓을 만들고, 가죽은 옷이나 구두를 만들어 신고, 뼈는 무슨 곰탕이니 설

렁탕이니 하면서 푹푹 고아서 먹고, 심지어 소 발톱까지도 장신구를 만들어 쓴다.

이렇게 어느 것 하나 남기지 않고 인간들에게 그야말로 충성을 다하는 동물이 바로 소인 데 비해 여우는 사람의 시체를 공동묘지에 묻으면 어느새 그 묘지를 귀신같이 알고 파헤쳐 시신을 망가트려 놓는다고 옛 어른들은 이른다. 그렇게 요사스러운 동물인 줄 알면서도 사람들 앞에서 재롱을 피우는 모습이 너무 귀여워서 요사스러운 동물이라는 것을 잠시 망각하고 여우를 좋아한다는 것이다. 그리고 결국에는 그 여우에게 당하고 만다. 이런 말을 비유해서 사람들에게 유익하지만 조용하고 재미없는 소하고는 살기를 꺼려하는 반면에, 요물이라는 것을 잘 알면서도 재롱을 잘 피우는 여우(여우같이 행동하는 여성)하고 살고 싶어 하는 것이 인간이라는 것이다.

필자의 아내는 버스운전이 보람도 있고 재미도 있어 적성에 맞는 것 같다고 한다. 지금까지 6년을 근무하면서 단 한 번도 지각이나 결근을 해본 적이 없다. 다른 여성 운전자들은 눈이 오는 날에는 일을 하지 않으려고 핑계를 들어 결근하려고 요령을 피운다는데, 필자는 아내에게 그럴 때일수록 결근을 하면 안 된다고 이른다. 회사에서 능력 없는 기사로 낙인이 찍히게 되고 또 언제든지 눈길 경험을 하지 않으면 더 큰 사고로 이어질 수도 있기 때문이다. 세상 살아가는 데 경험만한 파워는 없다.

당신이 눈 때문에 운행을 못하면 다른 차들도 서 있을 수밖에 없는 것이 도로사정이니까 경험해 봐야 한다고 말하고, 곁들여 눈길 운행에 대한 필자의 경험담을 들려주기도 한다. 요즘은 한국의 기후가 아열대 기후로 바뀌어 가면서 눈도 옛날처럼 많이 내리지도 않고 또 내린다고 해도 곧바로 서울시에서 제설작업을 하기 때문에 별 어려움은 없다.

필자의 아내는 불우했던 성장기의 가정환경 탓에 남들 앞에서 자기의 의견을 제대로 주장하지 못하는 의기소침한 사람이다. 타인에게 싫은 소리 한번 하지 못하고 살아온 사람인데 필자를 만나 마음을 터놓기 시작한 뒤로 모든 것이 바뀌었다고 시인한다.

남에게 얻어먹을 줄도 모르고 남에게 줄 줄도 모르며 내 것 없으면 굶는 줄만 알고 살아왔던 아내가 남에게 작은 것들을 베풀어 보더니, 남들이 자기를 참으로 좋아하게 되더라는 것을 확인한 후 요즘은 무엇이든지 가져다주는 취미가 생겼다. 집안 살림살이가 거덜 날 지경이다.

이렇게 인간들 사이에서 분위기가 좋아지면 사람의 머리에서 도파민이라는 화학물질(마약을 먹으면 머리에서 생성되는 기분이 좋아진다는 물질)이 만들어지고, 암세포만을 골라 죽이는 내추럴킬러세포(NK Cell)까지 만들어진다고 학자들은 주장하고 있다.

다시 말하면 절대로 손해 보는 일이 아니다. 기계의 조인트(연결 부분)에 기름을 치는 역할을 하는 것이라고 생각하면 그것이 정확한 말일 것이다. 내가 먼저 베풀면 비용 면에서도 절약이 된다. 내가 먼저 쓰기를 얼마나 잘했는지에 대한 결과는 시간이 지나면서 크게 느끼게 되는 것이다.

아내는 버스기사를 하면서 직업에 대한 자긍심을 갖게 된 것 같고, 재미도 느끼고 돈도 제법 번다. 필자도 그런 아내에게 고무되어 아내가 신고 다니는 구두를 번쩍번쩍 광나게 닦아주기도 하고, 대견하다는 말을 자주 해주는 습관도 생겼다. 그리고 아내에게 당신이 버는 돈은 당신이 마음대로 써도 된다고 항상 입버릇처럼 말한다.

아내는 3,000만 원대 승용차를 타고 다니고 있는데, 내년에는 미제 할리데이비슨을 탈 것이라고 준비하고 있다.

필자는 아내에게 귀띔한다. 키 158cm의 단신에 별 볼일 없던 여성이 시내버스를 운전하면서 할리데이비슨을 취미로 타고 있다면 아마도 방송국이나 신문 또는 잡지사에서 인터뷰 요청이 반드시 들어올 것이라고 말이다.

그리고 아내는 경비행기 자격증에도 도전한다고 한다. 사람은 너나없이 사랑하는 마음으로 보듬어 주고 이해하고 격려해 주면 본인이 가지고 있는 역량 그 이상의 힘이 발휘되는 것 같다.

여성들이 고무되는 버스운전

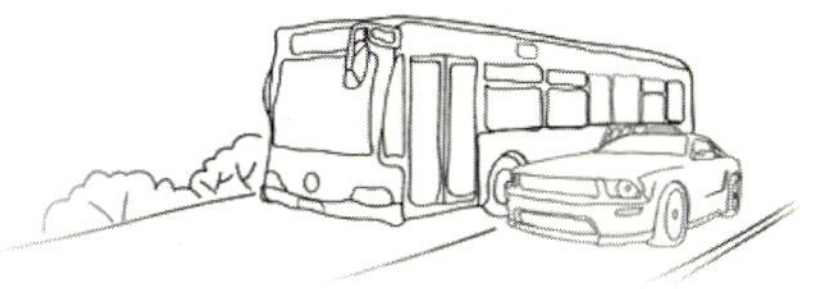

필자가 생각하기로는 남성과 똑같은 대우를 받고 재미있게 일할 수 있는 직장 중에 버스드라이버 정도면 괜찮은 직업이라고 강력히 추천하고 싶다. 왜냐하면 대부분의 여성들이 아이들의 교육비 또는 남편의 시원치 않은 생활비에 고문을 당하기 시작하면서 돈벌이에 나서게 되는데, 특별한 기술 없이 사회에 나오면 음식점 서빙이나 점원 또는 캐셔 등의 일들을 많이 하게 된다. 그러나 돈벌이가 잘 되는 것도 아니고 근로조건 또한 열악한 분야가 많다. 이런 일들에 비해서 버스운전은 하루에 9시간 정도 일하고, 그것도 한 탕을 하고 나면 앞차와의 배차 간격을 맞추어야 하기 때문에 잠시 쉬는 시간도 주어질 뿐더러 주 5일 근무제이기도 하다. '쉬프트'라는 반나절만 하는 일은 선택사항이다.

버스운전자들은 그 어떠한 사고가 발생되더라도 휴업급여가 법으로 보장되어 있다. 근로자 원천징수영수증에 의하여 사고로 인한 휴업급여를 평균임금의 80%(산재보험은 70%)를 보상받고, 또 은행(주거래은행)에서도 무담보로 수천만 원 정도는 언제든지 빌릴 수 있으며, 그 정도의 능력을 갖추고 있다면 뭇 남성들에게도 핫 타겟(?)의 대상이 확실하게 될 수 있다.

여성이 버스운전을 한다는 것은 일단 자녀를 두 사람 정도까지 부양할 수 있는 능력이 주어진다고 본다. 이것은 분명하게 말해서 물고기를 직접 낚는 기술을 확보하는 것이다. 여성 버스기사란 그런 점에서 본다면 오히려 웬만한 남성 못지않게 당당할 수 있다. 요즘 같은 취업난에서 볼 때 버스운전이란 직업은 여성에게 있어 자존심을 확실하게 지켜주는 매우 쓸만한 직업이라는 것이다. 또한 중고버스를 하나 사서 그 많은 학원생들이나 회사 직원들을 출퇴근만 시켜 줘도 순수입만 평균 200~300(감가상각비 제외)만 원 벌기는 어렵지 않다.

어느 날 아내가 자기의 보수가 연봉으로 계산하면 얼마나 되는지 따져보자고 하기에 조사해 보았더니, 연수입이 4,000만 원을 훌쩍 넘었다. 그에 따르는 사회적 혜택까지 합친다면 연 5,000만 원 이상의 시너지 효과가 있다고 필자는 확실하게 장담할 수 있다. 그에 비해 식당 등에서 서빙을 하는 사람들의 근로시간 등을 곰곰이 따져서 비교해 볼 때, 거의 3배(300%)는 더 벌고 있다는 것을 알 수 있었다.

우리가 세상을 살면서 계산해 보지 않아서 쉽게 간과해 버리는 일들이 더러 있는데, 식당일을 해서 130만 원을 받는 사람이 월 100만 원의 생활비를 쓰고 30만 원을 저축한다면 연 360만 원을 저축할 것이고, 이것을 정기저축해서 이자율을 극대화한다 해도 연 400만 원 정도 이상은 기대하기 어렵다. 이 돈을 10년 동안 모은다면 최고 이율을 포함한다고 해도 요즘 같은 저금리 시대에는 6, 7천만 원을 모으기가 쉽지 않을 것이라고 생각한다.

만일 버스운전을 하는 사람이 월 100만 원의 생활비를 쓰고 나머지를 저축한다고 하면 대충 계산해도 연 2,500만 원은 쉽게 저축이 가능하고, 이렇게 10년을 저축한다고 할 때는 이자를 포함해서 대략 4억 이상은 모을 수 있다는 묘미가 있다. 버스를 운전하고픈 여성이 이 글을 읽고 있다면 이 대목에 눈을 비비고 따져봐야 할 것이다. 시간이 지나면 지날수록 대단한 수입원이 아닐 수 없는 것이다. 뼈 빠지게 일하는 것에 비해, 수월하고 안정된 직장이면서 10년 후에는 그 재산가치가 식당일을 할 때보다 7배 이상, 아니 그 이상의 재테크가 얼마든지 가능하다는 계산이 나온다. 그래서 부부가 함께 맞벌이를 하면 돈이 쉽게 많이 모아지는 것이다. 다시 말하면 여기에서도 빈익빈 부익부의 현격한 차이가 드러나는 것이다.

버스를 운전하는 것은 매우 위험한 일이라고 하는 사람들도 더러 있다. 하지만 그것은 잘못된 생각이다. 이미 한 가정에 한 대 이상의 차량을 보유하고 있다고 통계하고 있고, 이제는 그 누구도 자동차를 운전하지 않고서는 살아갈 수 없는 세상이 됐다. 프로가 됐든 자가용을 운전하든 우리에게 있어 운전은 일상생활이라는 것이다.

버스운전사들은 여느 직장 같지 않고 기사들 간에 고참, 신참보다는 그냥 나이대로 형님, 언니, 동생, 누나라는 표현으로 인사를 한다. 가끔은 회사의 관리 직원이나 고참 운전자들이 필자의 아내에게 이르기를 "아무개 씨, 여자가 어디 가서 이렇게 남자들이 버는 돈과 똑같이 벌어 가는 곳이 얼마나 있겠어? 축복받은 줄 알아야지…"라며 빈정대듯이 웃으면서 말하는 것을 여러 번 들었다고 한다.

필자는 아내에게 이른다. 행복한 환경 속에서 진정 행복을 느끼는 사람이야말로 참다운 행복을 느낄 수 있는 자격이 있다고 말이다. 하지만 사람들은 항상 자기가 추구하는 그 어떤 행복한 사람을 표본으로 목표를 정하고 그들과 비슷한 삶의 질을 얻기 위하여 저 높은 곳만을 향해 치닫기만 한다. 아내도 숱한 고생을 하다가 이제 와서 겨우 삶에 대한 진리를 깨닫고 정신적으로도 안주하고 있다.

버스운전이란 직업이 전에 당신이 다니던 식당의 홀서빙에 비해 어떠냐고 물었더니, 전 직장하고는 비교할 수 없이 편안하고 자긍심도 느끼고, 두 달에 한 번씩 나오는 보너스(130여만 원 이상)는 공돈 생기는 것 같은 기분이 든다고 한다. 큰 사고만 없으면 회사에서도 누구 하나 말하는 사람이 없으며, 오전근무를 할 때는 아침 일찍 출근하기는 하지만 점심때를 전후해서 끝나기 때문에 관공서 같은 곳에 들러 일을 보기도 좋아서 감사하는 마음으로 일하고 있다고 했다.

"누구에게 감사하는데?"

"회사에 감사하고, 당신에게도 고맙고…."

"그렇게 생각한다면 이렇게 행동해 봐! 전에 식당에서 일할 때 한 달에 얼마 받았어?"

"120만 원."

"지금은?"

"그보다 곱절도 넘지, 힘은 오히려 덜 드는 것 같고."

"사람들은 행복한 삶 속에서는 행복을 모르고 사는 거야! 지금 당신이 느끼고 있는 직장에 대한 감사하는 마음이 사실이라면 당신이 버는 돈 중에 눈 딱 감고 5%만 떼서 당신이 감사하게 생각하고 있는 직장상사나 동료들에게 당신에 대한 품위유지비로 사용해야 한다. 통계청에서도 발표했듯이 개인이 품위를 유지하는 데 드는 비용이 월 22만 원 정도 된다는데, 연 4천 이상의 수입에 5%면 200만 원인데 1/12로 계산하면 월 16만 원 정도를 품위유지비로 쓴다고 해도 국민들이 사용하는 월평균에도 못 미치는 거야! 조금 덜 번다고 생각하면 되는 거야. 식당일은 올챙이 시절이고 버스운전은 개구리가 된 것이라고 생각한다면 올챙이 시절을 망각하면 그 개구리는 현상유지가 어려운 거야!"

이 말을 들은 아내는 처음에는 내가 왜 그런 짓을 하느냐며 펄쩍 뛰더니 시간이 지나면서 수긍하기 시작했다. 아내는 지금도 필자와 상의한 대로 그렇게 행동하고 있다.

사람은 나누어 먹기를 잘해야 하는 동물이다. 인간사 모든 것이 계산의 연속이고 그 계산을 잘못하면 항상 밑지는 장사만 한다. 얻어먹는 사람도 대개는 먹는 양만큼을 잘 계산해 두었다가 그에 상응하는 대가를 제공한 사람에게 되돌려주는 양심을 가지고 있기에 사회는 돌고 돌아가는 것이다.

내 것 아깝지 않은 사람이 어디 있겠는가. 감사함을 느낀다면 더불어 사는 주변 사람들에게 감사하는 마음을 표현하는 데 인색하지 말아야 한다.

감방에 가는 사람들을 들여다보면 대개는 욕심이 과해서이다. 조금만 덜 먹고 함께 나누어 먹는다고 생각하면 후환도 없고, 소화도 잘되고 비만해지지 않을 것이다.

맞벌이만이 살길이다

이제는 세상의 흐름이 빠르게 바뀌어 스마트폰 하나로 내비게이션까지 할 수 있다. 그뿐인가 3D, HD, 스마트 TV까지 출시되고 있고, 앞으로 얼마나 더 훌륭한 기능을 가진 가전들이 우리를 놀라게 할지 예측이 불가능한 상태다. 이렇게 풍요로워진 문화적 혜택을 누리려면 부부가 맞벌이를 하지 않으면 살림을 유지하기가 너무 어려워졌다. 그뿐인가. 그동안 과외비용도 만만치 않았었는데 본토 발음을 선호하는 영어교육 열풍까지 불어닥쳐 웬만한 서민가정은 남편 혼자 벌어서는 어림도 없다.

그뿐이 아니다. 국산 자동차만을 알고 살아온 서민들도 지금은 홍수처럼 밀려드는 그렇게 비싸지 않은 외제차들의 유혹에서 자유스럽지 못한 것도 사실이다.

선진국들이 우리보다 잘사는 것은 분명하지만 그들이 잘사는 이유 또한 분명하다. 맞벌이를 하고 있기 때문이다. 새로운 문화생활을 누릴 수 있는 자격을 갖추려면 부부가 맞벌이를 하지 않으면 살아가기 힘들도록 세상이 그렇게 몰아가고 있는 것이다.

필자가 경험한 미국 사회도 당연히 부부가 함께 일해서 가계를 꾸려나갈 수밖에 없는 현실에 속박되어 있는 곳이었다. 그래도 우리는 어느 정도 저축통장이나 적금통장 같은 것을 가지고 있는 가정이 적지 않은 데 비해, 미국 가정들은 저축하고 거리가 먼 가정이 많다. 그때 벌어서 그때 쓰고 마는 그런 생활들을 하고 있는 것이다. 연금과 근로자 보장보험제도가 잘 되어 있어서 사람들을 나태하게 만든다.

사회생활에 있어 성차별을 보이던 여성이라는 단어는 사라져 가고 있고, 다만 여성이라는 성별을 구분하는 단어만 있을 뿐이다. 상속을 하는데도 이제는 남성과 함께 똑같은 배분을 보장받고 있고, 법적으로 어느 것 하나 남존여비의 잔재를 찾아보기가 힘들다.

여성과 남성이 구분되지 않는 세상이다. 오히려 남아선호 사상이 지금에 와서는 여성의 수를 적게 만드는 결과를 가져와 지난 대선에서는 여성 유권자 수보다 남성 유권자 수가 30만 명이나 많다고 했다. 바꾸어서 말하면 여성이 그만큼 적다는 말이고, 이는 여성이 없어서 소외된 남성들의 숫자를 말해주는 것이다. 이런 현상이 지속되면 남성들은 그야말로 개털이 될 수밖에 없다.

여성들이 사회에 참여하는 분야가 날로 늘어가기만 한다. 이 글을 읽는 여성들도 못할 것이 없다. 우리 사회는 어떤 전문직을 얻고자 하면 학원에서부터 참고서까지 줄줄이 만들어지는 데 비해 필자가 이 시대에 괜찮다고 주장하는 버스운전자가 되는 루트는 이렇다 할 만한 인프라가 없다. 그저 그렇게 개개인이 알아서 해온 것이다.

국민을 보호하기 위한 좋은 법들이 있어도 '권리 위에서 잠자는 사람은 법의 보호를 받지 못한다'는 문구가 법전의 첫머리에 있다. 버스기사가 되기 위한 제도가 그렇게 어렵지 않은데도 그 방법을 잘 몰라서 이용하지 못한다면 안타까운 일이 아닐 수 없듯이 말이다.

버스 운전기사의 길을 가고 싶어도 그 방법을 잘 모르는 사람들에게 필자가 하고 싶은 말이 있다. 그렇게 힘들지 않다고 말이다.

자기를 계발하라

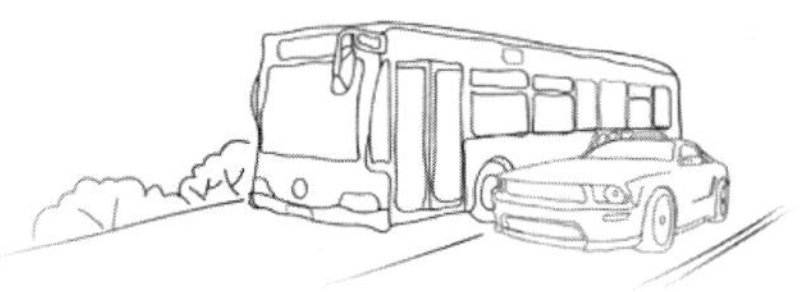

얼마 전에 주식투자의 귀재로 불리는 워런 버핏이 한국을 방문하였다. 한국의 어느 종목에 투자하면 좋겠느냐는 기자들의 질문에, 투자는 자기 자신에게 하는 것이 가장 현명한 방법이며 워런 버핏 자신도 아직 스스로에게 투자할 수 있는 역량이 많이 남아있다고 말했다.

필자는 이 글에서 돈만을 많이 벌어야 한다고 말하는 것이 아니다. 사람들은 저마다 적성에 맞는 일을 찾아야 하는데 적성이 무엇인지도 모르고 세상을 시나브로 살아가는 사람들이 정말로 많다는 것이다.

그 한 예로 대학을 가는 데 있어 서양 사람들은 이미 중학교 시절부터 담임선생님과 학생 그리고 부모가 정기적으로 모임을 가지면서 학생의 적성을 잘 파악하여 그 아이가 성장하여 사회에 진출할 때까지 꼭 필요한 분야에서 최고의 실력을 발휘할 수 있도록 최선을 다한다. 우리나라는 학생이 대학을 정하는 데 있어서 대학에 입학할 때까지도 과를 잘 선택하지 못하고 우왕좌왕하다가 우선 자기의 수능점수에 맞추어 일단 대학이나 들어가고 보자는 부모와 학생들이 너무 많아서, 결국에는 잘못 선택한 과를 중도에서 포기하는 학생들이 많다는 신문 보도를 접하며 살고 있다.

무의식의 세계라고 하는 영적인 세계가 있다. 우리가 흔히 말하는 자아라고 하는 것은 영적인 무의식의 자식이라고 한다. 다시 말하면 내 자식이라고 생각하고 있는 것들은 나의 무의식 속에서 존재하는 영적인 그 무엇들에 비하면 약소한 것들이다. 우리들의 무의식에는 대단한 것들이 잠들어 있는데, 이러한 것들은 잠을 잘 때나 일상생활을 할 때 순간적으로 머리를 스쳐 간다. 잠을 자면서 꾸는 꿈 또한 영적인 세계이고 그러한 꿈들을 잘 기억해(메모) 두었다가 현실에서 실용화하는 경우가 많다고 하는데, 세상을 깜짝 놀라게 하는 아이디어나 발명품 같은 것도 바로 이때 이루어지는 것이 대다수라고 학자들은 전한다.

한때는 세계적인 갑부였던 미국의 오나시스에게 부자가 된 비결이 무엇이냐고 기자들이 물어봤더니, 다이어리를 들고 다녔기 때문이라고 했다. 하루에도 우리들의 머리를 스쳐 가는 생각들이 4만 가지가 넘는다고 심리학자들은 보고한다. 순간적으로 스쳐 가는 번뜩이는 아이디어들을 즉시 메모하지 않으면 내 것으로 만들 수 있는 방법은 전혀 없다. 순간의 생각들을 즉시 메모하고 저녁에 정리하고 또다시 주말에 정리하고 다시 월말에 정리하는 습관을 길들이면 오나시스가 했던 말을 정확하게 이해할 수 있을 것이다. 다시 말하면 우리 인생에 있어서 이보다 더 훌륭한 지침서는 없다.

잘될 것이라는 긍정적인 생각으로 머리 전체의 구조를 바꿔라. 부정적으로 생각하는 사람들은 모든 것을 비관적으로만 생각한다. 비관적인 말을 자주 하는 사람들은 비판하는 습성이 오랜 시간 잘 길들여져 왔기 때문이다. 그렇게 길들여진 습관들이 무서운 것이다.

"자네 하는 일이 그렇지 뭐…. 그거 잘 되겠어? 자네는 왜 자꾸 이상한 생각만 하는지 모르겠어? 그냥 이대로가 좋아. 생각은 좋은데 만일에 잘못되면 그 책임은 누가 질 건데? 사람이 급하게 변하면 금방 죽는데요…" 등등의 혁신적인 생각을 하는 사람들의 기를 정면으로 꺾는 사람들이 우리 주변에는 의외로 많다. 이러한 말들은 사람들의 번뜩이는 아이디어마저 사장시킨다는 것을 명심하기 바란다.

이 시대의 세계적인 대기업의 오너들과 유능한 경제학자들이 주장하는 공통점은 개방된 사고방식과 창의성을 강조한다는 것이다. 그리고 실패가 두렵다고 좋은 계획을 실천에 옮기지 않으면 아니 된다고 이른다. 어떤 방식으로든지 변화하는 자만이 앞서 갈 수 있다고 주장하고 있다.

소홀히 할 수 없는 안전사고

운전 중에 버스 안에서 급커브나 급브레이크를 잡아서 일어나는 사고들이 가끔 있다. 서 있는 사람들이 손잡이를 꽉 잡지 않아서 이런 일들이 일어나는데, 시내버스는 고속버스와 달리 안전벨트가 없고 공간이 텅 비어 있다. 돌발적 상황에서 어쩔 수 없이 급브레이크를 밟을 수밖에 없지만 하여튼 간에 버스 안에서 일어나는 사고는 버스기사에게 책임이 있다. 이런 약점을 잘 아는 아주 나쁜 사람들이 가끔 있는데 고의적으로 금품을 목적으로 버스기사를 괴롭히는 경우도 더러 있다.

젊은 사람들은 덜한 편인데 노약자들이 승하차할 때에는 세심한 관리가 필요하다. 노약자가 승차했는데 노약자석에 젊은 사람이 앉아서 자리를 양보하지 않으면 버스기사의 직권으로 자리를 양보하라고 뒤를 향해 크게 소리를 질러서라도 노약자를 자리로 유도해야 한다. 버스 내에서 가장 영향력 있는 사람은 바로 버스기사인데 그런 의무도 함께하기 때문이다.

노약자가 내릴 때에도 확실하게 하차한 것을 확인하여 출발하고, 노약자가 타면 일단 가장 무서운 사람이 탔구나 하고 긴장해라.

평소에 거칠게 난폭운전을 하던 기사가 가벼운 안전사고를 발생시켰다면, 얌전하고 부드럽게 운전하는 버스기사가 일으킨 사고와는 달리 그 결과 면에서 정반대일 수밖에 없다. 다시 말하면 손님 입장에서 볼 때 가벼운 사고라서 아무 일 없었던 것처럼 처리할 수 있는 사고인데도 평소에 싸가지 없게 운전하던 운전자에게는 괘씸죄가 추가 적용되어 마치 집행유예 기간에 또 다른 범죄를 저지른 것과 같이 가중처벌을 받을 수밖에 없다는 말이다. 그래서 병원에 가지 않아도 될 일도 반드시 가게 될 것이고, 쉽게 마무리될 일도 그 괘씸죄(불친절과 난폭운전) 때문에 어려워질 수밖에 없다.

이와는 반대로 평소에 편안한 운전으로 손님들을 모셨다고 한다면 그 기사가 일으킨 사소한 안전사고에 대하여 웬만한 사람들은 아무런 이유도 달지 않고 돌아간다는 것을 필자도 버스운전을 하면서 경험했다. 아내의 동료 중에도 난폭운전을 하며 승객에게 불친절한 기사가 있었는데 항상 사건에 시달리다가 결국에는 회사 측으로부터 해고되었다고 한다. 노선버스를 이용하는 손님들은 대개 자기가 주로 타고 다니는 버스기사들의 얼굴을 잘 기억하고 있기 때문이다.

만약 가벼운 안전사고가 버스 내에서 발생했을 때 다쳤다고 주장하는 손님의 표정을 잘 파악해야 한다. 괜찮다고 하면서 아무런 앙금 없이 돌아갈 사람은 뒤도 돌아다보지 않고 가버리는데, 뭔가 모르게 아쉬운 표정을 하고 있으면서 다친 것 같지도 않아 보이고, 병원에도 갈 것 같지도 않고, 그대로 돌아갈 것 같지도 않으면서 뜸을 들이는 사람들이 더러 있다.

이런 유형의 사람들은 약간의 돈을 생각하고 있는 사람들이 많다. 이럴 땐 지체하지 말고 몇 만 원이라도 손에 쥐어 줘라. 기분을 맞추어 주라는 말이다. 그날은 세무서에서 잘못 계산된 세금을 더 내야 한다는 통보를 받았다고 생각하라는 것이다. 물론 다친 곳이 없다고 손님이 말하고 있고, 버스기사도 그렇게 판단되는 상황에서만 하는 말이다. 왜냐하면 사람이 다쳤는데도 아무런 조치도 취하지 않고 돈을 한 푼도 주지 않았는데, 아무렇지도 않은 것처럼 현장에서 버스기사에게

항의도 하지 않고 그저 머뭇거리다가 사라진 후 한참 후에 그 가족들로부터 연락이 와서 경찰에 신고하겠다고 으름장을 놓는 사람들이 제법 있기 때문이다.

만일에 다친 승객을 아무런 조치 없이 돌려보내 그 승객이 집에 돌아가서 그날 있었던 사고 얘기를 가족들에게 한다면, 아무런 대가도 없이 왔다고 가족들에게 바보같이 행동했다는 소리를 들을 수도 있다고 가정한다면, 그 사고는 아무 일 없이 끝난 것이 아니라 그야말로 복잡한 국면으로 접어들게 된다는 말이다.

그리고 일단 아무런 대가도 없었다는 것에 대하여 피해자 측에서는 버스기사를 싸가지 없는 인간으로 치부해 버리는데, 이런 사건들은 그렇게 보기 어려운 일이 아니다. 그래서 호미로 막을 것을 가래로 막아야 하는 덤탱이(피바가지)를 쓰게 된다. 단돈 몇 푼이 아까워서 현장수습을 잘못하면 보다 큰 후환이 다가올 수 있다.

첫 단추처럼 중요한 사고처리

일단 교통사고가 발생했고 자기의 잘못이 없다고 판단되면, 그 즉시 내려가서 사고 당시 차량의 위치 그대로 카메라에 담아 놓아야 한다. 그래서 자동차에 카메라를 준비하는 것은 집안에 숟가락만큼이나 중요하며 차량에 없어서는 안 되는 필수 물건이다.

카메라도 없고 증인을 확보하지도 못했는데, 뒤따라오던 차들은 "별것도 아닌 것을 가지고 차도 안 빼고 지랄이야!"라고 하면서 소리를 질러대도, 잘못한 상대 운전자(가해 차량)가 잘못을 시인할 테니 갓길로 빼자고 제안해도, 절대로 경찰관이 올 때까지는 사고 차량들을 움직여서는 아니 된다. 사람은 누구나 자기가 잘못한 것을 잘 알면서도 막상 아무런 증거나 증인도 없는 상황이나 또는 증거를 없애버린 상황이라면 한번쯤은 그 위기에서 벗어나 보려고 본능적으로 거짓말을 하게 된다고 심리학자들이 말하고 있는 것처럼, 많은 사람들이 증거나 증인이 모호하면 발뺌을 하는 것이다.

하긴 요즘은 차량용 블랙박스를 많이들 장착해 가지고 다니기에 법규위반을 하면 빠져나갈 방법도 없기는 하지만 말이다.

그리고 인사사고가 끼어 있다면 절대로 소홀히 해서는 안 된다. 상대가 어느 정도 괜찮다고 해도 병원에 데리고 가서 반드시 진찰을 받게 하고, 별 이상이 없다고 해도 전화번호를 피해자에게 적어 준다든지, 돈을 어느 정도 준다면 영수증도 확실하게 받아 두어야 한다. 영수증만으로도 경미한 사고는 합의서와 같은 효과를 얻을 수도 있으니 말이다. 아니면 경찰을 불러서 현장에서 경찰이 보는 앞에서 아프지 않다고 주장하는 피해자를 돌려보내야 탈이 없다.

아무런 조치도 취하지 않고 그냥 보냈는데 느닷없이 병원에서 치료를 받고 있다고 연락하는 경우를 필자는 수도 없이 경험했다.

그 대상이 어린이라고 하면 일은 더 복잡하게 된다. 만약 무단횡단하는 어린아이를 치었다고 치자. 그런데 그 아이가 벌떡 일어나서 무단횡단을 하다가 사고가 난 것에 대해 미안하기도 하고 겁도 나고 해서 그냥 도망치듯 사라져 버리는 경우가 적지 않다. 사고 당시에는 당황해서 웬만큼 큰 상처가 아니고는 고통을 느끼지 못하다가 대개 하룻밤을 자고 나봐야 그 통증을 확인할 수 있다.

그런데 도망간 그 아이가 집에 가서 부모에게 사고가 났었다는 말을 하고, 그 부모가 아이의 신체 중 일부에 멍이 들었다는 것을 발견할 수도 있다. 내 아이가 이렇게 다쳤는데 가해차량이 아무런 조치도 취하지 않고 갔다고 하면 사고를 당한 부모의 입장에서 볼 때는 뚜껑이 열릴 일이다. 그래서 사고현장을 찾게 될 것이고, 수소문하여 사고지점 주변의 어느 상가 주인이 당시의 사고차량 번호를 메모해 두었다고 한다면 이것이 바로 뺑소니 차량이 되는 것이고, 가중처벌이라는 큰 처벌을 피할 수 없는 것이다.

그러므로 아이가 졸지에 도망갔다고 하더라도 곧바로 그러한 일이 있었다고 경찰에 신고를 확실하게 해야 한다. 보험에 들어있다면 큰 탈 없이 일반 교통사고로 처리할 수 있는데 간단한 사고처리 요령을 몰라 잘못 처리하면 뺑소니 차량으로 몰릴 수 있다는 것을 명심하기 바란다.

그러니까 경찰에 신고한다고 해도 그 아이가 나타나지 않으면 사건이 없었던 것으로 마무리되지만, 만에 하나 그 아이의 부모가 경찰에 신고해 온다고 해도 일반 교통사고로 처리하면 그만이다.

끝으로, 세상에는 절대로 그냥 주어지는 것은 없다. 작은 것이라도 자기 하기 나름이다. 자기에게 신경을 쓰고 있는 사람에게 관심이 가는 것은 너무도 평범한 진리이다. 자기 자신에게 필요하다고 느끼는 일들은 절대로 소홀하지 말라는 것이다. 그리고 찬스를 잡으면 최선을 다해라.

만나는 사람마다 인간관계에 있어 감사할 줄 알고, 배려할 줄 알고, 이해할 줄 아는 역지사지만 잘하면 어느 직장에서든지 어떤 업종의 장사를 하더라도 절대로 망하지 않는다는 삶의 진리를 필자는 강조하고 싶다.

Part 2

돈 되는 택시는 따로 있다

서울택시의 어제와 오늘

1980년대에는 택시기사가 무슨 대단한 벼슬이나 되는 것처럼 필자를 포함하여 뭇 택시기사들이 거들먹거리며 거리를 헤집고 다니던 시절이 있었다.

필자는 길(지리)도 잘 모르면서 택시운전을 시작하던 첫날, 첫손님부터 합승을 하기 시작하여 하루 종일 일하면서 혼자 있는 손님만 태웠고, 그 중에서도 주로 여성 손님들, 아니면 얼굴이 순하게 생긴 손님, 겉으로 보아서 합승하는 것에 대해 별로 이의를 제기치 않을 것 같은 사람들만을 골라서 태웠다.

혼자 타는 손님이 뒷자리에 타려고 하면 노골적으로 손님에게 말하기를 "손님! 먹고 살아야 되니까 앞좌석으로 오세요!"라고 당당하게 말했다. 어쩌다가 합승한 것을 가지고 시비를 하거나 아예 처음부터 합승을 못하게 하는 손님이 있으면 수단과 방법을 가리지 않고 도중에 그 버릇없는(?) 손님을 반드시 하차하게 했다. 지금 글을 쓰면서도 부끄럽기 그지없는 일을 그때는 그렇게도 자연스럽게 행동했었는지 모르겠다.

손님 입장에서도 택시 타기가 힘이 드니까 별별 방법을 다 동원하는데, 손가락을 두 개(더블요금) 또는 세 개(요금의 3배) 펴서 택시운전자에게 사인을 보내는 사람들을 퇴근시간이나 자정쯤 되면 길거리에서 찾아

보기란 그렇게 어려운 일이 아니었다. 물론 이렇게 약속했던 손님들치고 돈을 제대로 주고 내리는 손님은 거의 없었다. 약이 오른 손님들도 어떻게든지 타고 보자는 속셈이었던 것이다. 그렇다고 불법요금을 강요할 수도 없는 노릇이었다.

여러 명이 택시를 잡으려고 도로에 몰려 있으면, 합승할 목적으로 다니는 택시들의 횡포 때문에 택시 타기가 그리 쉽지 않았던 것이 사실이다. 아니, 어렵다기보다는 아예 태워주지 않았던 것이다.

이런 싸가지 없는 택시들에게 머리를 좀 쓴다는 손님들이 여러 가지 방법들을 동원하기도 했는데, 한 사람만 길거리에 서 있다가 겨우 택시를 잡게 되면 잠시 숨어 있던 일행들을 향해 "야! 빨리 와" 하고 소리를 지르면 일행들이 우르르 몰려와서 택시의 정원을 가득 채웠다. 그렇다고 해서 필자도 절대로 질 수는 없는 노릇이었다.

일단 합승을 하면 돈이 더블(2배)인데 이렇게 정원을 가득 채우는 손님들이 타면 연료비도 많이 들고 합승도 못하게 되니, 필자는 양수겸장(兩手兼將)에 걸린 것이나 다름없는 노릇이었다. 이는 필자의 택시사업을 망치려고 작정한 못된 손님들이라고 간주한 필자는 스트레스를 받아서 더 이상 운전할 컨디션을 상실하게 된다. 그런 더러운 기분으로 몇 십 미터쯤 진행하다가 운전석 밑에 조그맣게 설치해 놓은 가스(연료) 밸브를 슬며시 잠근다. 그렇게 하면 몇 백 미터 못 가서 엔진이 꺼진다. 필자는 손님이 보란 듯이 "어! 이거 왜 이래?" 하면서 엔진이 멈춘 차의 스타트 모터 스위치를 계속해서 돌려본다. 하지만 시동이 걸릴 일이 없다. 연료 밸브를 막아 놓았으니 말이다. 요즘같이 많은 사람들이 자동차를 소유하고 있지 않던 시절이라 손님들이 자동차에 대한 상식이 그나마 많지 않았기에 가능했던 것이다.

필자는 손님들을 향해 이렇게 말한다.

"저… 차가 고장이 나서 그러는데, 뒤에서 좀 밀어 주세요!"

당시에는 기어가 스틱(변속기어)으로 된 택시들만 있었기에 시동이 꺼진 차를 밀어서 시동을 거는 풍경들을 도로에서 심심찮게 볼 수가 있었다. 이렇게 택시기사가 손님들에게 밀어 줄 것을 요청하면 손님들은 영문도 모르고 우르르 몰려나가 차를 수십 미터나 밀어 주기도 했다. 밀어본들 가스 밸브를 막아놓은 차의 시동이 걸릴 리가 만무하다. 스타트 모터를 몇 번 돌리는 척하다가 필자는 "안 되겠는데요. 다른 택시를 타고 가세요"라고 하면 손님들은 한마디씩 한다.

"그러면 그렇지, 택시가 쉽게 잡히더라. 에이 재수 없어, 야 가자!" 라고 하면서 험한 말들을 뒤로하고 저만치에서 다른 택시를 잡기 시작한다.

이렇게 손님들을 따돌리고 후드(보닛)를 열어놓고, 공중전화 쪽으로 가서 택시회사에 고장신고를 하는 척하고, 택시로 돌아와 운전석에 앉아서 쉰다. 그 손님들이 다른 택시를 타고 자리를 떠날 때까지 말이다. 차라리 그 손님들을 태워다 주고도 남을 시간을 기다리다가 결국 손님들이 다른 택시를 잡아타고 현장을 떠나면 그제서야 필자도 들어놓았던 보닛을 내리고 현장을 떠났다. 지금 생각해 보면 참으로 미련하면서도 놀부를 능가하는 심술보가 아니었나 하는 생각을 해본다.

이것뿐만이 아니다. 얼마나 헤집고 돌아다녔느냐 하면 합승이 만연하던 시절이고, 시민 모두가 택시 운전하는 놈들은 인간도 아니고, 택시를 타면 아예 합승을 하는 것이 통례구나 하는 인식이 사회적으로 묵인되고 있었던 시절이다.

이렇게 택시 손님들의 수요를 따라가지 못했던 당국의 택시 정책은 결과적으로 오늘날 손님이 택시를 골라 타게 하는 시대를 만들었다. 옛날을 기억하는 필자로서는 참으로 이상한(?) 시대가 된 것이다. 가만히 생각해 보면 그때 그 시절에 손님들에게 행했던 택시기사들의 못된 짓거리에 대해 손님들이 복수하고 있다고 생각된다.

추운 날 도로에 서서 합승하려는 사람들이 소리 지르는 목적지를 필자가 청취해야 함에도 불구하고, 먼저 앞좌석에 탄 손님이 날씨가 추운 관계로 유리 창문을 내려주지 않는다. 어쩔 수 없이 필자는 합승을 시도하지만 밖에서 행선지를 말하는 사람의 소리가 들릴 리 만무하다. 그러나 어디를 간다고 지껄이는 사람의 입 동작만을 확인하고 타라는 사인을 보내면 합승이 이루어진다. 합승을 한 후 주행 중 먼저 탄 손님이 필자에게 묻는다.

"아니, 어떻게 알아듣고 합승을 한 건가요?"

"대강 입 모양을 보고 하는 거지요."

필자는 그런 일이 비일비재했기에 자연스럽게 말하면 손님들은 기가 막힌다는 듯이 킥킥거리며 웃는다.

지금에 와서 생각하면 못된 택시운전자의 추억이 아닐 수 없다.

요즘은 손님이 너무 없어서 한 사람이라도 출현할 것 같으면 어느새 택시들이 경쟁적으로 서로 손님을 태우려고 급한 행동을 하면서 위험한 상황을 연출하기도 한다. 건너편 차선에 서 있는 손님이 타겠다는 사인이라도 보내면 그 즉시 중앙선을 넘어 손님을 태우는 택시들을 보기란 그리 어려운 일이 아니다.

지금도 그 시절 택시기사들의 망령이 살아나서 그런지 몰라도 월말과 금요일이 겹친 날 자정쯤이면 강남역이나 홍대, 연대, 종로통 등지에는 지금도 창문을 잠그고 손님들을 골라 태우거나 아예 차를 주차해 놓고 호객행위를 하는 사람들이 더러 있으니, 택시기사 입장에서 보면 참으로 부끄러운 일이 아닐 수 없다.

어느 비 오는 날 밤에 있었던 일이다. 용산에서 중년신사를 한 사람 태우고 대방동을 향해 가는데, 노량진역에서 젊은 남자 한 사람을 합승했다. 물론 먼저 탄 손님에게 양해도 구하지 않고 말이다. 그런데 먼저 탄 손님이 가면서 하는 말이 "당신! 내 허락도 없이 합승을 했으니 신고할 거야!"라고 하면서 격앙된 목소리로 말하며 차 안에 비치된 필자의 명패를 보면서 차번호를 적고 있었다.

필자는 뚜껑이 열리고 있었지만 이렇게 겁 없는 손님에게는 대항할 방법이 없었다.

당시에는 합승이 불법이기는 하지만 감히 손님 입장에서 택시기사에게 합승한다고 따지는 손님은 극히 드물었던 시절이었으니 말이다. 어쨌거나 손님은 대방역 근처에 내리게 되었는데 요금이 2,600원 나왔다. 그런데 이 손님이 내리면서 5천 원권 세 장을 주는 것이었다. 눈이 번쩍 뜨인 필자는 머리가 초고속으로 회전하기 시작했다.

이 인간이 택시를 타고 오는 도중에 필자와 앙숙관계였음에도 불구하고 필시 5천 원짜리를 천 원짜리인 줄 알고 주었을 것이라는 생각이 필자의 머릿속을 상큼하게 만들었다. 감을 잡은 필자는 자연스럽게 동전 4백 원을 그 겁 없는 손님에게 건넸다. 필자가 주는 동전을 잽싸게 가로채듯이 받아든 손님은 욕설을 지껄이면서 택시 문이 부서져라 세게 닫았다.

필자는 잽싸게 택시를 출발시켰고, 뒷좌석에 있는 합승 손님에게 5천 원짜리 세 장을 들어 보이면서, "손님! 아까 그분이 이거 세 장을 주고 갔는데요, 아마 천 원짜리 세 장으로 착각했나 봐요. 재미있지 않아요?"라고 말했더니 그 손님은 재미있어 죽겠다고 배꼽을 잡고 웃었다. 그도 그럴 것이 합승했다고 필자를 압박할 때 뒤에 탄 손님 또한 마음이 편치만은 않았을 것이다.

필자도 스트레스가 확 풀리는 경험을 했다. 합승 과태료 고지서가 날아온다 해도 속이 그렇게 시원할 수는 없는 노릇이었다. 그 일로 인해 합승 과태료는 날아오지 않았다.

오랜 시간이 지난 지금도 가끔씩 그 생각이 나고, 그때 그 일을 주변 사람들에게 들려주면 재미있어 한다. 어쨌거나 필자에게 지금도 웃음

거리를 제공해 주고 있는 그때 그 손님에게 감사하는 추억을 가지고 있다.

당시에는 많은 택시기사들이 새 차를 배정받는다고 해도 실내등을 어둡게 만들어 가지고 다니는 전략을 시도했던 기억이 있다. 왜냐하면 밤에 술 취한 손님들이 어두운 택시 속에서 지폐를 잘못 파악하여 택시운전자에게 건네주는 횡재(?)를 기대했기 때문이다.

이런 상황은 후에 만 원짜리 새 지폐가 나왔을 때도 마찬가지였는데 손님들이 어렴풋한 차내의 불빛에서 많이 헛갈려 했던 기억이 있다.

300만 원은 번다

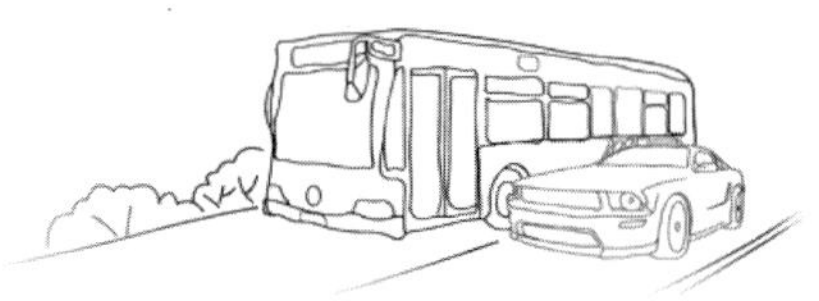

필자는 일단 택시 운전석에 오르면 그야말로 열심히 일한다. 그래도 노가다(건설현장)에 가서 일하는 것보다는 힘이 덜 든다. 거짓말이 아니다. 그런데 요즘은 300정도밖에는 못 번다. 손님이 그만큼 줄어든 것이다. 요즘의 서울택시 운전은 취직이라기보다는 차라리 알바 수준이라고 말하는 것이 더 정확한 말일 게다. 서울의 택시 대수도 이용하는 시민에 비해 너무 포화(개인, 법인을 합쳐 70,000여 대) 상태에 있고 수입 또한 너무도 적기 때문이다. 이렇게 어려운 환경으로 인해 택시는 벌써 3D업종이 된 지 오래됐다.

경험이 없는 사람들이 택시회사에 취직을 하면, 회사 측에서 안전운전과 일하는 요령 그리고 사고가 나면 대처하는 방법들 그리고 식사를 하는 장소와 생리적인 해결 방법 등 신규자들에게 교육해야 할 것들이 너무 많은데도 현실은 그렇지 않다. 서울의 모든 택시들이 그런 것은 아니지만 대다수의 택시회사들은 첫 출근하는 경험 없는 사람에게 그대로 키를 주어 내보낸다.

신규자들에게 택시운전은 어떻게 하는 것이 올바른 것인가를 그 누구도 가르쳐 주지 않으니, 어디 가서 손님을 태워야 하는지도 모르는 채 난감한 상태에서 마냥 돌아다닐 수밖에 없는 노릇이다. 아니 정처 없이 떠돌아다닌다는 말이 더 정확한 표현일 것이다. 그렇게 돈도 못

벌고 점심도 거른 상태에서 정신없이 돌아다니다가, 교대시간은 다가오는데 멀리 가면 교대시간까지 회사에 복귀할 수 없을 것 같은 생각에 마음은 초조해지고 안절부절못하다 보면 입금(사납금)을 채운다는 것이 과연 가능한가에 대해 의구심을 갖게 된다.

신규 택시기사 입장에서 '택시회사 사업자(사장)도 사람인가?' 하는 회의감에 빠지게 되면 택시를 시작한 지 며칠 지나지 않아, 그것도 절반 이상이 수일 또는 수십 일 만에 택시회사를 떠나는 것이다. 그렇게 열악하다는 소문이 퍼져 결국 택시회사마다 기사가 없어서 운행을 중지한 택시가 적지 않다.

요즘의 택시기사는 그야말로 별 볼 일 없는 직업이 된 것이다. 필자를 포함하여 그렇게 싸가지 없었던 시절은 가고, 이제는 당국에서 손님들에게 그렇게 친절하게 대하라고 성화를 대지 않아도, 택시 운전자 위치에서 보면 지금의 택시 손님이란 누가 뭐래도 귀한 존재가 됐다.

이렇게 손님도 없고 별 볼 일 없는 지금의 택시가 길거리로 몰려나와서 손님이 있건 없건 뺑뺑이를 돌면서 교통체증을 일으키는 주범이 된 현실을 당국에서도 잘 알고 있으나 달리 좋은 해결방법을 찾지 못하고 있는 것이다.

그런데 이렇게 어려운 상황에서도 어느 정도 택시를 운영하는 요령을 익히고 성실하게 일할 준비만 되어 있는 상태라면, 그러니까 농땡이만 피우지 아니하면 입금을 하고도 얼마 정도의 돈벌이를 하는 것은 분명한 사실이다.

택시 손님들이 길거리에 빈 택시들이 몰려다니는 것을 목격하고 한마디씩 이구동성으로 하는 말들이 있다.

"큰일이에요! 이렇게 빈 차가 많으니…."

이제 택시회사(법인 택시)에 취직하기는 세상에서 가장 쉬운 직종이라고 말할 수 있다. 2종 면허를 가진 사람도 택시기사로 취직할 수 있으니 말이다. 사회 어느 분야를 가나 앞서 가는 사람과 뒤에 처지는 사람은 공존하게 마련이다. 택시를 운전한다고 해서 평생 택시에서 썩어야 한다는 법은 없다. 택시를 하다 보면 의외로 거리에서 또 다른 괜찮은 업종들이 얼마든지 눈에 띄기도 하고, 새로운 사람을 만나서 또 다른 길을 가는 사람들도 많이 있다.

지리에 능통하고 운전이 능숙하면 어딜 가든지 대환영이다. 그렇게 택시운전을 하다가 좋은 사람을 만나서 운수가 대통(?)하는 사람을 필자의 주변에서도 여러 명 보아 왔고, 각계각층의 손님들을 접하다 보면 식견이 풍부해지고 사람 보는 능력이 생겨 그 어떤 장사를 해도 잘 할 수 있다고 생각한다. 그런 것들이 세상 살아가는 직접적인 힘이 되고, 곧바로 돈과 연결되는 것이다.

어느 분야든지 열심히 하지 않는 자들은 도태될 수밖에 없는 것이 세상이치다. 직장생활도 상사의 눈치를 봐야 하고 실적도 올려야 회사로부터 인정을 받는 것이지, 시간이나 보내고 자리만 채운다고 인건비를 주는 회사는 없다.

잠실의 교통회관에서 수일간 교육만 받으면 택시기사 자격증을 취득하여 취업할 수 있다. 장애인들도 할 수 있고, 학력도 필요치 않고, 언제든지 그만둘 수 있고, 또 언제든지 직장을 옮기는 일이 너무도 쉬운 것이 바로 이 택시운전이다. 사회생활에서 낙마하고 재기하기 위해서 잠시 머무는 곳으로 생각하는 사람들도 있고, 또 열심히 해서 개인택시를 구입하는 사람들도 있고, 평생을 택시에 몸담고 살아가는 사람들도 있다.

아직까지 택시라는 직업이 월급제도라고는 할 수 없다. 회사마다 정해진 입금을 시키지 않으면, 근로기준법도 무색할 수밖에 없는 것이 택시운전자들의 현주소이다. 그러나 속은 편하다. 누구의 눈치도 볼 필요 없고, 입금액만 채운다면 길거리에서 잠을 잘 수도 있고, 자유롭고 편하게 택시를 몰고 다니면서 일을 봐도 되니까 말이다.

그러니까 서울의 택시는 오전에 약 10만 원(회사마다 약간씩 다르나 여기에 인건비 약 3만 원 포함)을 주고 도매가로 사와서 하루를 돌아다니다가 수입이 10만 원 이상이면 그날은 남는 장사이고, 10만 원이 안 되면 그날은 밑지는 것이다.

필자는 오전근무일 때 한 시간당 1만5천 원 정도의 수입을 목표로 일한다. 다시 말하면 일을 나와서 7~8시간 일해야 입금을 겨우 채우는데, 이렇게 일하면 회사에 따라서 다소 차이는 있겠지만 인건비가 대략 3만 원 정도이다. 그러나 7~8시간 이후까지 열심히 일해 봐야 겨우 노가다 잡부의 인건비도 못 미치는 때가 허다하다. 다시 말하면 5~6시간 정도 일하고 그만두면 인건비는 한 푼도 없다는 말이 된다. 물론 일을 하지 못할 정당한 근거 없이 일을 포기하게 되면 말이다.

노동법에는 분명하게 시간당 4,320원(2011년 기준 최저임금)을 누구에게든지 일을 시키면 지급하라고 법으로 명시하고 있으나 택시회사에서는 최저임금이라는 법은 통하지 않는다. 오직 '입금'이라는 초법적인 룰(사납금)만 존재할 뿐이다.

이 시대에 이런 모순이 엄연히 존재하는 곳이 바로 택시회사이다. 이래서 인기가 없는 업종일 수밖에 없다. 그런데 왜 택시를 하느냐고 필자에게 되묻는다면 그것은 야간근무가 있기 때문이다. 밤에는 상황이 약간 다르다. 낮에 못 번 돈을 어느 정도 채워 주기 때문이다.

그야말로 현재 서울의 법인택시(회사택시)는 개인사업이지 회사에 속해서 일해 주고 월급 받는 방식은 절대로 아니다. 하루에 얼마를 벌든지 회사는 간섭하지 않는다. 정해진 입금만 잘하면 근무태도에 대해서는 별로 말이 없다. 회사를 그만둔다고 해도 회사 측에서 별로 신경을 쓰지 않는다. 너무도 많은 사람들이 철새처럼 날아다니기 때문에 떠나면 그만큼 어디에서든지 또 데려와서 일을 시키면 그만이다. 택시기사가 손님들과의 마찰만 없으면 되는 것이다.

사무실 책상에 앉아서 일하는 소위 화이트칼라들이라고 해서 과연 편하기만 할까?

필자는 언젠가 강남에 있는 선릉역 근처의 어느 신용정보회사를 방문한 적이 있다. 약 70평쯤 되어 보이는 사무실에서 책상 하나에 컴퓨터와 전화 한 대 그리고 서류 몇 가지가 놓여 있는 반 평밖에 안 되는 책상에 앉아서 어림잡아서 100여 명이 전화로 일을 처리하고 있었는데 도떼기시장보다도 훨씬 더 정신이 없었다. 그야말로 숨이 막힐 것 같은 사무실 분위기였다. 택시 운전이란 직업이 이보다는 낫다는 생각이 들었다. 택시라는 직업이 열악하기는 하지만 매우 자유스러운 매력도 있는 것이다.

밤늦은 시간에 술을 실컷 퍼먹고 돈이 떨어져 집에 못 가고 이 택시 저 택시를 기웃거리면서 한번만 태워달라고 사정하는 소갈머리 없는 인간들에게 크게 생색내면서 태워다 주기도 하고, 때로는 남자 구경을 못해서 삶의 의욕을 상실한 여인들에게 천당에라도 갈 것 같은 늠름한 기세로 봉사도 해주고, 때로는 바람피우는 남편의 증거를 확보해야 하는데 심부름센터를 고용할 경비가 없는 가련한 여인의 후원자가 되어 주기도 했다.

항공시간이나 열차시간에 쫓겨 택시기사에게 생난리를 치는 정신 나간 손님에게 뒷좌석에 누우라고 이르고서, 만일에 경찰이 잡으면 갑자기 복통이 와서 병원으로 급히 후송 중이라고 말하라고 하고는 비상등을 켠 채 전조등을 상향으로 하고, 신호등은 무조건 위반하면서 미친놈처럼 달려서 차 또는 비행기를 타게 해주었다. 그런데 팁 한 푼 안 주고 내리는 그런 비정한 손님들의 뒷모습을 보면서, 한편으로는 보람도 느끼는 이상한 성격을 가진 필자는 어느 정도 택시라는 직업이 적성에 맞는 것 같다. 가끔 신호위반 통지서도 감수하지만 어쩌다 큰 팁도 생기니까 말이다.

필자의 성격상 손님이 급하다고 하면 마침 잘됐다 싶어 비상등을 켜고 일단 신호등을 '싹!' 무시하는 습관이 있다.

언젠가는 손님이 필자의 택시를 타고서는 약속시간이 늦었다고 하면서 숨이 넘어갈 것처럼 보채기에 필자가 근성을 보였더니, 그 손님이 택시 천장에 달려 있는 손잡이를 한손으로 잡고 가다가 다시 두 손으로 잡기 시작했다.

잠시 후 자기 손목에 있는 시계를 계속해서 들여다보는 척하더니 이윽고 필자에게 한다는 소리가, "아저씨! 제가 시계를 잘못 봐서 그러는데 천천히 가도 됩니다"라고 했다.

택시라는 직업은 분명하게 말해서 회사택시를 운전한다 해도 철저하게 개인사업이다. 사납금을 채운 후 인건비를 계산해야 하기 때문이다. 사납금을 채우지 않고서는 절대로 인건비를 생각할 수 없기에 개인사업이라는 말이다.

만일에 택시가 월급제라고 한다고 해도 골치 아픈 것은 마찬가지일 것이다. 농땡이(근무 태만)를 피우는 기사에게 월급을 쉽게 챙겨가라고 할 회사들은 없을 것이라는 생각에서다. 다시 말하면 택시의 타코미터기(운행 기록)가 택시기사를 철저하게 감시할 테니까 말이다.

택시기사라는 직업은 세상일이 잘 풀리지 않는 인간들이 잠시 들러 경험하기에는 아주 좋다. 천태만상의 인간을 접할 수 있는 직업이기에 하는 말이다.

처음 택시를 시작한 사람들은 입금하기가 어렵다고 하는데 길도 잘 모르니 손님 태우는 곳도 잘 모르고, 길거리에는 여기저기 빈 차만 수두룩하고, 교대시간에 쫓겨 장거리 손님마저 거절해야 하니 그야말로 진퇴양난이란 말은 이럴 때 쓰이는 말 같다. 그래서 택시를 시작하여 심하면 하루 만에 그만두는 사람들도 있고, 며칠 또는 한 달 정도 하고

서 떠나가는 사람도 있다. 그런데 3개월 정도는 해봐야 한다. 길도 익히고 손님 태우는 요령을 익히려면 말이다. 첫술에 배부를 수는 없다. 며칠 정도 해보고 못하겠다는 사람들은 사회 어느 분야에 가서도 뿌리를 내리기가 어려운 성격의 소유자들이다.

그 무엇을 하고 싶어도 방식을 몰라서 못하는 사람들이 우리 주위에는 너무도 많은데 혹시라도 필자의 경험을 필요로 하는 사람들과 이러한 경험을 공유하고 싶다.

택시를 시작하며

처음 택시를 하면서 지리를 잘 모른다면 답답한 노릇이 아닐 수 없다. 이럴 때는 타시는 손님에게 정중하게 "손님, 제가 처음 택시를 하는 관계로 길을 잘 모르니 가르쳐 주십시요!"라고 양해를 먼저 구한다면 거절할 손님은 거의 없다. 동서양을 막론하고 몰라서 묻는 사람에게 관대한 풍습은 공통적 문화인 것 같다.

간혹 길을 묻는 택시기사를 뒤로하고 차에서 내리는 사람이 있는데, 그 사람은 자기도 길을 모르는 사람이다. 이렇게 처음 시작하는 택시기사가 손님들에게 묻는 것은 모든 택시기사들이 경험한 것이다. 택시기사로서의 체면이 안 서서, 기타 등등의 바보 같은 생각을 하여 택시기사 멋대로 찾아다니다가는 봉변당하기 십상이다. 이럴 때는 터놓고 말하는 게 좋다. 오히려 대다수의 손님들은 겸손하게 길을 묻는 택시기사에게 친근감을 느껴 더 쿨하게 안내해 준다.

지리를 잘 모르면 3개월 정도만 고생하면 된다. 서울에서 약 5,600km에 달하는 차가 다닐 수 있는 도로를 생각하면, 택시운전만 20년을 하고 있어도 처음 가보는 골목길은 얼마든지 있다. 문제는 이렇게 지리를 잘 몰라서 난처해하는 택시기사의 해결책도 결국은 손님이 탈 때부터 친절하게 서비스를 잘해서 후한 점수를 받아 놓아야만이 지리를 모르는 것에서 오는 공포증에서 벗어날 수 있다.

교대시간

가뜩이나 손님이 없는 데다 교대시간이 신경 쓰여 멀리 가는 손님도 태우지도 못하고 차고지 주위에서만 맴돌다 보니 돈벌이도 안 되고 짜증만 난다. 이럴 때는 다음과 같이 해라.

서울은 아무리 막혀도 올림픽대로나 강변북로, 그리고 동부간선이나 내부순환 같은 준 고속도로가 잘 되어 있어 서울 어디에서든지 교대시간 1시간 전(주간근무)까지만 손님을 내려준다면 아무리 길이 막혀도 거의가 차고지로 돌아올 수가 있다. 야간근무일 때는 서울은 물론이고 위성도시에서도 40분이면 충분하다.

그러니까 교대시간 때문에 신경 쓰이는 마음은 붙들어 매고, 그냥 일에만 신경을 쓰라는 것이다. 서울 어디든지 낮에는 교대시간 1시간 전에, 밤에는 40분 전까지만 손님을 마무리하면 문제가 없다. 교대시간에 신경을 쓰다가 잘못 계산하면 입금 면에서 2~3만 원 차이가 얼마든지 날 수도 있기 때문에 필자의 경험을 전하는 것이다.

손님 태우기

서울 거리에는 매일같이 개인택시와 회사택시를 합쳐 약 4만4천 대의 택시가 한꺼번에 도로에 나와 손님을 찾아 그야말로 1년 열두 달 365일, 불철주야 연중무휴로 도로를 헤집고 다니면서 손님이 없으면 손님이 잘 타는 버스정거장 부근에서 줄을 지어 있기도 한다. 그렇다고 손님도 없는데 마냥 길거리를 돌아다닌다는 것은 가스값 때문에 택시기사들에게는 큰 부담이 아닐 수 없다. 손님이 있을 만한 곳이면 기차역이고 터미널이고 버스정거장이고 할 것 없이 장사진을 이루고 있는 것이 요즘 서울 시내의 택시 풍경이다.

한편 기다리는 것이 적성에 안 맞는 택시기사들은 정처 없이 손님을 찾아서 마냥 거리를 달리는 택시들도 쉽게 확인할 수 있다. 생존경쟁이란 어디를 가나 치열하지만 이런 상황에서도 다소 돈을 더 버는 택시기사들은 반드시 있다. 어느 분야에서든지 처음에는 뭘 잘 몰라서 능률이 잘 오르지 않는 법인데, 누가 주변에서 약간의 요령만 가르쳐주면 좋으련만…. 한국 사람들의 의식구조란 짚신 장수 이야기에서 알 수 있듯이 기술이나 요령을 가르쳐주는 데는 부자지간에도 매우 인색하다.

필자가 이 책을 쓰게 된 이유도 현재 택시를 주제로 몇 종류의 책이 서점에 나와 있지만 필자처럼 택시의 실상을 이렇게 원색적이면서 적나라하게 거론한 책은 없기에 용기를 내서 쓰게 되었다.

오전근무일 때는 대개 4시에서 6시 사이에 교대근무를 하는데, 술손님들도 새벽 4~5시가 되면 거의 끝이 나고, 아주 급한 일이 아니고는 거의 모든 사람들이 쉬고 있는 시간이 이때다. 그야말로 하루 중에서 가장 조용하면서 잠자리에 들어있는 시간이다. 그래서 그렇게 활발하게 움직이던 택시들도 손님을 찾아서 돌아다니기보다는 유흥가에서 늦게까지 술을 마신 사람이나 주택가의 손님이 나올 만한 곳에서 대기하고 있는 차들을 볼 수 있는데, 기다린 보람이 있는 것처럼 대개는 장거리 손님들이 많다. 이때는 손님이 기차, 공항 또는 버스터미널에 근무하거나 이용하는 사람들이 주류를 이루거나 급한 일이 있어 집을 나서는 사람들이다.

그리고는 출근시간을 맞는다. 이때는 주택가에 대기하고 있는 차들의 꼬리가 길면 길수록 그곳에서 나오는 손님들은 장거리 손님일 가능성이 크고, 대기하고 있는 택시의 수가 적으면 지하철 등 단거리 손님이 많이 타는 곳이라고 생각해 볼 수 있다. 그런데 세상살이란 항시 예외라는 것이 있기 마련이므로 꼭 그렇지 않을 수도 있다. 대개는 그렇게 손님과 택시기사들 간에 무언의 사인을 주고받는 묵시적 교감 형태인 것이다. 그래서 그런 택시의 생리를 잘 이해해 주는 손님들은 대개가 기본요금 등의 짧은 거리를 이용할 때는 길게 늘어서서 기다리고 있는 택시는 아예 이용하려 들지 않고, 지나가는 택시를 잡아타는 것을 가끔 목격할 수 있다.

그런데 택시기사 입장에서 볼 때는 30분 이상 그 라인에서 기다렸는데 손님이 타서 가까운 전철역을 가자고 하면 낭패가 아닐 수 없다. 어떤 손님은 필자의 택시를 타면서 "왜 저 손님은 줄서서 기다리고 있는 택시를 타지 않고, 지나가는 차를 잡아서 타는 겁니까?" 하고 필자에게 물어오는 경우도 있다. 택시기사들의 사정을 잘 이해해 주는 고마운 손님들이 아닐 수 없다.

이렇게 장시간을 기다렸는데 손님이 타서 기본요금 거리나 가자고 하는 것은 다소 택시운전자에게 불공평한 일이라는 것을 당국에서도 인정하여, 김포공항이나 인천공항 등지에는 단거리 손님과 장거리 손님을 분리해서 태우는 택시 승차장이 별도로 설치되어 있을 정도다.

필자는 차고가 공항 근처이기에 김포공항을 자주 들어가는데 김포공항의 장·단거리 손님들이 구분해서 타는 택시 승차장에서 강서구나 양천구의 손님들만 태우는 단거리 택시 승차장에서 기다리다 보면 의외로 강남이나 강북, 강동의 손님들이 많이 타는 것을 경험했다. 손님을 태우고 가면서 손님에게 왜 장거리 택시 승강장에서 타지 않으셨냐고 물으면 손님들 대다수가 이렇게 답한다.

"나는 그런 것 싫습니다. 그 사람들(장거리 승차장의 택시들) 달면 삼키고 쓰면 뱉는 것 아닙니까? 아무 곳이나 가리지 않고 묵묵히 일만 하는 사람들이 정차해 있는 이곳(단거리 승차장)이 좋습니다."

도로에서의 택시 형태만 보아도 손님들의 흐름이 어떻다는 것을 대강은 알 수 있다.

반면에 성질이 급하거나 줄을 서서 기다리는 것이 적성에 맞지 않아 부지런히 손님을 찾아 돌아다니는 택시들도 많이 있다. 필자가 오랜 시간 택시 일을 해본 경험으로는 부지런히 돌아다니면 가스 값이 더 들긴 하지만 결과적으로는 하루 일과를 마치고 수입금을 계산할 때 보면, 줄을 서서 기다리면서 휴식도 취하고 손님이 타면 가고 안 타면 쉬겠다는 생각으로 일하는 사람들보다는 그 돈벌이가 다소 많다. 필자의 경험으로는 월 50만 원은 분명하게 차이가 있다.

인천이나 김포공항 등지에 가면 이렇게 장거리 손님을 태우려고 순번을 지키면서 밤을 지새우는 택시들도 있지만 각 지방으로 직통 연결되는 이른바 리무진버스 노선들이 잘 되어 있어 전과 같이 장거리 손님을 태우기가 그리 쉽지만은 않다. 어쩌다 장거리 손님을 태운다고 해도 결과적으로는 부지런하게 개미처럼 도로를 헤집고 다니면서 일하는 이른바 '길빵'을 선호하는 필자의 근무 형태가 다소 피곤하기는 하지만 분명하게 말해서 돈벌이는 더 좋다. 그러므로 도파민 생성에 도움이 되어 덜 피곤할 수도 있다.

줄을 서서 기다리는 곳으로 다가가서 타는 손님도 많지만 급해서 타는 손님도 적지 않기 때문에 출근시간 때는 비교적 어디를 가나 손님들이 많다. 예전에는 서울 변두리에서 타면 광화문, 종로, 을지로를 가자고 하여 출근시간에 장거리를 이용하는 손님들이 많았는데, 지금은 지하철 환승제도도 잘 되어 있고 택시요금도 만만치 않아 출근시간이라고 해도 급하지 않은 사람들은 대다수가 지하철을 이용하기 때문에 지하철역까지 택시를 이용하는 손님들이 아주 많은 상태이다. 장거리를 가는 사람들도 있는데 이들은 너무 피곤해서 아니면 아주 급해서 장거리를 이용하는 사람들이다.

출근시간이 끝나고 나면 약속이나 한 것처럼 손님이 뚝 끊어진다. 이때에는 터미널이나 기차역, 빌딩, 그리고 도매시장에서 물건을 떼어 나오는 소매상인들 그리고 주택가나 아파트단지 등에서 대기하면서 손님을 기다리는 것이 편하다. 그리고 11시쯤부터는 사무실 사람들이 움직이고 사회가 활발하게 돌아가면서 시골에서 서울로 아침차를 타고 올라오는 사람들도 많아지고, 업무를 보는 사람들도 서서히 많아진다.

길을 가다가도 횡단보도를 지나칠 때 맞은편에서 횡단하려고 대기하고 있는 사람들이 어느 정도 있으면 횡단보도에서 그들이 건너올 때까지 기다려라. 한두 번, 아니면 서너 번 정도 기다리면 대개 손님은 타게 마련이다. 물론 교통의 흐름에 방해되지 않는 상황에서 하는 말이다.

빈 차로 손님을 찾아다니는데 이면도로 건너편에서 차를 기다리는 듯한 사람이 서 있다고 치자. 그냥 탈건가 말건가 하면서 궁금해 하다가 차를 돌렸는데 허탕을 치는 수도 가끔 있다. 이럴 때는 길 건너에서 창문을 열고 "택시 타실 건가요?"라고 묻든가 아니면 클랙슨만 가볍게 눌러도 길 건너에 있던 대부분의 손님들은 택시기사의 사인을 알아차리고 가부간의 사인을 보내준다. 필자의 말은 손님을 태울 수 있는 찬스가 있다 싶으면 적극적으로 행동하라는 것이다.

그리고 손님을 찾아다닐 때는 안전운전도 신경을 써야 하지만 어디에 손님이 있는지 전방위적인 감시를 게을리 하지 말아야 한다. 택시를 몰고 가는 방향의 손님을 살피는 것도 중요하지만 반대편 도로의 상황과 그곳에 서 있는 손님들도 잘 살펴야 한다는 얘기다. 또 반대차선의 길이 교통체증이라도 빚어지고 있으면 돌아올 때 다른 길을 이용해야 하기 때문에 항시 도로의 상황을 잘 살피는 것도 택시운전을 잘할 수 있는 또 하나의 방법이다.

이렇게 오후시간은 그런대로 손님 유지가 된다. 그러다가 회사택시들의 교대시간이 되면 약간은 손님이 늘어나기도 한다. 왜냐하면 교대를 하기 위해서 각자 차고가 있는 변두리 방향으로 가고 있기 때문에 도심에서는 그만큼 택시의 수가 없으므로 일시적으로 손님이 많아 보이는 것이다.

택시회사는 대부분 변두리에 있는데 교대를 하고서 그 부근에서 손님을 기다리는 것은 난센스다. 기름 값이 비싸서 그냥 시동을 꺼놓고 대기하는 택시들이 최근 들어서 아주 많이 보이는데, 이것은 정확한 판단이 아니다. 왜냐하면 차고지 근처에 택시들이 몰려 있는 상태인데, 택시 손님이 변두리에 많이 있을 리가 없다는 말이다. 따라서 택시를 교대하면 그 즉시 시내(사대문)나 강남 그리고 신촌, 영등포, 여의도 등지로 재빠르게 이동하는 것이 분명하게 말해서 손님이 훨씬 많다.

"야! 기름 값이 쌌을 때 하는 짓이고 지금은 기름 값이 너무 비싸서

부질없는 짓이야"라고 말하는 택시기사들도 있다. 하지만 그곳까지 이동하는 데 드는 연료비는 많아도 2,000원 정도면 충분하고 시간은 대략 10에서 20분 정도 투자하면 충분하다.

그런데 이렇게 적극적인 태도를 취하지 않고 연료비가 아까워 택시회사 근처에서 줄서서 손님을 기다리다 보면 1시간까지도 헛된 시간을 소모하는 수가 왕왕 있다는 것을 반드시 기억해야 한다. 그리고 그런 차들 가운데는 개인택시들이 많이 끼어 있는데 개인택시들은 분명하게 말해서 일반택시와 사정이 다르다. 그들은 회사택시(법인)에 비해 여유로움이 있다는 말이다.

빈 택시를 교대시간에 시내 도심지로 이동하면 그 즉시 손님을 태울 수 있다는 것을 확인할 수 있다. 만약에 회사 근처에서 1시간을 기다렸는데도 손님을 못 태웠다면 약 15,000원 정도는 덜 버는 꼴이 되는데, 가스 값 2,000원이 아까워서 그렇게 기다렸다고 말할 수는 없을 것이다. 또는 '에이! 그냥 기다리지 뭐…' 하는 식의 안이한 생각을 가지고 있어서는 안 된다. 남들이 택시회사 근처에서 줄을 서서 기다리고 있는 사이에 다운타운으로 이동한 적극적인 성격의 택시기사는 월로 계산하면 적지 않은 돈을 더 벌고 있는 것이 사실이다.

어쩌다 한 번씩 일이 잘 되지 않는 날도 있고 어느 날은 재미있을 만큼 많은 돈을 버는 수도 있다. 그래봐야 하루 2~3만 원을 더 벌고 못 버는 것을 말하는 것이다. 필자의 경험으로는 오후에는 시간당 15,000원 정도의 수입은 확실하다. 그래서 오후 6시에 교대해서 밤 12시까지 일하면 주머니에는 항시 100,000원 안팎의 수입금이 들어있어야 직성이 풀린다. 물론 식사시간 20~30분을 포함해서이다.

그리고 밤 12시를 맞는다. 이상하게도 술 마시는 손님들은 밤 12시가 가까워지지 않으면 술자리에서 잘 일어나지 않는 습관들이 있다. 아마도 옛날 통행금지가 있던 시절의 습관이 무의식중에 남아있어서 그런 것이 아닌가 싶을 정도로 자정 즈음에서야 술자리에서 많은 사람들이 한꺼번에 일어나는 것은 이상한 일이 아닐 수 없다.

이때부터 할증(20%)이 시작되고 서울의 모든 도로의 정체가 완전하게 풀리는데, 동부간선만 가끔 정체되기는 하지만 대부분의 도로는 택시기사들에겐 아우토반이나 마찬가지의 상태가 된다. 낮 시간에 길이 막혀서 받았던 스트레스를 풀려고 하는 것처럼 대단한 속도로 도로를 주행한다. 그래서 장거리 손님만 잘 타주면 오후 6시부터 밤 12시까지 6시간 동안 벌었던 돈보다도 할증시간대의 4시간의 수입금이 더 많을 수도 있다.

이런 거리의 생리를 잘 아는 택시기사들은 이 시간부터는 날아다닌다는 말을 할 정도로 그야말로 카레이서가 된다. 그래서 새벽에 일어나는 사고는 대형사고일 수밖에 없다.

스피드건이 있는 곳을 지날 때는 GPS나 내비게이션이 감지를 해주는데 스피드건이 없는 곳에서는 대략 100km 이상으로 간선도로나 올림픽대로 또는 강변북로를 과속으로 운행하고 있다. 이는 몇몇 택시들이 매우 미련하고도 바보 같은 의식을 가지고 타 차량들이 보란 듯이 달리고 있기에, 다른 택시들도 손님이 보는 앞에서 기가 죽기 싫어서인지 심리적으로 위축되지 않으려고 대세(?)를 따르게 되는 것이다.

손님이 시외를 가자고 요구할 때는 택시기사가 가기 싫으면 안 가면 그만이다. 위법이 아니라는 말이다. 그런데 택시기사가 동의하여 시외운행을 하게 되면 주간운행을 할 때에도 예전에는 서울시 경계선을 벗어나면서부터 미터기에 표시되어 있는 심야 시간대에 사용하는 할증버튼을 누르고 주행했었다. 하지만 지금은 법이 바뀌어서 그렇게 하면 부당요금 징수행위가 된다. 서울시와 경계하고 있는 시를 갈 때는 주간에도 할증요금을 받아서는 안 된다. 그 외 도시는 전과 같이 20%를 할증한다.

그리고 주간시간에도 시외는 가기 싫으면 안 가면 된다. 그러나 손님이 가자고 하면 서울시 경계선까지는 태워다 주어야 한다. 밤 11시 59분에 손님이 타고 가는 도중에 자정을 넘기게 되면 자정을 넘기는 시간대에 미터기의 할증버튼을 누르면 되고, 또 새벽 3시 59분에 택시 손님을 태우고 가는 도중에 4시를 넘기게 되면 그 즉시 할증을 해제하는 주행버튼을 눌러야 한다.

필자도 경험한 일이지만 견물생심이라고 간사한 마음에 할증버튼을 누르고 운행 중 4시를 지날 때 혹시 손님이 자고 있는 상황이라면, 가끔은 할증 해제 버튼 누르는 것을 망설였던 적도 있다.

밤 12시가 넘어서 시외를 운행할 때도 심야시간(밤 12시부터 새벽 4시까지)에는 더 이상의 추가적인 할증 없이 전국 어디든 그대로 운행하면 된다. 시내를 주행하는 것처럼 말이다. 법이 그렇다.

그런데 예전에는 시외를 가자고 하면 그 도로의 생리를 잘 아는 경험 많은 택시기사들은 귀신같이 두둑한 요금을 손님에게 요구했지만 경험 없는 택시기사들은 거리와 도로상황 등을 잘 모르는 상태에서 난감할 수밖에 없었다. 가뜩이나 손님도 없는데 왕거니(큰 손님)를 놓칠 수도 있기 때문이다.

이때는 다음과 같이 하자. 가까운 인천이나 분당을 가든, 대전이나 목포 또는 부산을 간다 해도 신경 쓰지 말고 법으로 정한 요금인 미터기대로(시외 20% 할증버튼을 누르고 운행하면 됨) 가는 것이 매우 적절한 방법이다. 손님에게 미터기에 나오는 요금을 받고 간다고 하면, 택시운전자에게도 절대로 손해가 되지 않고 손님 또한 혹시나 바가지 쓰지 않나 하는 노파심에서부터 벗어날 수 있다.

그런데 예를 들어서 사당동에서 수원을 가는데 요금이 30,000원이 나왔는데 사당에서부터 할증요금을 계산하니까 요금이 6,000원 정도 더 받아서 36,000원을 받았다고 치자. 처음 경험하는 택시기사는 돌아올 때 빈 차로 올 텐데 더블요금(왕복요금)은 받아야 할 것이 아닌가 하고 생각할 수도 있다. 그렇게 생각하고 몇 천 원 정도 더 받아 봐야 서울시내에서 버는 것만 못할 것이라는 생각을 할 수도 있는데 결론부터 말하자면 절대로 그렇지 않다.

대부분의 시외는 간선도로나 고속도로를 이용하게 되는데, 요즘은 도로 사정도 좋지만 고속도로를 이용할 경우 손님이 고속도로 사용료(사용자 부담 원칙)를 내야 하기 때문에 부담도 없고, 또 시외를 다녀오는 시간이 서울시내에서 운행하는 것보다는 훨씬 덜 소요된다. 그리고 오는 길에 가끔 있는 일이기는 하지만 서울로 오는 손님을 태울 수도 있기 때문이다. 물론 서울로 오는 손님을 태우고 오는 것은 합법이라는 것도 밝혀 둔다.

요즘은 낮에도 손님이 많지 않아 할증요금이 아닌 일반 미터기 요금만을 받고 시외를 다녀오는 택시운전자가 적지 않다는 것을 약삭빠른 손님들은 잘 알고 있다. 그러니까 시외 어디를 얼마에 갈 것이냐고 물어오면 택시기사는 서울시에서 정해준 요금만을 적용하면 되고, 손님 입장에서 볼 때는 가장 합리적인 택시요금이라고 생각하는 것이다.

경험이 없는 택시기사의 입장에서 볼 때 서울에서 천안까지 미터기 요금으로 8만 원이 나오는데 천안에 손님을 내려주고 서울로 복귀를 해야 한다면 빈 차로 올 수밖에 없으니 돌아오는 요금도 천안까지 타고 간 손님이 부담해야 원칙이 아닌가 하는 생각을 해볼 수도 있다. 필자 역시 경험이 없던 시절에는 그런 생각을 여러 번 했었는데, 택시를 오래 하다 보니 절대로 그렇지 않다는 것을 깨닫게 되었다.

다시 말하면 천안을 왕복하는 데 걸리는 시간은 서울 어느 곳에서 출발한다고 해도 4시간이면 충분하다. 출발하는 곳이 강남이나 고속도로를 인접한 곳 같으면 3시간이면 충분하지만 4시간이 걸렸다고 치자. 서울에서 일할 경우 그 시간에 벌 수 있는 돈은 잘 번다고 해도 6만 원(시간당 15,000원)이란 계산이 나오는데, 천안을 다녀오게 되면 미터기 요금으로 계산한다 해도 9만 원에서 10만 원은 받게 된다. 그렇다면 서울에서 일하는 것보다 3~4만 원을 더 벌게 되는데, 고속도로를 이용했으니 가스 값 7,000원을 추가하고 고속도로 휴게소에서 간식을 먹었다고 해도 최하 3만 원 정도는 택시기사의 호주머니에 확실하게 보관될 것이다.

그리고 좋은 점이 더 있다. 시내에서 매연에 시달리던 컨디션이 좋은 공기와 환경으로 인해 기분이 좋아지고, 시내에서 십만 원을 벌려면 만 원짜리 손님을 열 번 태워야 하는 것에 비하면 괜찮은 장사라는 것이다. 인생이 그렇고 경제가 그렇듯이 정확한 계산을 해보지 않으면 항시 긴가민가한 삶을 살 수밖에 없다.

야간 근무자들의 하루 일이 끝나가는 새벽시간에는 교대시간 한 시간 전이라고 해도 손님만 있다면 서울 변두리 내지는 위성도시(분당, 일산, 인천, 수원, 안산, 의정부 등)는 가야 한다. 그 시간대에는 도로가 한적해서 한 시간이면 서울의 위성도시 어디든 그리고 서울시내에 있는 어느 택시회사라도 얼마든지 차고지까지 왕복할 수 있는 시간이기 때문이다.

손님이 목적지까지 타고 가는 동안만큼은 손님이 돈을 주고 택시와 택시운전자를 전세를 낸 것이다.

옛말에 장사치의 변(똥)은 개도 안 먹는다는 말이 있다. 이 말은 손님들을 대하다 보면 천태만상의 손님들 때문에 속(장)이 너무 심하게 부패하여 그들이 배설하는 변은 개도 외면한다는 뜻이다.

하룻길을 가다 보면 개도 보고 소도 보고 말도 본다.

봇짐을 짊어진 장수가 아침에 집을 나서면서 오늘은 5리(2km)를 가면 다 팔겠지… 하는 계획으로 길을 나섰으나 결국에는 목적을 달성하지 못하고 10리(4km)까지 가서야 다 팔 수 있었다는 예측불허의 장사치들의 애환을 말해주는 속담이 바로 "5리를 보고 10리를 간다"라고 한다. 그만큼 사람을 상대하는 장사가 힘이 든다는 말이다. 택시도 하나의 장사이고 서비스 직업이다.

필자가 생각하는 자본주의 개념은 간단하다. 돈을 건네주는 사람이 우선시되어야 하며 그 돈을 받는 사람이 예의를 갖추어야 한다는 얘기다. 그렇게 수고의 대가로 건네받은 돈을 가지고 택시운전자가 다른 곳에서 필요한 물품을 구입할 때는 그곳으로부터 대접을 좀 받자는 논리이다.

돈을 사용하고 있는 곳으로부터 대접을 받지 못한다면 아마도 돈을 쓸 때 다소 망설이거나 돈 쓰는 액수를 줄여 나갈 수 있을 것이란 생각은 삼척동자도 쉽게 생각해 볼 수 있을 것이다.

손님에게 친절하고 쿨하게 대하자는 필자의 말은 결국에는 자신의 득을 위해서 손님에게 친절하게 대하자는 말이지 결코 손님만을 위하는 일이 아니라는 것을 명심해야 한다. 다시 말하면 손님들에게 친절한 사람들은 결국에 따지고 보면 자신의 이득을 위함이 먼저이고, 그 다음에서야 손님의 기분이 좋아진다는 말이 된다.

그런데 어떤 택시기사들은 돈벌이도 시원찮은데 '친절은 무슨 친절?'이냐고 말하는 사람들도 제법 많다. 이런 택시기사들은 의식구조를 바꾸지 않는 한 수입금 개선은 없을 것이다. 아니 그 이하로 계속해서 다운될 것이다. 친절을 베푸는 것은 바로 택시기사 자신을 위해서 하는 행동이기에 하는 말이다.

의정부, 일산, 김포, 성남, 분당, 하남, 수원, 인천, 부천 등지의 위성도시를 밤 12시가 넘어서 들어가게 되면 가끔은 서울로 오는 손님을 태울 수도 있다. 그것은 매우 드문 현상이지만 그렇게만 된다면 그날은 팁을 1~2만 원 정도 받는 것이라고 생각해도 과언이 아니다.

이런 심야시간에 위성도시의 길거리나 보도에서 핸드폰을 들고 앉아있거나 핸드폰을 보면서 길을 걸어가고 있는 사람들은 100이면 99명은 대리운전기사들이다. 이들 또한 위성도시에 손님들을 태워다 주고 그곳에서 손님의 오더를 기다리거나 귀경을 준비하는 사람들인데, 그 시간에 그들 또한 위성도시에서의 일거리가 그렇게 쉽지만은 않은 것이다. 그래서 그들도 셔틀버스(불법으로 1인당 3,000원 정도 받고 노선버스처럼 대리기사들을 실어 나르는 소형버스. 이들은 만약에 사고라도 나게 되면 보험제도의 사각지대에 놓이게 되어 피해보상이 없다)를 기다리는 것인데, 필자는 이들에게 다가가서 서울로 가자고 제안하면 많은 사람들이 동의하여 택시를 가득 채우고 서울로 귀환한다.

물론 이렇게 받는 요금은 위성도시에서 귀환하는 택시요금의 2분지 1 또는 3분지 1정도밖에는 되지 않는다. 그러나 어차피 빈 차로 올 수밖에 없는 상황이라면, 갈 때 요금과 귀환할 때 요금을 합쳐 심야시간에 위성도시를 운행하여 1시간 남짓해서 3~4만 원은 보장된다는 계산이 나오는데 이 수입 또한 서울시내에서는 그 시간에 벌기 힘든 돈이기도 하다.

이렇게 계산하면 시간당 얼마를 벌 것인지가 택시운전자들에게는 매우 중요한 사항이지만, 그것도 길거리에 서 있는 대리기사들에게 다가가서 서울 귀환을 요구할 수 있는 용기 정도는 가지고 있어야 가능한 것이다. 왜냐하면 대리기사들 또한 자존심 때문에 쉽게 응해 오지 않기 때문이다. 잠시 기다리면 그들의 운송수단이 되어 버린 셔틀버스를 탈 수 있는데 굳이 택시에게 구걸하듯이 하고 싶지 않다는 사람들이 많다는 얘길 들었다.

그러나 만약 사고가 나면 택시는 보험적용을 확실하게 받는다는 것을 잘 아는 대리기사들도 있기에 그들은 같은 값이면 택시를 이용한다. 이러한 생각을 가지고 있는 사람들이라고 해도 택시기사와 상호간에 의견일치를 보아야 가능한 것이다.

대리기사들을 태우고 심야시간에 서울로 귀환할 수 있는 소요시간은 10분에서 20분이면(합정동이나 강남역, 종로, 신촌, 선릉, 영등포) 얼마든지 가능하다. 그 시간대의 모든 도로는 아우토반이기 때문이다. 기본요금이라고 해도 짜증낼 이유가 없다. 이런 손님들이 있기에 심야시간에 장거리를 가는 손님들이 함께 공존하는 것이며, 이것이 곧 우리네 사회적인 현상인 것이다.

현재 택시드라이버로 몸담고 있는 사람들 중에서 학력이 대졸인 사람도 많이 있고, 또 사회에서 한때는 중소기업의 오너였던 사람도 있으며, 그 이상의 사회적 호강(?)을 경험해 본 사람도 있다. 그러나 지금은 시민의 발이라고 하는 택시드라이버의 위치에 서 있으면서 과거에 화려했던 시절만을 생각하고 택시라는 직업이 돈은 안 된다고 처지를 한탄하며 손님들이 타면 소가 닭 쳐다보듯 한다. 소 죽은 귀신처럼 그런 무례한 태도를 보인다고 해서 택시를 탄 손님이 알아줄 것도 아니다. 결국에는 택시기사의 안녕(수입)에 절대로 도움이 되지 않는다. 일단 택시기사를 해보겠다고 시작했으면 손님들을 목적지까지 편안하게 모시는 것이 임무다. 그렇게 맡은바 업무에 최선을 다할 때 나와 내 가정의 안녕도 지켜지는 것이다.

태평양전쟁 때 일본이 진주만을 무단 침공했을 때의 일이다. 미국인들이 일본인들에게 전쟁을 일으킬 만한 잘못을 저지르지도 않았는데 그야말로 무단침공을 당했다. 이 사건으로 인해 미국 내에 거주하는 일본인들에 대한 증오가 엄청났다. 그야말로 국민적인 비판이 시작됐는데, 급기야는 당시에 미국 내에서 살아가고 있던 재미교포(일본인)들을 한데 모아 켈리포니아의 사막에 텐트를 치고 일본인들을 강제로 수용한 적이 있다. 이때 졸지에 텐트에 강제 수용되어 있던 일본인들은 미국 정부에게 말하기를, "우리가 미국 내에서 살아가고 있는 한 우리는 엄연히 미국인이다. 따라서 미국을 무단 침공한 일본인들에게 대항

하여 싸울 것이니 총을 달라!"고 외쳤던 일화는 유명하다.

필자가 말하고 싶은 것은 확실하리만큼 현실적인 일본인들의 의식 구조를 우리도 반드시 배워야 할 필요가 있다는 것이다. 택시운전을 하고 있다고 해서 평생을 택시에서 썩으라는 법은 없다. 하지만 택시에 몸담고 있는 동안만큼이나마 자기의 본분에 충실하면 결국에는 스스로를 돕게 된다는 평범한 진리를 말하고 싶은 것이다.

지금까지 해보지 않던 것들이라 잘 되지 않는다고 말하지 말고 연습해라. 될 때까지 말이다. 혼자 있는 방에서 거울을 보고 소리도 질러보고 웃으면서 인사하는 연습도 해라. 유명한 탤런트들도 자기만의 공간에 숨어서 피나는 연습에 연습을 거듭하지 않으면 절대로 앞서 갈 수 없다고 하지 않던가. 어느 한 인기 개그맨이 5분 동안 방영한 내용을 무려 6개월간이나 피나는 연습을 했다고 신문에서 읽은 적이 있다. 내 것이 아닌 것을 내 것으로 만들려고 하면 연습을 수천 번 반복하는 수밖에 없는 것이다.

택시를 시작하고 3개월 안에 그만두는 사람이 약 40%나 되고 6개월 안에 그만두는 사람이 50%에 이른다. 누구 하나 가르쳐 주는 사람 없고 그 요령을 너무 몰라 힘들어하다가 그만두는 것이다. 하지만 사회 어느 분야를 가든 그렇게 쉽게 돈을 주는 곳은 없다. 어느 정도 시간이 필요하다. 손님을 태우는 요령도 그렇고 손님이 많이 나오는 곳을 알아가는 것도 그렇다. 세상에 경험만한 능력 없고 연습만한 기량 또한 없다. 지금도 묵묵하게 택시운전으로 한 가정을 굳건히 지켜 가고 있는 사람들이 많다는 것을 기억해 두기 바란다.

금요일과 월말이 함께 겹치는 날 밤은 유난히 손님이 많고 비가 오후에 오기 시작하면 밤손님들이 많다. 그것은 우산을 가지고 나오지 않았기에 우산 값으로 택시를 타고 가야겠다고 생각하는 사람들이 많기 때문일 것이다.

서울의 개인택시들은 회사택시의 2배 이상이 상시 운행된다. 그런데 비가 오면 상당수 개인택시들은 일을 포기하고 귀가한다. 도로조건이 안전운행에 도움이 되지 않기 때문이다. 몇 만 원 벌겠다고… 재수 없으면 몇 백, 몇 천도 날아갈 수 있다는 생각을 하기 때문이다.

택시기사로서의 대 사회적 직업관을 바꾸어야 한다고 생각한다. 눈이 오면 개인택시들은 90% 이상 귀가한다. 그래서 지난 연말에 송년회를 가졌던 손님들이 유난히도 추웠던 새벽시간에 걸어서 귀가한 사람들이 너무 많았다고 방송에 보도되지 않았던가. 눈이 오는 날 밤이면 눈길 운전에 자신 없는 회사택시 기사 중 일부는 운행을 포기한다. 그래서 다른 택시기사들은 대박이다. 그래봐야 하루 2~3만 원 정도 더 버는 정도지만….

도로 조건이 안 좋을 때마다 운행을 포기하는 기사들이 과연 택시요금을 올려달라고 할 때는 어떤 소리들을 낼지 그것도 궁금한 일이다. 세상은 더불어 살아가는 것이다.

승차 거부

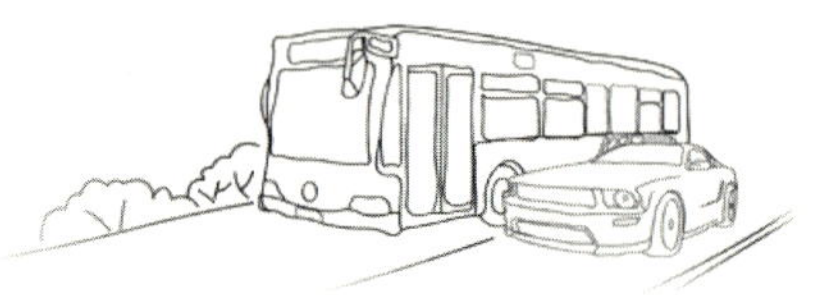

2010년 말 송년회 시즌에 추운 날씨에다 눈까지 내렸다. 약속이나 한 것처럼 개인택시들은 일찌감치 운행을 그만두었고, 가끔씩 가뭄에 콩 나듯 보이던 개인택시들은 베테랑 기사가 아니면 개인택시를 구입할 때 많은 돈을 대출받은 사람들이었을 것이다. 자정이 가까워 오면서 택시를 잡기 위해 도로로 나온 손님들은 그 수를 헤아릴 수 없이 많았다. 모두가 그렇게 도로에 나와서 택시를 잡고 있는데, 질서를 지키면서 인도에 서 있던 사람들은 택시 타기가 더 어려웠다. 도로에 나와서 택시를 잡다가 음주 운전자에게 치어 2명이나 사망하는 사고도 발생했다.

그나마 회사택시 기사들은 경제적으로 개인택시 기사들보다 열악한 상태인지라 빙판길임에도 불구하고 비교적 평소보다도 많은 기사들이 근무에 임했다. 필자도 마찬가지로 연말 내내 야간근무만 했다. 택시를 못 잡아, 아니 못 잡는 것이 아니고 택시의 수가 절대적으로 부족했다. 많은 개인택시들이 운행을 포기하기도 했지만, 운행하던 택시기사의 상당수가 가까운 곳이나 자신의 마음에 드는 곳이 아니면 안 가는 것이었다. 현직 택시기사인 필자가 보아도 참으로 낯 뜨거운 일이 아닐 수 없었다.

이런 상황에서 필자도 합승을 몇 차례 했다. 먼저 탄 손님에게 양보를 구하고 같은 방향으로 걸어가는 손님을 몇 차례 태운 것이다. 물론 먼저 탄 손님에게 합승요금을 받지 않는 조건으로 합승을 했다. 너무 추운 날씨에 택시를 못 잡고 집 방향으로 걸어가는 것을 보고 먼저 탄 손님이 필자에게 말을 건넸다.

"아저씨! 나도 1시간 이상 기다리다 아저씨 차를 잡았는데요, 저 앞에 걸어가는 사람을 태웁시다!"

물론 이렇게 탄 사람에게 먼저 요금을 받지 않는다고 말했고, 춥게 떨다가 택시를 탄 손님들은 약간의 돈을 놓고 가는 사람들도 있었다. 당시 새벽녘의 택시 사정은 서울 전 지역이 그렇게 어려웠지만 3D업종의 택시운전이란 직업이 잠시나마 보람된 순간이었다.

결론부터 말하면 승차 거부를 한다고 해서 돈을 더 버는 것은 결코 아니다. 승차 거부 행위가 크게 잘못된 생각이란 것을 어느 정도의 택시 경험이 있는 사람이면 어렵지 않게 판단이 가능하다.

승차 거부란 1980년대와 1990년대 초, 나라 전체가 산업의 활황기에 있을 때 택시 수가 절대적으로 부족하던 시절에 출근시간이나 퇴근시간이나 밤늦은 귀갓길에 상습적으로 택시 잡기가 어려웠던 시절의 이야기지 지금은 아니다.

손님에 비해 택시 수가 너무 많은 요즘은 손님이 타주기만 해도 고맙다. 그런데 평소에 그렇게 고맙고 예쁘게만 느껴지던 손님들도 자정을 막 지나면서 종로, 신천, 신촌, 홍대, 강남대로, 영등포, 테헤란로 등지에서 한번에 쏟아져 나오는 사람들만 보면 순간적으로 생각이 달라진다.

일단 택시 조수석의 창문을 조금만 내린다. 택시를 잡는 사람들과 소통하기 위해서다. 그러나 절대로 택시운전자가 먼저 손님에게 행선지를 물어보지 않는다. 왜냐하면 먼저 물어보고 태우지 않으면 승차 거부 행위가 되기 때문이다. 택시를 잡기 위해 추운 길거리에서 떨고 있는 사람이 먼저 어디로 간다고 택시운전자에게 소리를 질러 행선지를 말한다. 택시기사가 행선지를 듣고 마음에 안 들면 못 들은 것처럼 표정도 없이 앞을 향해 서서히 진행한다. 논리적으로는 이 택시기사의 머리가 좋은 것이다. 그렇게 행동하면 승차 거부를 한 적이 없는 것처럼 보일 테니까 말이다.

그런 방법으로 많은 택시기사들이 문은 안에서 잠가놓고 서서히 손님들을 사열한다. 이때 그나마 센스 있는 손님들이 소리 지르는 목적지가 장거리면 흥정을 하고, 더블(2배의 요금)을 외치는 손님은 태우고, 손님이 목적지를 말하지 않고 차에 타려 하면 그냥 내뺀다. 그렇게 싸가지 없게 행동하는 택시를 손님들이 발길로 택시 옆구리나 뒤 범퍼를 뻥뻥 차는 것을 보기란 그렇게 어렵지 않다. 그렇다고 택시기사가 내려서 왜 차를 발길로 차느냐고 따지지도 못한다. 손님이 당국에 승차 거부로 신고할 태세니까 말이다. 욕설을 하는 길거리 손님들은 너무 많고 그야말로 아우성이다.

택시를 잡기 위해 한두 시간씩 길거리에서 떨고 있는데 택시들이 그런 비인간적인 행동을 하고 있다면 손님들은 뚜껑이 열릴 일이다. 손님 입장에서 보면 세상에서 가장 못된 인간들이 모여서 운영하는 직업이 바로 택시운전자들이라고 입을 모으기에 충분한 짓거리들을 자행하고 있는 것이다. 택시기사가 봐도 너무 심하다는 생각이 들 정도이다.

그런데 왜 그렇게 약삭빠르게 행동하느냐 하면 혹시 봉(?)이나 잡을 수 있을 것 같은 그 시절 그 생각을 버리지 못하고 있기 때문이다. 그렇다면 왜 많은 택시기사들까지 그런 행동을 보일까. 이는 일부 못된 기사들이 선동하고, 바보 같은 생각을 가진 택시기사들마저 그렇게 하지 않으면 뒤처지는 듯한 생각을 덩달아 하기 때문이다. 한마디로 주관적이지 못한 사람들일 것이다.

입맛대로 골라서 손님을 태우고 장거리를 가봐야 올 때는 빈 차다.

시내에서 단거리를 다니는 것과 비교해 별반 수입 면에서 차이가 나지 않는다. 오히려 아무데나 닥치는 대로 손님을 태우고 다니다 보면 장거리도 의외로 잘 걸리고 손님들에게서 심심치 않게 팁도 나온다.

그렇게 두 배 또는 세 배의 요금을 먼저 제시하는 손님을 태웠으나 손님 입장에서 볼 때 그것은 설사가 나서 화장실을 찾고 있을 때의 사정이고, 일단 택시를 타고 나면 거의가 내릴 때 제시한 요금을 모두 주지 않는다. 왜냐하면 택시기사에 대한 반감정을 가지고 있기 때문이다. 택시를 타기 전까지는 택시운전자가 칼자루를 쥐고 있었으나 일단 손님이 탄 후에는 칼자루를 손님이 쥐게 되는 상황이 되는 것이다. 아무리 머리가 잘 돌아가는 택시기사라고 해도 이렇게 전개되는 상황에 대처할 방법은 없다. 왜냐하면 대한민국은 법치국가이기 때문이다.

불친절, 승차 거부, 호객행위, 부당요금 등과 같은 단어들은 필자가 들어온 지 30년은 되는 것 같다.

세상이 바뀌었다. 생각을 확! 바꾸어야 한다. 왜냐하면 공동체적 차원에서 택시기사들이 살아남기 위해서 하는 말이다.

택시업계가 택시요금을 올려달라고 당국에 건의라도 하려면 손님들에게 보다 친절하게 하여 손님들의 입에서 요즘 택시들의 사정이 너무 어려우니 요금 좀 올려주자고 여론을 조성해 나가야 할 것이 아닌가 말이다.

전에는 겨울밤에 승차 거부를 하면 택시번호를 연필로 적어서 신고를 하려면 추워서 손이 시리고 귀찮았다. 하지만 요즘은 그 장면 그대로 현장에서 핸드폰으로 찍어 그 즉시 서울시 사이트로 전송한다. 승차 거부하는 장면과 차량번호가 한번에 찍힌 사진을 말이다.

우천 시에는 택시 손님들이 더 늘어나기 마련이고, 이럴 때일수록 택시기사들은 직업관에 대하여 더 깊이 생각해야 한다. 노면 상태가 좋은 날은 나와서 일하고, 노면 상태가 조금만 나쁘면 휴무를 일삼는 개인택시들이 많은 건 사실이다. 이런 현상은 개인택시를 운영하는 사람들의 적지 않은 수가 생계에 그렇게 급급하지 않다는 데 그 원인이 있다 하겠다.

내 일은 내가 알아서 하는 거다. 사고라도 발생하면 누가 책임져 주기라도 하냐고 말하면 더 이상 할 말은 없다. 그 말이 개인적으로 맞는 말일지는 몰라도 택시라는 직업이 개인택시 혼자서 하는 사업은 아니지 않은가 말이다. 개인택시를 구입했어도 영업을 할 수 있는 손님들이 있어야 일할 수 있다는 말이다. 그렇다면 개인택시 기사의 안전이나 수입도 중요하지만, 국민적 행사인 연말 송년회 시즌만이라도 택시기사들은 비상근무에 참여해야 한다는 것이다.

당국에서는 수능시험 때나 버스 · 기차 등의 파업으로 운행중지 사태나 명절 때 등 대중교통을 이용하는 승객이 늘어나면 택시 부재 해제조치를 취한다. 그러나 별 효과는 없다. 왜냐하면 택시를 천직으로 알고 열심히 일하는 개인택시 기사들은 휴무일에 차량도 정비해야 하고 휴식도 취해야 하므로 당국에서 부재를 해제해도 동요하지 않고 자기 페이스만을 지켜 가는 것이다.

명절 연휴 끝에 서울의 각 역이나 터미널에서 노선버스들을 새벽 2시까지 대기하도록 해 놓았다. 이것은 시골을 다녀오는 시민들의 귀갓길을 돕기 위해서 취하는 조치이다. 그런데 정작 그런 버스에는 손님들이 별로 없다. 고향에 다녀오는 사람들의 손에는 먹을 것들이 들려 있는데 그 짐을 들고 버스를 타려고 하는 사람들이 별로 없다. 실제로 대기하고 있던 버스들이 거의 빈 차 상태로 종점으로 돌아갔다. 빈 택시도 많은데 짐을 들고 버스정거장에 내려서 집까지 걸어갈 리가 없다는 말이다.

정년을 마치고 사회에 나와 봐야 마땅히 할 만한 일자리도 없는데 개인택시(서울사업면허 권리금 작금의 시세 약 7,200만 원선, 차량가격은 별도)를 구입하면 신체적 운전능력이 상실되기 전까지는 누구의 간섭도 받지 않고 일할 수 있는 그야말로 개인사업이다. 일하고 싶으면 하고 하기 싫으면 안 하고, 자가용으로도 손색이 없다. 세금이 별도로 있는 것도 아니고 실컷 자다가 개인택시를 끌고 거리로 나가기만 하면 손님이 타 주니, 어떻게 보면 전천후 직장이기도 하다. 노후에 어차피 차도 필요하고 때로는 용돈도 벌어 쓰고 그야말로 엿장수 맘대로 할 수 있는 직업이란 말이다. 하지만 나만 편하면 된다는 의식을 바꾸어야 한다. 눈, 비 오는 날에는 쉬던 택시들도 더 많이 일을 해야 한다. 왜냐하면 택시기사로서의 사회적 사명감이 있기 때문이다.

방법이 없는 것은 아니다. 개인택시들도 조를 나누어 야간에 의무적으로 근무케 하는 조항을 강제해야 한다. 얼마든지 가능하다. 타코미터기가 있으니 강제할 수도 있다. 우리가 세계 IT 최강국이 아닌가.

이렇게 당국의 명령을 따르지 아니하면 영업정지 조치를 내려야 한다. 마찬가지로 회사택시(법인)나 개인택시 모두에게 승차 거부, 부당요금 요구, 불친절, 호객행위 등을 일삼는 기사들에게도 차트를 만들어 삼진아웃 같은 제도를 도입해야 한다. 강력하게 말이다.

그리고 글로벌을 외치는 서울시 당국에도 한마디 하고 싶다. 수출입적 경제규모나 환경관리 면에서 보면 세계적인 국가로 치닫고 있는 것은 분명해 보이는데, 택시요금만은 글로벌하고는 거리가 너무 멀다는 것이다. 택시기사들에게도 직업에 대한 긍지를 느낄 수 있도록 처우개선도 해 주어야 한다고 생각한다. 훌륭한 말을 길러내는 마부는 오른손에는 매서운 채찍과 왼손에는 반드시 당근을 함께 쥔다고 한다. 싱가포르의 국민들은 정직하고 준법정신이 강하다고 한다. 그 원인은 법집행이 강력하게 추진되고 있기 때문이다.

작금에는 콜택시에게 회당 1, 2천 원 정도 지원해 주는 제도를 도입한다고 한다. 승차 거부, 합승행위 등을 집중적으로 단속하기 위해 서울시내만 시즌이 되면 수백 명을 헤아리는 단속반원들이 거리를 사수한다. 이들의 인건비도 적지 않으리라는 생각을 해본다. 그런데 이러한 제도도 수십 년간 반복해 오고 있으나 달라지지 않고 있다. 오히려 열심히 일하는 택시기사들이 보기에는 거북한 장면이다. 왜냐하면 성실하게 일하는데도 죄인 취급을 받는 것 같은 생각이 들기 때문이다.

택시 정책을 담당하는 당국에서는 못된 택시들을 관리하느라 소모되는 비용을 직접적으로 택시기사들에게 돌아갈 수 있도록 정책을 바꾸어야 하고 그 후로는 보다 강력하게 강제하는 정책을 펴나가야 한다고 생각한다. 그 고질적 민원이 끊어지지 않는 택시 정책에 따른 시민불만에 대하여 보다 강력한 제제를 가할 수 있는 곳은 서울시 당국밖에는 없기에 하는 말이다.

최고를 즐기는 필자의 근성

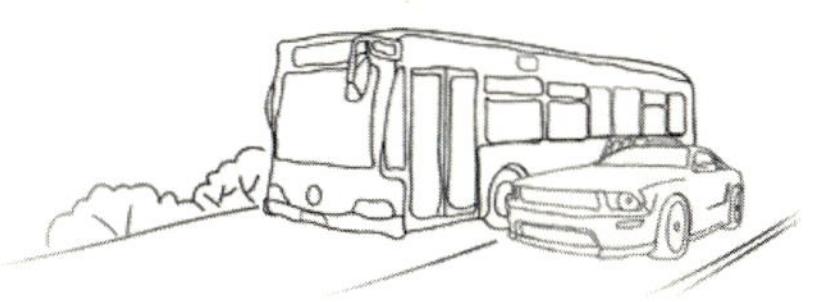

택시기사들은 하루 일을 끝내고 회사에 들어오면 오늘은 얼마를 벌었느니… 오늘은 어떤 미친 여자가… 아니면 어떤 미친놈이… 하면서 시시콜콜한 말들을 늘어놓으면서 하루의 시름도 달래고 서로를 견주어 보기도 하는데, 필자는 그러한 자리에 낄 수가 없다. 왜냐하면 그들은 몇 개(한 개란 만 원 단위를 말하는 택시기사들의 은어)를 찍었느니 하면서 서로가 은근히 자랑도 하기 때문이다.

한번은 필자가 얼마를 벌었다고 배차실에서 말한 적이 있는데, 그 후로 등 뒤에서 "저 새끼는 사장 끄나풀이야!" 하는 소리가 들렸다.

왜냐하면 필자가 제시한 수입금이란 그렇게 벌기 쉬운 금액이 아니므로 다른 택시기사들이 들으면 회사 위치에 서서 선전선동하는 놈처럼 들렸을 테니까 말이다. 그도 그럴 것이 그날의 수익금은 미터기에 고스란히 남아있기 때문에 알 수 있는데도 필자의 수입금은 그들보다는 항시 월 6~7십만 원 정도 상회하였기 때문이다. 필자의 실제 수입은 월평균 300만 원은 항시 유지되었다.

회사택시를 잘 모르는 사람들이 생각할 때는 회사에서 근무하는 것처럼 보이지만 절대 그렇지 않다. 택시를 끌고 거리에 나가면 철저하게 개인사업이다. 택시운전자가 어떻게 손님을 맞이하느냐에 따라서 그 수입 면에서 크게 차이가 난다. 택시운전이라고 해서 남들과 다르게 못할 것도 없다.

택시라는 좁은 공간의 일터에서도 얼마든지 창의성을 발휘할 수 있는 것이다. 손님들이 싫어하는 짓거리는 하지 않으면 된다. 자신이 택시 손님으로 탔을 적의 기억을 더듬어 보면 택시기사로서의 자세를 바로 잡을 수 있는 것이다. 어렵지 않다. 인생은 분명하게 말해서 자신이 생각하기 나름이다.

친절이란

처음 만나는 사람에게 어느 면에서 가장 많이 호감을 갖는지 설문조사를 했다. 얼굴이 예쁘거나 웃는 표정을 짓는 사람에게 호감을 갖는 사람이 14%였고, 목소리가 곱고 겸손한 사람에게는 38%라는 큰 호감을 갖는 것으로 조사됐다.

택시 손님에게 필자가 배려(친절)하는 행동을 보이는 것에 대한 여론조사를 해 봤더니, 모두가 100% 택시기사에게 대단히 좋은 감정으로 다가왔다는 결론을 얻을 수 있었다.

손님이 서서 택시를 잡는 곳에 정확하게 정차하여 손님이 손만 뻗으면 택시 문을 열 수 있도록 하고, 손님이 짐을 들고 오면 짐을 거들어 트렁크에 적재하고, 조수석 의자를 앞뒤로 밀고 당기면서 손님의 좌석을 크게 확보해 주고, 손님의 외모나 말솜씨 등을 칭찬해 드릴 때 손님들은 택시기사에게 매우 큰 만족감을 느낀다는 것을 알게 됐다.

처음 보는 사람끼리 엘리베이터를 타면 한국인들은 엘리베이터의 사방 벽을 보고 서 있는 데 비해, 미국 여성들은 서로 눈을 맞추어 가면서 가벼운 눈인사 정도는 나눈다. 또한 처음 보는 남자에게도 밝은 인상으로 대해 준다. 그러나 한국에서는 여성이 길을 가다가 혹은 엘리베이터 속에서 눈인사라도 했다 하면 아마도 그 인사를 받은 남자는 자기에게 관심이 있어 그런 줄 알고 즉시 그 여인의 뒤를 쫓아갈 것이다. 이것이 미국인과 한국인들과의 문화적인 차이인 것 같다. 마음속은 그렇지 않겠지만 적어도 겉으로는 무뚝뚝하고 불친절하고 말수가 적은 것은 사실이다. 그래서 이런 노랫말이 있다.

'정든 님이 오셨는데 인사를 못해 행주치마 입에 물고 입만 뻥끗!'

당국에서도 손님에게 친절하게 대해야 한다고 이르기만 하지, 택시운전자가 왜 친절해야 되는지에 대한 정확한 이유를 설명해 주지는 못하는 것 같다. 나와 내 가족의 생계를 해결해 주는 생활수단인 '돈'을 건네주는 손님에게 친절하게 대하는 것은 너무도 당연한 일이 아닌가.

어느 전직 국회의원이 재선에 실패하고 민심이나 파악할까 하는 생각으로 택시를 약 2년간 경험한 적이 있었다. 이때 그 사람과 교대근무를 한 택시운전자는 그 전직 국회의원의 눈에 들어 지금은 택시운전자가 상상할 수도 없는 위치에서 일하고 있는데, 큰 회사의 사장에게 잘 보여 스카웃된 사람도 있고, 여성을 잘 만나서 잘사는 사람들도 여러 명 봤다. 이 모든 것들이 손님을 친절하게 대하는 데서 시작된 처세술의 결실인 것이다.

필자가 현재 택시기사로서 어느 정도 그들의 현실을 이해하고 있음에도 불구하고 택시기사들이 대체적으로 불친절하다는 것을 느끼는데, 손님들 위치에서 본다면 얼마나 불친절하게 느끼고 있을까 하는 생각은 그렇게 오래할 필요가 없다.

언젠가는 택시 손님이 필자에게 이런 말을 했다. 공릉동에서 수색을 가던 중이었는데, 택시기사가 인사도 하지 않고 묻는 말에도 퉁명스럽게 대답하기에 내부순환도로상의 정릉 터널 입구에서 택시를 세우라고 하여 정릉 쪽으로 걸어서 내려왔다는 것이다. 다시 말하면 불친절하게 손님을 대한 그 택시를 유진상가까지(약 5km 정도) 빈 차로 가게 만들었다는 얘기였다.

친절이란 절대적으로 말해서 손님을 위한 것이 아니고 바로 택시기사 자신을 위한 행동이라는 것을 확실하게 느껴야 할 것이다. 손님에게 불친절하게 대하는 것은 손님 위치에서 볼 때는 자기를 무시하는 듯한 느낌을 받을 수 있고, 여기에 자존심까지 상하게 되는 것이다.

친절이란 나를 찾아오는 손님을 따뜻하게 맞이하는 예를 갖추는 것이다. 택시 손님들에게 팁을 받아내기 위한 목적으로 친절을 베푼다면 그것은 손님이 먼저 알아차리고, 택시기사의 얄팍한 속을 확인하기 때문에 싸가지 없는 죄만 추가될 뿐이다. 세상의 이치란 매사에 긍정적으로 생각하고 노력하는 자와 매사에 성의 없이 안이한 자 모두가 똑같이 풍요로운 삶의 혜택을 누릴 수는 없다. 노력하지 않고 쉽게 되는 일은 세상에 아무것도 없다는 말이다.

요즘은 택시를 타면서 "손님이 너무 없어서 힘이 들지요?" 하고 물어오는 손님들이 많다. 힘이 든다고 말하는 사람들은 택시뿐만이 아니고 대다수의 분야에서 일하는 사람들의 불평불만이 된 지도 오래다. 이럴 때일수록 분투해야 한다. 아무리 택시 손님이 없다 해도 택시를 끌고 나가기만 하면 손님은 탄다. 따라서 돈도 된다. 손님이 많이 줄어든 관계로 택시기사 입장에서 볼 때는 귀하고 귀한 손님에게 불친절해야 할 이유가 더더욱 없어졌다.

물론 소일거리로 또는 손님들과의 대화를 취미 삼아서 택시 일을 즐기는 기사들도 더러는 있겠지만 그래도 대다수는 가족의 생계를 떠맡아 민생고를 해결하는 수단으로 일하고 있는 사람들일 것이다.

필자도 그 시절 그 택시기사의 의식구조에서 벗어나 생각을 조금 바꾸었더니 이제는 마음이 많이 편안해졌고 실제로 돈벌이 또한 예전보다 훨씬 더 좋아졌다는 사실을 여러분들께 분명하게 알리고 싶다.

미친 사람도 따라오는 친절

어느 날 김포공항 입구 송정역에서 40세 전후로 보이는 여자가 옷은 말끔하게 입고 있었으나 어딘지 모르게 정신이 나간 것처럼 보였다. 얼굴은 오동통하였으나 표정이 없었다. 종이가방을 몇 개 들고 있었는데 집을 나온 지는 얼마 되지 않아 보였다. 필자가 그 여인을 향해 손짓했더니 차 옆으로 다가왔다. 그래서 2천 원을 주었더니, "이 돈을 왜 주세요?"라고 하는 것이었다.

"왜는 왜야! 라면이라도 하나 사먹으라는 말이지!"

여자는 잠시 생각하는 듯하더니 잠깐 기다리란다. 먹을 것을 사가지고 올 테니 함께 먹자는 것이었다. 나는 그 여자가 먹을 것을 사러 간 사이에 그 자리를 떠났다.

그리고 한 달 정도 지나서 어느 날 아침나절에 또다시 그 부근에서 그 여자를 만나게 되었다. 그런데 필자의 추측대로 옷은 너무 더러워져 있었고, 종이가방을 든 손은 안 씻어 까맣게 변했고, 머리 모습 하며 이제는 누가 보아도 한눈에 미친 사람 그 자체였다. 저 모습을 그녀의 부모형제나 그 남편이었던 사람이 본다면… 하는 생각에 안타까운 마음을 금할 수가 없었다.

필자는 전번의 그때처럼 그녀를 향해 "이봐요!" 하고 소리를 지르며 오라는 손짓을 했으나 그녀는 주위 사람들을 둘러보면서 필자를 힐끗 힐끗 쳐다봤다. 필자가 계속해서 손짓을 했더니 이윽고 그녀는 택시 가까이로 왔다. 전에 2천 원을 주었던 사람이라는 것을 기억하지는 못하는 것 같았다. 필자가 5천 원짜리 한 장을 주었더니 그녀는 냉큼 받아들고 잠시 돈을 만지작거리더니 "이 돈을 왜 주는 거예요?" 하고 물었다.

"왜 주기는? 밥이라도 사먹으라는 것이지…."

그 여자는 잠시 머뭇거리더니 필자에게 물었다.

"아저씨, 차 좀 타도 돼요?"

"차는 왜 타요? 그래요, 타고 싶으면 타세요!"

그 여자는 필자의 옆자리에 올라탄 후 필자를 몇 번 쳐다보더니 한다는 말이 "우리 사귈래요?" 하는 것이었다.

필자는 웃으면서 말했다.

"아줌마, 사귀고는 싶은데 더러워서 못 사귀겠어요. 젊은 여자가 그 꼴이 뭐예요."

그 여자가 잠시 생각하는 것 같더니, "아저씨 목욕탕까지 좀 태워다 주세요!" 하는 것이었다.

필자는 잠시 머뭇거리다가 "그럽시다"라고 대답한 후 그 여자를 목욕탕 앞에까지 바래다주었다. 그런데 이 여자 하는 말이, 이 자리에서 꼼짝 말고 기다리란다. 필자는 알았다고 대답하고서 그 여자가 목욕탕 안으로 들어가는 것을 보고 잠시 후 그 자리를 떠났다.

정신과 의사들이 하는 말이 미쳤다고 해서 24시간 내내 미쳐 있는 것이 아니고 정신이 나갔다가 들어왔다를 반복하는 사람도 많다고 한다. 필자는 미친 사람들도 자기에게 관심을 가져주는 사람에게는 보다 적극적인 행동을 취한다는 말을 하고 싶은 것이다. 사람이든 동물이든 자기 자신에게 관심을 보이는 사람을 따라가게 되어 있다는 말이다.

친절은 돈이다

손님들에게 친절하게 함으로써 어떠한 시너지 효과들이 생겨나는지에 대한 경험담과 손님들이 택시를 타고 가면서 택시기사들에게 바라는 작은 것들을 모아서 소개하려고 한다.

우선 "돈벌이가 잘 안 되는데 친절만 하면 되냐?"라고 되물어 오는 택시기사들도 있다.

만약에 손님에게 친절하게 대하면 서울시청에서 친절수당이라고 하면서 월 50만 원씩 택시기사들에게 지급해 준다고 한다면, 아마도 택시 손님에 대한 친절은 그야말로 하늘을 찌를 것이다. 왜냐하면 사람들은 돈 앞에서 약해지는 법이니까 일단은 돈이 들어오는 것이 가시적이어야만이 인정할 수 있는 것이다. 눈에 보이는 것이 있어야 액션을 취한다는 말이다.

그런데 택시기사들이 서울시에서 받는 친절수당 50만 원보다 더 받을 수 있는 방법이 있기에 필자가 확실하게 소개해 볼까 한다. 그것이 사실이라고 한다면 불친절한 택시기사들은 서슴없이 그 길을 택할 것이니까 말이다.

2,400원어치 거리의 택시를 이용하거나 10만 원어치의 거리를 이용하거나 우리 택시기사들에게는 모두가 그냥 똑같은 손님일 뿐이다. 단거리 손님이라고 해서 하찮은 손님이고, 장거리 손님이라고 해서 귀한

손님은 절대로 아니라는 것이다.

많은 사람들이 오랜 시간 애청하는 명곡을 살펴보면, 그 옥타브의 폭이 넓고 낮은음에서부터 높은음까지 그 음의 난이도가 큰 것을 알 수 있다. 그 노래를 부르는 가수도 처음에는 조용하게 부르다가 클라이맥스에 가서는 자기 성량을 자랑이라도 하듯이 마무리하는 곡들을 들어보지 않았는가? 우리는 이러한 곡들을 명곡이라고 지칭한다.

단거리 손님을 태워다 준 후 골목길을 돌아서 빠져나오면서 그 즉시 장거리 손님이 연결되는 그런 예를 필자는 여러 번 경험해 봤다. 잘난 사람과 못난 사람, 많이 배운 사람과 못 배운 사람, 장애인과 비장애인, 노래를 하는 가수가 있는가 하면 그 노래를 들어주는 사람이 있듯이 세상은 천태만상의 사람들이 어우러져서 함께 꾸려 나가는 것이라고 생각한다. 단거리 손님 또한 확실한 손님이고 사회의 구성원이기 때문에 하는 말이다.

달면 삼키고 쓰면 뱉을 것인가? 오히려 기본요금 거리를 이용하는 대다수의 손님들은 택시를 타면서 미안한 마음을 가지고 있다는 사실을 택시기사들은 알고 있는가? 손님이 물어도 대답을 안 하는 그야말로 싸가지 없는 불친절한 택시기사를 보게 되면 그 순간부터 미안한 마음은 순간적으로 사라지고, 공격적인 태도를 취한다는 사실을 알고 있는가 말이다. 그렇게 기분이 상한 채로 목적지에 도착한 손님이 남은 동전을 그냥 택시기사에게 주고 가겠는가 말이다. 오히려 갈 수 있는 한 골목골목까지 택시를 유도하여 들어가는 것이 인지상정이라 할 것이다.

필자의 지인이 식당을 하는데 손님이 5천 원짜리 된장찌개를 먹으려고 큰 트럭을 식당 앞에 가로막아 놓으면 다른 차들은 주차할 엄두도 못 낸다. 따라서 그 트럭기사가 떠날 때까지는 더 이상 다른 차량은 들어올 수가 없다. 그래도 식당주인 입장에서 볼 때 절대로 그 트럭기사가 밉지 않다고 친구는 말한다. 바로 이것이 손님을 맞는 장사하는 사람들의 기본적인 자세인 것이다.

기본요금 거리를 타고 가는 손님들이 미안해 할 이유도 없지만 설령 미안해한다고 치자. 그렇다고 택시기사들에게 홀대당하거나 자존심을 상하게 되면 되겠는가? 오히려 기본요금을 가는 손님들이 생각하기를 혹시 이 택시기사가 기본요금을 가는 손님이라고 무시하지는 않을까 하는 생각에 자존심을 더 내세우게 된다는 사실을 기억하기 바란다.

그렇다면 기본요금의 거리를 가는 손님들은 택시를 이용하지 말아야 한다는 말인가? 그렇다면 택시들의 수입은 더욱 더 줄어들 것이라는 것은 삼척동자의 계산으로도 어려운 문제가 아니다. 택시기사들은 알아야 한다. 자신은 물론이고 택시기사의 아내와 그 자녀들도 언제든지 택시를 이용하고 있다는 사실을 말이다. 그렇다면 택시를 이용할 때 그런 홀대를 받아도 괜찮다는 말인가?

손님들이 타면서, "미안합니다. 가까운 거리를 가서…" 하면서 정말로 미안해하거나 어느 손님은 택시의 문을 열면서 동시에 "감사합니다"라고 말한다.

그러면 필자는 그 즉시 손님에게, "아닙니다! 절대로 그렇지 않습니다. 오히려 택시기사가 고마운 일이지요. 가뜩이나 손님도 없는데…. 택시를 타주시는 손님들이 얼마나 예쁜지 몰라요. 그래서 제가 고맙지요. 절대로 택시기사에게 미안해하실 이유가 없습니다."

"다른 기사들은 싫어하는 사람들이 많아서요…."

"손님인데요…. 그 택시기사들은 고정관념을 버려야 해요."

택시기사들의 기분을 분석해 보자. 기본거리를 가는 손님이 탔는데 기분이 나쁘다고 손님을 내리게 할 수 있는가? 절대로 그렇게 할 수는 없지 않은가. 만일에 손님을 도중에 하차시킨다면 당국으로부터 과태료는 물론이고, 그러한 일이 반복된다면 절대로 택시마저 할 수 없을 것이다. 짜증이 나기도 하겠지만 그렇다고 그런 짜증을 밖으로 드러내 보이는 것은 택시기사의 삶을 크게 위축시키는 자해 행위이다. 어차피 택시를 탔는데 손님이 원하는 목적지까지 갈 수밖에 없는 상황이고 보면, 택시드라이버의 생각을 바꿔야 한다. 즐겁게 손님을 대하는 마음으로 말이다. 피할 수 없다면 즐기라는 말도 있다. 즐겁게 대하면 손님들도 기분이 좋다고 한다.

그리고 대화를 좋아하는 손님이라면 아마도 그분으로부터 전문 분야의 지식이나 뜻밖의 정보도 얻어낼 수 있을 것이다. 이렇듯 자연스럽게 상식과 정보를 한꺼번에 얻어낼 수 있는 것이 택시드라이버라는 직업이다. 여러 명의 의사분들을 태운 적이 있는데 필자는 의사와의 대화에서 진료비 없이 진찰을 받기도 한다. 그 손님은 작은 택시 공간에서 택시드라이버의 질문을 감히(?) 피해갈 수는 없기 때문이다. 이렇게 좋은 찬스도 물론 손님과의 부드러운 분위기가 조성되었을 때만이 가능하다는 말이다.

가끔은 연예인들도 태우는데 그들과 평소에는 상상할 수도 없는 사실감 있는 토크쇼를 벌이기도 한다. 정치인을 포함한 여러 분야의 손님들 또한 택시기사에게 세상 돌아가는 소식을 듣고 싶어 하는 경향이 많다. 그뿐인가. 필자는 택시 운전을 하면서 남녀노소를 막론하고 많은 사람들을 사귀는 계기가 되었다. 그렇게 부드럽고 친근감 있는 대화를 하다 보면 처음 만난 사이인데도 어떤 여자 손님은 자기 남편의 섹스 습관에 대한 불평도 스스럼없이 털어놓고 해결책을 구하는 경우도 적지 않다. 이러한 대화가 가능한 것은 택시라는 작은 공간의 특수성 때문에 손님과 택시기사 둘만의 은밀한 대화가 가능한 환경이 자연스럽게 만들어지기 때문일 것이다. 너무도 작은 공간이라 택시기사가 더러는 엉뚱한 질문을 한다 해도 거의 모든 손님들은 답변을 해주기 마련이다. 우스갯소리로, 어디서 그렇게 예쁜 여자 손님과의 인터뷰가 가능하겠는가 말이다.

그렇게 노골적인 말을 스스럼없이 하는 그런 여자 손님들은 남편을 핑계로 섹스에 관한 대화를 하고 싶었던 것이 분명하다. 어떤 여자 손님들은 말로는 혼자 산다고는 하나 대화를 하다 보면 노골적으로 섹스를 요구하는 경우도 허다했다.

하루 입금액을 책임지겠다고 하면서, "지금까지 얼마나 벌었나요?"라고 물어오는 여자 손님에게 필자는 "방금 일을 나왔는데요"라고 대답한다. 그러니까 택시 손님과 필자는 서로 치밀한 계산 속에서 생존경쟁 방식대로 대화를 나누고 있는 것이다.

암튼 수십 명의 그런 여성들이 노골적으로 성관계를 요구하기도 했다. 물론 이런 사건을 모든 택시기사들이 경험하게 되는 것은 아닐 것이다. 이런저런 사건이나 사연을 더듬어 보면 사람들과의 관계 또한 내가 먼저 친절하게 다가가지 않으면 그 누구도 나에게 호의를 베풀어 주지 않는다는 너무도 평범한 진리를 모르고 살아가는 것 같기에 하는 말이다.

필자는 힘주어 말하지만 세상을 살아가는 데 있어서 친절만한 재산가치도 없다고 생각한다. 친절이란 남을 배려하는 마음에서 시작되는 것이다. 사람들의 얼굴을 즉시 부드럽게 만들어 주기 때문에 인간관계에 있어서 가장 사교적인 기술이라고 생각한다. 명월이가 왕서방의 재산을 송두리째 빼앗은 기술도 결국은 친절을 바탕으로 하는 기술(?) 덕분이었던 것이고, 여우가 사람의 애간장을 녹이는 기술 또한 친절같이 보였기 때문일 것이다.

사람들의 마음은 간사하기 이를 데 없어서 조금만 친절하게 대해 주면 즉시 기분이 좋아지면서 어떤 방법으로든 친절을 베풀어 준 사람에게 그 대가를 치르려고 하는 습성이 대다수 사람들의 마음속에 내재되어 있다.

“예”라고 대답하는 정중한 표현은 간단하면서도 큰 친절이다. 필자는 손님이 택시를 타려고 문을 여는 순간, “어서 오세요!” 하면서 필자 나름대로는 정중한 목소리로 인사를 한다. 손님이 여럿일 경우 뒤에 타는 사람은 그 인사를 듣지 못할 수도 있으니, 마지막에 타는 손님이 들을 수 있을 때까지 인사하는 것을 소홀히 하지 않는다.

그러나 아무리 필자가 공손하게 인사를 한다고 해도 인사를 받지 않는 손님이 대략 1/5 정도는 되는 것 같다. 그렇지만 그런 손님들이라고 해도 필자는 절대로 그냥 놔두지 않는다. 택시가 출발한 지 한참 지났을 무렵, 필자는 그 손님에게 느닷없이 “저… 손님! 뭐 한마디 물어봐도 되겠습니까?” 하면 손님은 영문이 무엇인지도 모르고 약간 머뭇거리다가 이내 물어보라고 한다.

그러면 필자는 때를 놓치지 않고, “저 손님! 아까 손님이 타실 적에 제가 인사를 드렸는데 아무런 대답이 없으셨는데, 왜 기분이 나쁘셨는지요?”라고 당돌하리만큼 황당한 질문을 한다. 인사를 안 받으면 안 받는 것이지, 인사 안 받는 것을 가지고 따지는 건방진 택시기사가 아닐 수 없는 것이다.

“아, 예 그거요” 하면서 손님들의 변명은 대개가 “제가 습관이 잘 안 되어 있어서요. 미안합니다” 하면서 사과하는 사람이 있는가 하면 “제가 다른 생각을 하고 있었나 봐요.” 또는 “쑥스러워서요” 기타 등등의 변명을 하는데, 결론은 인사를 잘 안 받는 사람들도 상대가 인사하는 것이 기분이 나빠서가 아니라는 것이다. 따라서 간혹 인사를 안 받는 사람들이 있다고 하더라도 기분 상해할 필요까지는 없다.

이것은 필자가 손님들과의 많은 인터뷰 과정을 통해서 분명하게 확인한 사실이다. 그러므로 손님을 향해 먼저 인사를 하는 행위는 결국 인사하는 사람 자신을 위해서 하는 고도의 재테크 수단(?)이라는 것을 이 책을 통해서 사람들에게 알리고 싶다.

바쁘다고 서둘러서 가자고 재촉하는 손님이 가끔 있다. 손님 입장에서는 급해서 택시를 탔고, 택시기사에게 빨리 가자고 요구할 수도 있다. 그런데 어느 택시운전사는 손님의 입장이야 어떻든 간에 급해서 서두르는 손님의 말에 반응조차 하지 않는다면, 손님은 자기를 무시하는 것처럼 느껴질 수 있으므로 택시기사는 절대로 대답을 피해서는 안 된다.

실제로 필자의 손님 중에는 무엇을 물어봐도 대답을 안 하는 싸가지 없는 택시기사들이 적지 않다고 지적하는 손님들이 많았다. 손님들 얘기로는 "사람을 무시하는 것도 아니고 도무지 예의가 없다. 그리고 기분이 그렇게 나쁠 수가 없다" 등등의 불만을 털어놓았다. 그리고는 목적지에 도착할 때까지 기분이 몹시 나쁠 수밖에 없는데, 어떤 손님은 그런 불친절한 택시는 도중에 내려서 다른 차로 갈아탄 적이 있다고 증언했다.

요즘 병원마다 이른바 나이롱환자가 넘쳐나서 자동차 보험회사들의 적자가 눈덩이처럼 커져서 사회적인 문제로 대두되고 있다. 경미한 접촉사고만 나도 무조건 병원에 가서 누워버리는 사람들이 적지 않다. 그렇게 불친절한 택시기사가 손님을 태우고 운행 중에 가벼운 접촉사고만 내도, 아마 그 손님은 두말할 것도 없이 싸가지 없는 택시기사를 엿 먹이기 위해서라도 별로 다친 곳도 없는데도 불구하고 기꺼이 병원행을 택하고 말 것이다.

장거리를 가기 위해 전철역까지 택시를 이용하려고 했던 손님도, 택시기사가 친절해서 기분이 좋다고 하면서 손님의 최종 목적지인 장거리까지 가는 손님들이 수를 헤아릴 수 없을 정도로 많았다.

친절, 그거 별것 아니다. "어서 오세요!"라는 말을 건넬 때 정말로 반가운 손님처럼 마음을 가다듬고 정중하면서도 그 목소리가 너무 작지도 않게, 그렇다고 너무 소리를 높이지도 말고, "어서 오세요!"의

'요' 자 끝을 약간 길게 여운을 남기는 듯한 부드러운 목소리로 인사를 해라. 손님이 타는 방향으로 고개를 어느 정도 돌리면서 말이다.

어느 택시기사는 전방만을 쳐다보면서 성의 없이 인사를 한다. 그야 말로 단어에 아무런 감성도 섞여 있지 않다는 말이다. 이왕 하는 거 손님을 향해 고개를 돌려 부드러운 얼굴 표정으로 인사를 해야 한다.

"인사하는데 뭐 그렇게 까다롭고 복잡하냐?"라고 물을 수도 있겠지만 절대로 그렇지 않다. 앵무새나 구관조처럼 지저귄다고 해서 인사를 잘했다고 말할 수는 없다.

사람이 말을 할 때는 세 가지 조건이 잘 맞아떨어져야 한다. 말을 전하는 내용(문장)과 그 문장을 실어 전달하는 목소리(감성)와 말을 구사할 때 사용되는 얼굴(이미지) 표정이 잘 어우러져서 그야말로 삼위일체가 되어야 하는 것이다. 다시 말하면 기쁜 말을 전할 때는 밝은 얼굴 표정과 명랑한 목소리 그리고 밝은 얼굴로 말을 전해야 하고, 슬플 때는 그 슬픔에 어울리는 표정과 목소리를 함께 실어서 하는 것이다.

가족의 생계를 이어줄 사람이 택시 손님이라고 한다면 그 손님이 반가운 건 사실이 아닌가. 그렇게 반가운 마음가짐으로 손님을 맞는다면 그 다음부터는 인사를 어떻게 잘해야 된다고 강조할 필요가 없다. 모든 것은 자신의 마음에서 시작된다는 사실을 기억하기 바란다.

한번은 어떤 아가씨가 택시를 타고 가다가 "아저씨! 참 친절하시네요" 하면서 운행도중에 편의점 앞에 차를 세워달라고 하더니 먹을 것을 만 원어치 정도 사주면서 안전운전하라고 당부하는 손님도 있었다. 사실 필자는 그렇게 친절한 사람 측에는 속하지 못하는 동물이다. 탤런트들도 자기가 맡은 역에서 최선을 다해 연기를 하는 것과 마찬가지로 필자 역시 손님들에게 맡은바 연기를 하고 있는 것이다. 극중에서 아주 친절한 역할을 맡은 탤런트가 평소 일상생활마저 친절한 것은 아닌 것처럼 말이다.

필자도 평소에는 단호하다. 손님에게 불친절하게 대하는 점원이나 오너가 있다면 절대로 간과하지 않는 성품이다. 경찰서에 가서도 불친절하거나 하대하는 경찰관을 만나면 가차 없이 대든다. 다만 사회적으로 택시기사라는 역할을 맡았기 때문에 최선을 다해 인생연기를 하고 있는 것뿐이다.

택시 손님들에게 친절을 베풀어야 한다고 회사나 서울시 당국에서 입이 마르도록 이르고 있고 필자도 그렇게 말하고 있으나 사실 따지고 보면 이 말은 잘못된 말이다. 왜냐하면 손님에게 친절을 베푼다고 하는 말은 엄밀히 따져 보면 친절을 베푸는 것은 자기 자신의 목적을 달성하는 데 필요한 수단이라는 것을 알 수 있고, 그 다음에야 친절을 수혜 받는 자가 좋은 기분을 얻는 것이다. 다시 말하면 친절을 베푸는 자는 친절을 받는 자를 지배하기 위한 삶의 수단인 것이다.

“어서 오세요”, “안녕히 가세요”라고 하는 인사말은 다른 택시기사들도 쉽게 하는 인사이고 보면, 별로 친절한 인사방법이라고는 할 수 없다. 택시기사가 손님에게 인사를 잘했다고 해서 손님이 감동하지는 않는다. 남이 하지 않는 방법으로 손님들이 감동할 수 있도록 하자는 말이다. 왜냐하면 사람들은 남녀노소를 막론하고 새로운 것에 매우 흥미를 보이기 때문이다.

배려하는 마음

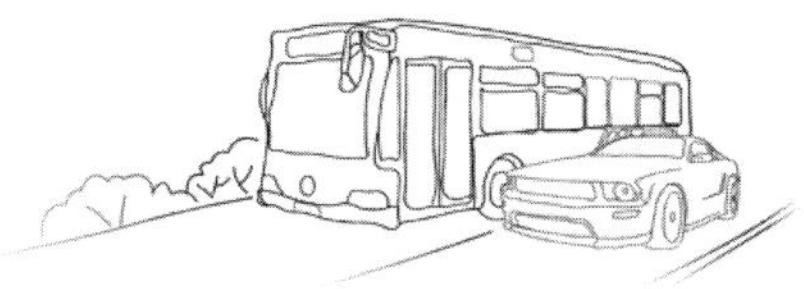

한국 사람들은 상대가 알아서 행동해 주는 것을 참으로 좋아한다. 꼭 물어보고 확인하면서 행동하기보다는 보고 느끼면서 상대가 알아서 해주는 것들을 말하는 것이다. 다시 말하면 눈빛만 보고 대화하는 것을 좋아한다.

손님이 두 손에 물건을 들고 오는 것을 보고도 택시기사가 가만히 앉아만 있는 그런 짓은 하지 말자. 손님이 문을 열고자 하면 그 물건을 잠시 땅에 내려놓아야 하는데, 봉투에 흙이 묻지 않았으면 차 시트 위에 놔도 되지만 흙 묻은 봉투는 바닥에 내려놓을 수밖에 없다. 따라서 가뜩이나 좁은 택시 내부의 발 딛는 공간을 그 봉투가 차지하게 되는데, 앞쪽의 조수석 의자를 앞으로 조금만 당기면 뒷좌석에 앉아있는 손님에게 여유로운 공간이 확보된다는 사실을 택시 운전을 계획하고 있는 분들이라면 반드시 숙지하시길 바란다. 의자를 앞으로 당기면 약 20cm 정도 이동이 가능한데, 이러한 친절은 그 어느 택시운전자들보다도 훌륭한 행위가 된다는 사실을 손님들과의 인터뷰 과정에서 알게 되었다.

손님이 문을 열고 타려고 할 때 택시기사가 그 좌석을 앞뒤로 당기고 미는 것을 확인하고는 손님들의 절반 이상이 어서 오시라는 말을 하기도 전에 "감사합니다!"라는 말을 건네면서 택시에 오른다. 손님을 배려하는 작은 마음에 감동을 받은 데다가 갑자기 뒷좌석이 넓어져 편안함을 느낀 손님이, “아저씨, 의자를 이렇게 앞으로 당겨주니까 너무 편하고 좋은데요!”라고 한다. 그 말의 뜻은 자신이 편하다는 말보다 손님에게 배려하는 택시기사에게 고마워하는 마음이라는 것을 우리는 분명하게 알아야 한다.

한번은 신길동의 신풍역 부근에서 시장을 본 여인이 양손에 비닐봉투를 들고 필자의 택시를 향해 다가오고 있기에 문을 열어주고 의자를 앞쪽으로 당겨주었다. 그랬더니 그 큰 봉투를 바닥에 놓고도 발을 정리하기에 충분한 자리가 마련되었다.

“아저씨처럼 서로를 배려하는 마음을 가지고 살았으면 좋으련만….”

이 여인이 내리면서 택시요금은 2,500원이 나왔는데 5,000원 짜리를 주면서, “아저씨 같은 사람은 처음 봤어요. 담배나 사서 피세요”라고 말했다.

나는 그 여인이 어느 집으로 들어가나 택시를 길가에 세워놓고 뒤를 쫓아가 보았더니, 차가 갈 수 있는 길인데도 불구하고 택시를 생각한다고 큰길에서 내려서 그 무거운 짐을 양손에 들고 약 200m는 더 걸어가는 것이었다. 그 순간 나보다도 더 친절하고 따뜻한 마음씨를 가진 사람이라는 것을 알았고, 손님이 들어간 그 식당의 전화번호를 적어 왔다. 훗날 그 식당을 찾아가 음식을 다 먹은 뒤에 그때 그 택시가 사라고 했더니 무척 반가워했던 추억이 있다.

그것뿐만이 아니다. 비 오는 날 우산을 가지고 타는 손님들에게 의자를 앞으로 당겨서 작은 공간을 확보해 주면 손님 입장에서는 얼마나 고마워하는지 아마도 이러한 서비스를 실천해 보지 않은 택시기사들은 알 방법이 없을 것이다.

가끔은 다리를 깁스해서 목발을 든 상태로 택시에 타는 사람들이 있는데 이럴 때도 앞좌석의 의자를 뒤로 밀어놓으면 손님은 “감사합니다. 참! 편하군요"라고 말한다.

이런 조그만 배려에도 손님들의 반응은 생각보다 크다. 다시 말하면 구관조처럼 입만 빵긋 대는 인사에 비해 그 효과는 100배에 달할 것이다. 이렇게 손님을 맞는 태도는 아마도 세계적으로 명성이 높은 일본의 'NK택시'보다도 훨씬 더 친절한 택시기사가 될 수 있을 것이다.

이렇게 손님에게 배려하는 마음을 보이면 그때부터 손님들은 묻지도 않은 얘기를 꺼내서 필자와 대화하려는 마음이 역력함을 읽을 수가 있는데, 대화는 곧바로 이웃사촌 같은 분위기 속에서 진행되니 그 대화의 논지 또한 깊이 있고 노골적인 것이 사실이다. 이때는 남녀노소가 따로 없다.

손님이 택시를 타면 얼굴만 봐도 피곤해 보이는지 컨디션이 좋은지를 금방 알아볼 수 있다. 이때 피곤해 보이는 손님에게 "손님, 의자를 뒤로 젖히고 잠시 눈을 감으세요"라고 하면 대부분의 손님들은 말만 들어도 고맙다고 한다. 정말 피곤해 보이는 손님은 필자의 말이 떨어지기 무섭게 뒤로 눕기도 하는데 그때를 놓치지 않고, "제가 목적지까지 편안하게 모실 테니 눈 감고 고향 생각이나 하세요"라는 한마디를 잊지 않는다.

효도란 자식 입장에서 볼 때는 용돈이나 많이 드리고 자기 자신이 사회적으로 성공하여 유명인사가 되는 것처럼 생각할 수도 있겠지만, 대다수의 부모 입장에서 보면 꼭 그렇지만은 않다. 부모가 아프면 그 아픈 부모를 대신해서 아파 줄 수는 있는 자식은 세상에 없다. 다만 아픈 데 드는 치료비 정도를 보조해 줄 수는 있겠지만 그렇다고 그 병이 냉큼 낫는 것도 아니다. 또한 부모의 근심거리도 대신해 줄 수는 없다. 다만 부모님께 "마음이 편치 않으신지요? 얼마나 걱정이 되시는지요?"라는 말 한마디가 바로 큰 효도라는 것이다. 그렇게 자주 언질하거나 전화를 자주 하는 자식이 진정 효자라는 말이다.

마찬가지로 손님에게 친절을 베푸는 것도 택시기사가 경제적인 손해를 보면서 친절을 베푸는 것도 아니고 단지 성의 있고 부드러운 말 한마디뿐인 것이다.

"에이, 그런 짓을 어떻게 손님이 탈 때마다 합니까!"

의자 밑의 고리만 당겨주면 되는데, 고리가 불편하게 되어 있으면 택시기사가 조정하기 편리하도록 잠시 손을 보면 된다.

손님 중에 가끔은 앞자리에 타는 것을 원하는 사람도 있다. 그 사람들은 대부분 성질이 급한 사람들이다. 뒷좌석에 앉으면 앞의 의자가 시야를 가리기 때문에 답답해한다는 것을 필자가 인터뷰 과정에서 알아냈다. 이렇게 앞으로 타는 것을 좋아하는 손님이 택시를 타려고 할 때에는 손님이 문을 열기 전에 얼마든지 뒤로 밀어 놓을 수 있는 시간적인 여유가 충분하다.

이렇게 의자를 앞뒤로 당겨놓는 행위만을 보고도 손님들은 기사에게 금방 말들을 걸어온다. 이것은 상대와 대화를 하고 싶다는 일종의 시그널뮤직인 것이다. 이렇게 시작되어 터진 대화의 물꼬는 그 내용의 종류를 막론하고 거침없이 이어진다. 택시라는 작은 공간에서 그 대화의 내용이 다소 원색적일 때도 많은 것이 사실이다. 이렇게 좋은 토크쇼가 만들어졌는데 하기 어려운 말이 있겠는가. 마치 죽마고우를 만난 것처럼 화기애애한 토크쇼를 만들어 내는 것도 손님을 친절하게 대하는 마음의 준비가 되어 있어야만 가능하다.

좌석이 비행기의 비지니스석과 같다고 칭찬하는 사람들도 있고, 우등버스를 탄 것 같다는 말들도 많이 한다. 앞자리가 넓어지다 보니 다리의 좌우이동이 편안해서 책상다리를 하고 가는 손님들도 적지 않다.

"저는 이렇게 의자를 앞으로 당겨놓은 택시를 타보기는 처음인데요. 그런데 이렇게 손님이 탈 때마다 앞뒤로 조작하기가 귀찮지 않으세요?"

"어떻게 보면 별것도 아닌데, 이 작은 의자의 이동만으로 편안함이 느껴지네요. 암튼 고맙습니다!"

"이 차, 왜 이래요? 의자가 고장 났나요? 앞으로 이렇게 당겨져 있네요…."

"아닙니다. 택시라는 공간이 너무 좁아서 제가 그렇게 당겨놓은 것입니다. 국제선 비행기를 장시간 타다 보면 특석이 얼마나 그리운 것인지 십여 시간 국제선 비행기를 타본 사람이 아니고는 그 고충을 모르지요."

이렇듯 처음 경험해 보는 기분 좋은 분위기에 고무된 손님들 중 절반 이상은 필자에게 말을 걸어온다. 그리고는 필자를 평가해 주는 말들이나 여러 가지 형태로 답례의 인사말들을 들려준다.

"야! 그렇게 해봐도 헛일이야. 선진국들처럼 팁이라도 주냐? 너나 잘해!"라고 말하는 사람도 있다. 하긴 우리는 그런 면에서는 사회적으로 택시에 대한 인식이 다소 선진국에 비해 뒤져 있는 것도 사실이다. 그래서 그런지 반드시 팁을 주던 미국 사람들도 한국에만 오면 팁을 안 준다. 가뭄에 콩 나듯 주는 사람도 있지만 거의 한국에 오면 안 줘도 무방한 것으로 생각하고 있는 것 같다.

손님이 목적지에 도착하여 내릴 적에도 그 목적지가 터미널이나 공항, 기차역일 경우, "잘 다녀오십시오!"라는 말이 보다 올바르고 친근한 인사방법일 것이다. 직장에 출근하는 아침에는 "좋은 하루 되십시오!", 연인들에게는 "좋은 시간 되십시오", 환자들이 내릴 때는 "몸조리 잘 하세요!"라는 인사말은 더할 나위 없이 좋은 방법이다.

노인들이나 환자들이 택시를 탈 때는 그 동작이 일반인들보다는 더디게 마련이다. 어차피 천천히 탈 수밖에 없는 상황이라 미안한 마음을 가지고 있는 손님에게 택시기사가 오히려 "천천히 타십시오"라며 여유 있는 인사말을 건네는 것은 손님의 마음을 편안하게 배려해 주는 매우 친절한 행동이다.

필자가 파리 여행 때 느낀 일이다. 그곳의 거리에는 사람들의 생기가 넘친다. 흑인도 많고 노인들도 젊은 사람들과 똑같은 종류의 옷을 입는 것을 좋아한다. 마네킹같이 예쁜 여고생 정도로밖에는 보이지 않는 여자 아이들이 거리에서 담배를 너무 자연스럽게 피워댄다. 그런데 그렇게 피운 담배꽁초를 여지없이 거리에 마구 버린다. 또한 강아지를 데리고 그것도 개줄도 없이 지하철도 타고 다닌다. 강아지도 이골이나 있는 것처럼 주인을 잘도 따라다니고 자연스럽게 아무데서나 똥을 누고 다닌다. 낙서도 아무데나 하고 그렇게 자유롭게 어우러져 살아가고 있는데, 그런 사람들을 지나칠 때 인상 깊었던 것이 하나 있었다. 거의 모든 사람들의 몸에서 냄새가 심하게 났는데 바람 부는 날 횡단보도상에서 2~3미터 떨어진 거리에서도 진한 향수 냄새가 났다. 패션의 나라라서 그런지 향수의 냄새도 그 수를 헤아리기 어려울 정도로 많았는데 기분 나쁜 향수 냄새는 없었다. 이들이 그렇게 다양한 향수를 몸에 뿌리고 다니는 이유는 자기 몸에서 나는 역겨운 냄새를 커버하기 위해서일 것이다. 이것이 타인을 배려하는 마음이다.

사람의 몸에서 나는 냄새는 성별로, 호르몬별로 그 종류를 헤아리기 어렵다고 의사들은 이른다. 인분(오줌똥)을 치우는 사람들은 그 냄새를 역겹게 느끼지 못한다고 한다. 처음에 몇 번 고생하고 나면 그 다음부터는 자연스럽게 코가 현실에 적응하며 환경의 지배를 받기 때문이다. 처음 그 냄새를 경험하는 우리네 같으면 상상할 수 없는 일들이 그 일을 하는 사람들에게는 너무도 자연스러운 일이 되는 것이다.

택시기사가 차 안에서 담배를 피우면 좁은 공간이라 담배냄새에 찌들게 된다. 그런데 담배를 피우는 택시기사는 차 안에서 담배냄새가 나는지 안 나는지 알 길이 없다. 그러나 담배를 피우지 않는 손님이 이런 차를 타면 지옥이 따로 없다. 손님이 택시 문을 열고 담배냄새를 확인하기도 그렇고, 택시를 탔다가 냄새가 심하게 나서 내리려고 해도 미터기를 재빠르게 누른 택시기사의 행동을 뒤로하고 내리기도 그렇고, 그야말로 고생이 말이 아니다. 내 돈 주고 타는 택시에서 나는 역한 냄새를 과연 맡아야 하는 것인지에 대해 참으로 신경질이 날 수밖에 없다.

기본적으로 택시는 손님들이 이용하는 공간이라는 개념을 가져야 한다는 말이다. 택시에서 담배냄새가 난다는 것은 손님에게도 실례가 되지만 택시기사의 매너 면에서나 수입 면에서 절대로 도움이 되지 않는다.

볼륨을 줄여라

많은 택시기사들이 운전 중에 라디오를 듣거나 자기가 좋아하는 음악을 항상 틀어놓는다. 그리고 볼륨도 사이클도 택시기사들의 취향에 맞게 맞추어 놓고 다니는 것 또한 부인할 수는 없을 것이다.

그런데 의외로 손님이 택시를 타면 전화가 걸려오기도 하지만 택시를 타고 가는 동안 여기저기 전화를 하는 습관들도 많은 것 같다. 핸드폰이 보편화된 이후로는 자주 보는 택시 속의 풍경이다.

손님이 전화를 받거나 전화를 할 것 같으면 즉시 라디오의 볼륨을 줄여라. 아니면 잠시 꺼버리든지. 더러는 손님 중에 볼륨을 줄여달라고 요청하는 사람도 있지만 대부분 그렇게 요청하는 것을 어려워한다. 그렇다고 해서 전화를 거는데 라디오 소리가 방해되지 않는다고 생각하는 사람은 없다. 다만 택시기사가 알아서 해주면 좋고, 아니면 조금 시끄러워도 그냥 그대로 전화를 받는 사람들이 많다. 왜냐하면 택시기사가 이해를 해주면 좋은데 그렇지 않고 기분 나쁘게 생각한다면 안전운전에 방해가 되기 때문이다.

손님 입장에서 보면 불친절한 택시기사들에 대한 선입견 같은 것이 아직도 많이 남아있는 것 또한 사실이다. 택시기사가 먼저 손님을 배려하는 마음으로 볼륨을 줄이면, 손님은 그 마음을 알아차리고는 통화가 끝나면 "이제 됐습니다. 볼륨을 키우시지요"라고 말한다. 택시기사에게 미안한 마음을 전하면서 볼륨을 원상복귀하도록 권하는 것이다. 그저 손님이 택시를 타고 가는 동안만이라도 마음 편하게 해주자는 것이다.

택시기사들도 출퇴근 시 택시를 의외로 많이 이용한다. 그때마다 잔돈을 받아가는 경우는 거의 없다. 가제가 게 편이고, 과부가 홀아비 심정을 알아주듯이 손님이 잔돈 몇 푼을 그냥 두고 내리면 그렇게 기분 좋았던 기억 때문에 택시를 이용하는 그 택시기사는 자기가 타고 온 택시에 잔돈을 놓고 내림으로써 폼도 잡고 뭐 그런 의도였을 것이다.

이 말은 택시기사 노릇을 하고 있기 때문에 택시기사의 애환을 이해하는 것처럼, 많지는 않지만 팁을 놓고 가는 택시 손님의 입장에 서서 역지사지를 해보자는 말이다.

그리고 손님이 전화통화를 하는 과정에서 의외로 제3자의 전화번호를 묻는 경우가 많다. 이때 상대가 말해 주는 전화번호를 메모하거나 기억하기는 쉽지 않다. 전화번호를 외우려 해도 통화 중에는 쉽게 외워지지 않는다. 이때 택시기사가 전화번호를 외우거나 메모해 두었다가 통화가 끝난 후 손님에게 건네주거나 말해 주면 손님 입장에서 볼 때 이것은 대단한 서비스가 되는 것이다. 여러 번의 친절한 인사방법보다 훨씬 큰 효과를 가져온다는 말이다.

사실 친절이란 것이 별거 아니다. 그냥 상대를 배려해 주고 그 마음을 헤아려 주는 것이 친절이다. 상대가 던지는 말에 친절하게 답변하고, 상대가 무엇을 필요로 하는가를 생각해 본다면 친절이란 그렇게 어렵게 생각하지 않아도 얼마든지 베풀 수 있는 것이다. 손님을 모셔야 한다는 생각만 확실하게 가지고 있다면 친절은 저절로 나온다.

손님을 태우고 목적지 가까이 도착했을 때, 특히 여성 손님이 혼자일 때는 "손님! 추우니까", "비가 오니까", "밤늦은 시간이니까", "골목이 너무 어두우니까, 집 앞까지 가세요"라고 먼저 말해라. 훌륭한 친절 행위가 될 것이다.

실제로 그렇게 말하는 필자에게 "안 그래도 밤늦은 시간에 저 골목을 지나가려면 항시 켕겼는데 그렇게 해주시면 고맙지요!" 하면서 부탁해 오는 여성 손님들을 많이 경험해 왔기에 하는 말이다.

그러나 택시가 집 앞까지 갈 수가 없다면 손님이 가는 방향으로 택시를 돌려서 라이트를 상향으로 켠 채, 손님이 집에 들어가는 것을 확인한 후 택시를 돌리는 것은 어떤가?

필자는 괜찮다고 사양하는 손님들에게 이런 농담도 한다.

"어려워 마세요! 차가 들어가지 못하는 곳이라고 하더라도, 저는 손님을 반드시 집 앞까지 업어다 드리곤 합니다. 물론 여성분에 한해서 말입니다."

필자도 자주 택시를 이용하는데 불친절한 택시기사를 만나면 "아저씨! 그렇게 불친절하게 손님을 대하면 돈벌이가 얼마나 되나요?" 하고 물어본다. 감히 상식 밖의 질문을 하니까 택시기사는 힐끗 쳐다보고서는 대답을 삼간다. 그러나 속으로는 '별 이상한 인간이 다 있네…' 하면서 중얼거릴 것이다.

필자는 그것을 노리는 것이다. 택시기사가 손님에게 불친절한 행동을 보이는데도 불구하고 손님 측에서 컴플레인을 늘어놓지 않는다면, 아마도 그 택시기사는 그런 못된 행동을 계속해도 괜찮은 거구나 하는 잘못된 생각에서 벗어나지 못할 것이다. 손님에게 불친절하게 대하는 것은 형법으로 처벌해야 한다는 조항만 없을 뿐이지, 사실 사회적으로 놓고 보면 삭막한 분위기를 조장하는 아주 나쁜 행위이다.

단돈 몇 십 원에 뺏기는 속마음

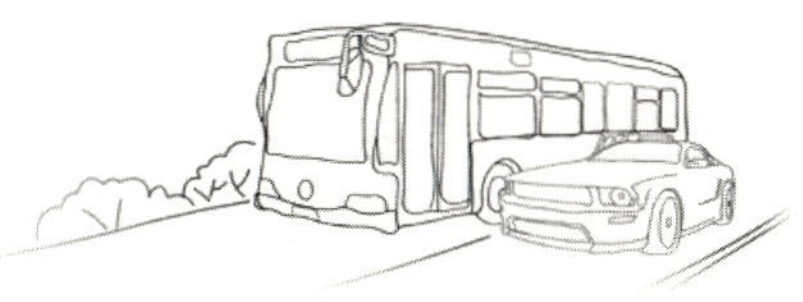

택시를 잡은 손님 한 사람이 먼저 택시를 타면서 택시기사에게 하는 말이, "잠시만 기다려 주세요!"라고 주문한다.

일행이 곧 나온다는 말이다. 이때 적지 않은 택시기사들은 손님이 택시를 타는 순간부터 동시에 미터기를 누르고 기다린다. 물론 그것이 합당하다. 그리고 택시기사가 미터기를 누르지 않고 기다린다고 해도 손님이 먼저 미안한 마음에 미터기를 누르고 대기하라고 주문한다.

그러면 필자는 "괜찮습니다. 금방일 텐데요…." 그리고는 우스갯소리로 "코딱지가 살이 되나요?" 하면서 농담도 한다.

이런 상황에서 손님들은 대부분 미터기를 안 켜면 불안할 것이다. 일행이 늦게 나오면 더욱더 그렇고, 또 잠깐 기다렸다고 미터기대로 받지 않고 별도로 대기요금을 요구하면 어쩌나 하는 노파심도 있을 것이다. 그러나 미터기를 켜지 않고 기다리는 것이 택시기사 쪽에서 볼 때 훨씬 유리하다는 것을 깨달았다. 그렇게 목적지까지 간 손님들은 반드시 대기요금보다 훨씬 더 많은 잔돈을 놓고 간다.

아마도 손님들은 미터기를 켜라고 했는데도 켜지 않고 기다린 요금이 몇 백 원 안 되는 돈으로 간주될 수는 있지만, 손님들에게 배려하는 마음이 그 어떤 친절보다도 훌륭하다는 것을 잘 알고 있기 때문일 것이다.

필자를 보고 너무 약삭빠른 것이 아니냐고 욕하는 사람들도 있을 수 있다. 그렇지만 대다수의 손님들이 좋아하는 것 같기에 하는 말이다. 손님들의 이러한 마음을 아는지 모르는지 어떤 택시기사들은 손님이 택시 문을 열려고 하는 순간에 미터기를 눌러 손님이 택시좌석에 앉았을 때에는 이미 언제부턴지 짐작도 안 되게 미터기가 돌아가고 있는 것처럼 느낄 수 있다.

이때 많은 손님들은 기분이 안 좋다고 증언한다. 손님 입장에서 그러한 경험이 있었다면 아마도 타면서부터 이렇게 생각했을 것이다.

'이 인간도 돈밖에는 모르는구만. 내릴 때 국물도 없다. 두고 봐라!'

이렇게 손님이 택시를 타기도 전에 미터기를 작동시키고 있는 기사의 입에서 손님을 향해 "어서 오세요!"라고 아무리 친절한 '척' 인사를 해도 손님의 반응은 별로일 것이다. 이런 택시기사 치고 인사를 잘하는 사람은 본 적도 없지만 말이다.

그리고 필자 또한 그 돈 몇 푼을 더 받자고 이러는 것이 절대로 아니다. 단돈 몇 십 원에 손님들에게 택시기사의 속을 빼앗기지 말자는 것이다. 그렇게 약삭빠르게 미터기를 누른다고 해도 143m를 가야 100원이 올라가니까, 손님이 택시를 타고 문을 닫은 후에 출발하면서 미터기를 누른다고 해도 그 돈의 차이는 10원에서 50원 정도에 불과하다. 다시 말하면 먼저 누른 미터기가 143m의 거리를 충족하지 못할 때는 그 100원은 사장된다. 한번 올라가면 100원이 택시기사에게 돌아가는 것이지만 그렇지 못할 경우에는 택시기사의 속마음만 들키게 되므로 손님이 목적지에 도착할 때까지 택시 속 분위기는 지저분할 수밖에 없다.

이런 분위기에서 손님은 혹시나 두고 내릴 잔돈이나 팁을 주고 갈 리가 만무하다. 손님과 택시기사 사이에 따뜻한 대화는 찾아볼 수가 없을 것이다. 손님이 타는 순간 택시기사의 쿨하지 못한 모습을 봤으니,

손님이 생각할 때는 무조건적으로 불친절하고 돈에만 눈이 어두운 얄팍한 택시기사로 낙인을 찍어버리는 것이다.

첫인상이 매우 중요하다고 말들을 많이 한다. 그 첫인상이라는 것이 운명을 결정짓는다고 주장하는 학자들도 있다. 손님이 택시를 타고 가면서 짧은 시간이나마 기사와 손님과의 대화는 어떤 상황으로 발전해 갈지 상상을 불허한다. 왜냐하면 인생이란 만남과 헤어짐의 연속이라고 하지 않던가.

처음에 만날 적에 좋은 인상을 주게 되면 그 다음부터는 웬만큼 잘못을 한다 해도 절대로 그 사람에게 느꼈던 첫인상의 좋은 이미지는 좀처럼 바뀌지 않는다고 심리학자들은 주장한다. 그래서 당국에서도 공항에 내리는 외국 손님들 눈에 처음 보이는 것이 바로 택시드라이버들이기에 특별히 외국 손님들에게 친절히 대하라고 이르는 것이다.

항시 손님에게 선택권을

손님이 택시를 타면 택시기사는 인사와 함께 목적지를 묻는데, 여기서 그치지 말고 손님에게 "어느 코스로 가고 싶으신가요?"라는 말을 반드시 물어봐라.

왜냐하면 손님이 먼저 택시기사에게 어느 길로 가달라고 주문을 하면 될 텐데, 가만히 앉아 있다가 택시기사가 아는 길로 가고 있으면 그제서야 "왜 이 길로 가는 거예요?"라며 시비조로 나오는 사람들이 적지 않기 때문이다.

그래서 상투적으로라도 물어보라는 말이다. 물어서 손님이 원하는 곳으로 가면 문제가 발생될 일이 없기 때문이다. 손님에게 길을 선택하라고 말을 건네면, 길을 모르는 손님은 모른다고 말을 하기 때문에 택시기사가 자유롭게 선택할 수 있다. 또 손님들 중에는 거리가 멀고 시간이 걸리는데도 유독 그 코스만을 고집하는 경우가 종종 있는데, 이렇게 왜곡된 성격을 가지고 사는 사람들이 의외로 우리 주위에는 많이 있다. 참 피곤한 성격을 가진 손님이 아닐 수 없다. 그러나 어쩌겠는가, 손님인데 말이다. 어쨌거나 서비스 업종에 종사하는 택시기사들은 손님들의 비위를 맞추는 일이 업무라고 생각하면 속이 편할 것이다.

사람들은 누구나 자기 자신의 자존심 하나만은 굳건하게 지켜 가면서 세상을 살아간다. 못 배울수록, 돈이 없을수록, 못생길수록, 빽이 없을수록 그 자존심은 더 강한 것 같다. 손님의 자존심을 건드리지 않는 것이 최고의 친절이다.

필자도 경험했지만 중·고등학생 때는 누구나 주위로부터 항상 반말을 듣고 살기 때문에 빨리 어른이 되고 싶은 마음을 가져봤던 기억이 있을 것이다. 그 시절을 기억한다면 절대로 젊은 손님에게 반말을 할 수는 없다. 왜냐하면 기분 나쁘게 들릴 수도 있기 때문이다. 그러므로 필자는 젊은 손님에게도 항상 존댓말을 사용한다. 젊은 손님들 중에도 나이 많은 필자가 존댓말 하는 것이 싫지는 않았던지 내릴 때 잔돈을 받아가지 않는 손님들도 꽤 있었다.

서울시에서 손님에게 친절히 대하라고 공문을 보내오면 택시회사는 공고문을 게시판에 붙이고 플래카드를 만들어서 회사 내 여기저기에 걸어놓는데, 대개는 이런 말들을 써 붙인다.

"손님을 가족처럼!", "손님은 왕이다!", "친절한 택시!" "달라진 택시!"

서울의 택시가 얼마나 불친절했으면 수십 년을 두고 택시는 친절해야 한다고 이르고 있을까. 심지어는 상호가 '친절한 택시'도 있다. 재미있는 상호라고 생각할 수도 있겠지만 그 택시회사 경영진들의 취지를 읽어내기가 그렇게 어렵지는 않을 것이다.

손님이 싫어하는 짓거리(?)는 절대로 하지 말아야 하는 것이 친절이다. 사람마다 성향이 다르기 때문에 쉽지는 않으나 유능한 점쟁이가 손님의 인상을 보고 빠른 시간에 그 성향을 파악해 내는 것처럼, 택시기사도 어디로 가느냐고 묻는 과정에서 손님의 성향을 파악할 수 있어야 그만큼 손님을 대하기가 쉬워진다.

야간에 흔히 있는 일인데 술 취한 손님들이 택시를 잡고는 일행 중에서 한 사람만 택시를 탄다. 그리고 나머지 일행 중 한 사람이 나서서 손님의 목적지가 어디인데 이 정도면 충분할 거라고 하면서 필자에게 2~3만 원을 준다. 대부분 택시요금보다 훨씬 많은 웃돈을 주는데 그 일행에게 좀사내처럼 보이기 싫어서일 것이다. 이때 돈을 주는 사람은 택시기사에게 "잘 모셔다 드리세요"라는 말도 남긴다.

그런데 도착 후 나머지 거스름돈은 택시기사가 가져도 법상 아무런 문제가 없을 거라고 누구나 한번쯤 생각해 볼 수 있다. 그리고 잔돈을 그 손님에게 주지 않으려고 하는 택시기사도 많지만, 반면에 적지 않은 손님들은 자기 친구가 주었으므로 자기 돈이라고 생각하고 있다는 것이다. 이런 상황에서 손님의 십중팔구는 나머지 잔돈을 달라고 하면서 목적지에 도착했는데도 불구하고 택시에서 내리지 않고 거스름돈을 요구하는 경우도 있다. 그야말로 치사하기 이를 데가 없는 일이다. 자기가 돈을 준 것도 아닌데…. 한 번 보면 또 언제 볼 것인가? 하는 마음이 아니겠는가. 가끔은 잔돈을 포기하고 내리는 손님도 있기는 하지만 친구가 건네준 팁 같은 돈에 눈독을 들이는 경우가 허다하다.

이런 상황에서 필자도 처음에 택시를 시작했을 적에는 몇 번 정도 줄 수 없다고 버티기도 했지만 생각할수록 몇 푼의 돈에 자신이 초라해지는 것 같았다. 그래서 어느 때부터는 전송하는 손님이 돈을 주면, 주는 순간 차를 출발하면서 택시를 타고 가는 손님에게 돈을 건넨다. 얼마를 받았다고 하면서 말이다. 그렇게 하면 오히려 손님이 내리면서 그 돈을 모두 두고 내리는 경우가 훨씬 더 많았다.

필자의 생각으로는 택시 손님의 일행이 준 것이기 때문에 손님에게도 그 돈에 대한 권리가 어느 정도는 있다고 판단된다. 그런데 감사하다는 말도 없이 택시기사가 잔돈 모두를 챙겼다면 손님이 괘씸하게 생각할 수도 있다. 자존심이 상했다고나 할까. 사람들이 돈 앞에서는 속이 드러나고 치사해지는 것처럼 말이다.

택시기사의 서비스 정신

택시 속에 다음과 같은 것들을 준비해 보자.

손님들이 가지고 다니는 핸드폰의 배터리는 자주 방전된다. 일을 많이 하는 사람들이나 집을 나온 지 오래되면 자연스러운 현상일 것이다. 그래서 자동차용 충전기를 준비하는 것은 필수인데 손님들이 참으로 고마워한다. 어떤 손님들은 "충전기 있습니까?" 하고 물어온다.

"한 번 사용하는 데 천 원입니다!"

"알았어요! 무조건 주세요."

물론 농담으로 하는 말이지만 손님은 기꺼이 충전기를 요구한다. 그만큼 충전기를 필요로 하기 때문이다.

어린아이가 탔을 때나 술 마시고 귀가하는 사람들을 위해서 사탕이나 껌 같은 것도 조금씩 준비하는 것이 좋다. 화장지를 비치하는 것은 필수이고, 술을 먹고 구토하는 사람들을 위해서 비닐봉투도 반드시 준비해야 한다. 늦은 밤에는 술 취한 손님들이 주류를 이루기 때문이다.

술 취한 손님들이 구토를 하는 것은 어느 순간에 느닷없이 일어나는 생리적인 현상이라 예측이 어렵다. 순식간의 일이라 사전에 준비하지 않으면 큰 낭패를 볼 수가 있다.

그나마 양심이 있는 사람들은 몇 만 원을 주기도 하지만 그냥 미안하다는 말로 때우려는 사람도 있다. 어쨌거나 회사나 세차장을 찾아가서 세차를 한 후에야 정상영업이 가능하지만 세차를 한다고 해도 그 역한 냄새는 쉽게 가시지 않는다.

이렇게 비상용으로 비치하는 용품들을 구입하는 데 다소의 비용은 들지만 그 이상으로 반드시 회수되기 마련이니까 망설이지 말고 준비해 두어야 한다. 대부분의 손님들은 양심이 있기 때문이다.

천태만상의 손님들

택시운전이 친절만 베풀어야 하는 직업은 아니다. 비행기 시간이 임박해서, 버스에 패물을 두고 내려서, 출근시간에 늦어서, 위급한 환자를 후송할 때, 기타 등등의 사연을 가진 손님들을 도울 때는 정말로 큰 보람을 느낀다. 가끔은 필자도 인간인지라 그렇게 바쁜 사람들을 목적지까지 원하는 시간대에 데려다 주면 혹시나 하는 얄팍한 생각도 든다. 하지만 손님들에게서 돌아오는 대가가 없어도 서운하지는 않다. 보람 있는 직업임을 가끔씩 경험하기 때문이다.

한번은 문래동에서 출근시간이 막 끝나갈 무렵 20대 후반의 남성이 탔다.

"아저씨! 내가 너무 급해서 그러는데 구로 디지털 1공단까지 빨리 좀 부탁해요" 하면서 숨 넘어 가는 시늉을 했다.

"아니, 그렇게 급하면 좀 일찍 일어나시지요?"

"그러게요. 어젯밤에 제가 취직을 했다고 축하주를 내라고 친구들이 몰려와서 새벽 4시까지 술을 마시다가 늦잠이 들었어요. 아저씨! 오늘이 첫 출근인데, 한번만 도와주세요."

"보시다시피 차가 막혀 있어서 갈 데가 어디 있습니까?"

"아저씨, 저기 버스전용차선을 잠시 이용하면 안 될까요?" 하면서 계속해서 졸라댔다.

하는 수 없이 미련한 필자는 감시원을 살피면서 버스전용차선(신도림역 앞)에 진입하여 100m쯤 갔을까. 전용차선 단속 감시원의 카메라 바로 코앞에서 찍히고 말았다. 그 사건으로 몇 만 원의 과태료를 물었는데, 더 재미있는 일은 당시 택시요금이 4,700원 나왔는데 5,000원짜리를 내고 나머지 300원을 아무 일도 없었다는 듯이 받아 챙기고는 그렇게 사라졌다.

삼복더위에 깡마른 체구의 여성이 택시를 탔다. 합정동에서 종각까지 간다고 했다. 그런데 타자마자 하는 말이 "아저씨, 에어컨 좀 꺼주세요!"라고 요구했다. 필자는 에어컨을 끄고 나니 숨이 막힐 것 같아서 창문을 조금 열었다. 그러자 이번에는 "아저씨, 창문 좀 닫아주세요!"라고 했다. 그러면서 하는 말이 라디오는 켜지도 않았는데 "아저씨, 라디오 좀 꺼주세요!" 하는 것이었다.

이거야말로 정신병자가 아니면 그렇게 행동할 수는 없는데…. 필자는 소름이 온몸에 퍼져 가는 것을 느꼈다. 숨이 막히고 미칠 것 같았지만 그래도 어쩌겠는가? 운행도중에 내리라고 하면 당국에 고발이라도 할 것 같으니 말이다. 그 여자 손님의 목적지까지 가는 동안 생지옥을 경험했다.

어느 날 건장한 남자 손님이 탔다. 술을 한잔 한 것처럼 보였다.

"어서 오세요!"

"……."

"어디까지 가시나요?"

"우리 집!"

"우리 집이 어디신데요?"

"야! 이 새끼야, 우리 집도 모르면서 택시는 어떻게 하냐? 알아서 가!"

난감한 일이 아닐 수 없었다. 실랑이를 벌이다가 결국에는 경찰이

왔는데도 마찬가지로 경찰을 우습게 알았다.

어느 손님은 목적지에 도착해서 호주머니를 한참 동안 뒤지다가 하는 말이 "어! 지갑이 어디로 갔지? 잠깐만요, 내려서 찾아볼게요."

손님은 차문을 열고 내려서 호주머니를 뒤지는 척하다가 서부영화에서 본 듯한 건맨 같은 재빠른 솜씨로 스타트하여 줄행랑을 친다. 이미 튀기 시작한 사람은 계획된 행동이므로, 필자가 운전석을 박차고 나간다고 해도 이미 10m 이상은 벌어질 것이고, 나이 먹은 필자가 젊은 그 인간을 따라잡기란 오래 계산하지 않아도 된다.

영등포역 앞 삼각지 유흥가에서 새벽 3시경 할증시간에 술에 어느 정도 취해 보이는 손님이 앞에 줄서서 기다리는 4대의 택시기사들과 차례로 대화를 나누더니, 이윽고 필자의 택시까지 다가와서는 "아저씨! 안산 중앙동 25,000원!" 하고 말했다.

필자는 머뭇거리지 않고 "타세요!"라고 했다. 앞에서 물어본 택시기사들은 룸미러로 자기가 거절한 그 손님을 과연 뒤차는 태우고 가는지를 관찰하고 있었을 게다.

안산을 25,000원에 가게 되면 미터기 요금 수준인데, 낮에 안산(중앙동 기준)을 가도 병산요금 때문에 30,000~35,000원 정도를 받는데 재수가 좋으면 40,000원도 받는 거리였다.

그런데 뭇 택시기사들은 낮에 다니는 요금도 이 정도인데 할증시간에 누가 거기를 25,000원에 가느냐고 생각한다. 낮에 운행하는 왕복 소요시간은 1시간 30분에서 2시간 또는 그 이상도 소요된다는 경험을 가지고 있기 때문에 할증시간에 그 돈을 받고 안산 중앙동을 간다는 것은 매우 손해 보는 일이라고 생각하는 것이다.

결론부터 말하면 그렇게 계산하는 택시기사들은 계산착오라는 말이다. 택시는 거리로 계산하는 요금보다는 시간으로 계산하는 요금으로 택시드라이버의 시스템을 바꾸어야 한다. 그런데 일반 택시기사들은 거리를 많이 계산한다.

필자가 택시를 운행하면서 거리는 그리 중요한 것이 아니라는 것을 깨닫게 됐다. 이를테면 낮에 열심히 일하면 평균 시간당 15,000원 정도의 수입금을 올리고, 할증시간대에 일할 때는 20,000원 정도로 치자. 그렇다면 안산을 25,000원에 다녀오는 데 걸리는 시간을 계산해 보자. 영등포에서 안산을 갈 때 구로동에서 서부간선도로를 타고 달리기 때문에 부지런히 갔다가 시흥동으로 도착지를 계산한다면 그 시간은 45분이면 충분하다. 그러니까 안산이라는 시외의 거리를 계산하기 전에 45분에 25,000원의 수입을 올린다고 생각을 해야 한다. 물론 시내를 주행하는 것보다 연료비가 2,000원 정도 추가된다고 해도 23,000원을 45분에 벌 수 있다는 계산이다. 그 시간에 서울시내에서 올림픽대로나 강변북로를 주행하지 않고서는 절대로 올릴 수 없는 수입금이고, 그것도 한가한 새벽시간대에 손님이 타 줘야만이 가능한 것이다.

전근대적인 고정관념에서 헤어나야 한다는 말이다. 생각을 바꾸지 아니하면 손님은 놓치고, 따라서 수입 또한 줄어들 수밖에 없는 것이다. 절대로 손해 볼 일이 없으니까 시시각각 거리에서 만나는 손님들과의 요금 흥정도 빠른 계산으로 잘 대처해야 한다. 성질 급하고 자존심 강한 손님은 지나치듯이 물어보고 즉시 뒤에 서 있는 택시로 옮겨가기 때문에 그 손님을 놓치지 않으려면 신속하고 개운한 행동을 보여야 한다.

법인택시는 회사에 소속되어 있는 것이 분명하지만 일단 하루에 얼마를 입금하는 조건으로 회사에서 택시를 끌고 나오면 그 시간 이후로는 철저하게 개인사업으로 변신한다는 사실도 잊어서는 안 된다.

그런데 그렇게 배짱 좋게 이 택시 저 택시를 흥정하면서 다니던 손님도 일단 필자의 택시를 타고 가면서 대화를 하다 보면 다른 택시들보다 약간은 싸게 타고 가고 있다는 것을 잘 알고 있다. 손님의 주장대로 남들이 갈 수 없는 가격에 택시를 이용하고 있다는 성취감을 즐기고 있는 것 같았다. 택시기사와 손님과의 인간적이면서도 부드러운 대화 속에 어느덧 목적지에 도착하면 대부분의 손님들은 웃돈을 주고 가는 예가 많았다. 따지고 보면 그렇게 싸게 장거리 운행을 하는 것만은 아니라는 것이다.

물론 손님이 가는 동안에 편안하게 왔다는 생각이 들 정도로 친절하게 대하는 것이 중요하고, 그렇게 목적지까지 간 손님은 자기의 자존심을 지켜준 필자에게 야박하게 대하지 않았다.

어느 날 손님이, "아저씨, 저 골목으로 우회전하세요!"라고 요구하기에 주차해 놓은 차들을 비집고 좌우회전을 거듭해서 100여m 정도 골목 안 깊숙이 들어갔는데 차를 돌릴 곳이 없는 막다른 골목이었다.

필자가 불친절하지도 않았는데 어찌 이럴 수가 있을까. 필자도 인간인지라 야박한 인심에 기분이 상했지만 결국에는 후진으로 빠져나오는 수밖에는 없었다. 아마도 이런 손님들은 평소에 택시기사들을 대천지원수로 생각하며 앙심을 품고 있는데, 필자가 도매금으로 넘어간 것 같다는 생각이 들었다.

택시를 타기 직전에 기사의 얼굴을 유난히 살피면서 타는 여자 손님들도 적지 않다. 그만큼 택시기사들에 대한 편견을 가지고 있는 것 또한 사실이다. 그것도 개인택시보다는 회사택시들이 큰 사건에 휘말리곤 하니까 그런 현상들이 나타나는 것 같다. 그래서 택시기사의 용모단정한 모습은 가뜩이나 손님도 없는 상황에서 손님을 부르는 매너가 아닌가 생각해 본다.

유부녀가 택시를 타고서 택시기사와의 대화에서 주제가 섹스에 관한 것이라고 해도 전혀 어색하지 않게 너무도 자연스러운 대화가 잘 이루어진다. 대학생 아가씨들도 섹스에 대한 주제로 토론하는 것을 꺼리거나 부끄러워하지 않고 너무도 자연스럽게 대화를 이어간다. 이를

테면 손님의 남편이나 남자친구에 대한 섹스 습관이라든지, 여자 또는 남자 손님들이 결혼한 상태이면서도 택시기사에게 자랑이라도 하듯이 애인이 여러 명 있다는 것을 밝히면서 자기는 세상을 앞서 가는 사람인 것처럼 선전도 한다.

어떤 사람은 택시기사라는 직업이 우습게 보였던지 자기가 5층짜리 집에서 몇 집 정도 세를 주고 살고 있는데, 자수성가했다고 하면서 자기 집을 구경시켜 주겠다고 반강제로 끌고 가서 집 구경도 시키고 밥도 먹여서 보내는 그런 악질(?) 같은 손님이 있다.

그런가 하면 혼자 사는 과부라고 하면서 자기 집에서 놀다 가라거나 시간나면 놀러오라는 손님도 경험했고, 택시요금 대신 그 짓(?)을 하고 가라는 여인도 있었다. 또는 운전을 잘한다며 자기 집 자가용 택시기사로 월 300만 원씩 주겠다고 제의해 온 사람도 있었는데 물론 과부였을 게다.

남자들은 너 나 할 것 없이 모름지기 자기가 여러 명의 여자가 있다는 것을 자랑삼아서 선전하는 습관이 있다. 이러한 습성은 우리 조상들의 일부다처제 성향이 그 자손들에게 유전자적인 대물림을 해주었기 때문일 것이다.

그런데 지금에 와서는 여자들이 그동안 남자들에게 시달려 온 세월에 복수라도 하듯이 훨씬 더 많이 설치고 다니고 있다. 그것을 대변해주는 통계로 황혼 이혼이 급속도로 번져 가고 있다는 뉴스를 접하고 있지 않은가.

이에 질세라 30~40대 여성들이 최근 몇 년간 이혼율이 급증하여 심각한 사회문제로 대두되고 있는데, 억눌려 있던 심리 상태에서 벗어나고 싶었던 여자들의 잘못된 판단이 굶는 어린아이와 생고아를 만들어내고 있다. 남의 떡이 좋고 커 보이는 것처럼 생각했던 이혼녀들은 외간 남자와 어두침침한 나이트클럽의 불빛 아래서 얼큰하게 취한 상태에서 보는 그 남자가 단물 쓴물 다 빠진 내 것보다 훨씬 좋아 보이기도 했을 것이다. 뭔가 남달라 보이기도 했던 그날 밤 그 사람에게 빠져 이혼을 결정했고, 새로 만난 사람과 살아보니 처음에만 약간 신비하게 느껴졌던 파트너들도 그저 그런 인간들, 속을 알아갈수록 이 인간도 별 볼일 없는 속물이구나 하는 생각에 자식들과 함께 희로애락을 같이 했던 본남편만 하려면 어림도 없다는 생각도 들었을 것이다. 뒤늦게 후회도 해보고 다시 돌아갈 생각도 있지만 이미 엎질러진 물이라…. 생계유지는 해야겠고, 식당의 서빙은 힘이 들고, 혹시나 아는 사람이라도 만난다면 정말로 체면이 말이 아닐 것이다. 술 취한 수컷들에게는 치마만 두르고 다가가면 될 것 같기에 노래방 도우미로 전락한 것도 부인할 수는 없을 텐데, 이 여인들이 다시 돌아가고 싶어도 갈 곳이 없었던 것이다.

누가 시작했는지 소싯적 학우들을 만나는 모임을 만들기 시작하여, 센세이션을 일으킨 동창모임은 누구든지 한번쯤은 호감을 가졌던 재미난 모임이다. 유부녀와 유부남들 간에 너무도 자연스러운 분위기에서 반말로 시작한 대화는 못하는 말이 없고, 심지어는 그렇게 만났다 헤어지는 길에 마음에 드는 동창끼리 택시를 타고 가는 과정에서 이루어지는 장면을 헤아릴 수 없이 목격했다. 아마도 그때부터 애인 만들기와 유흥업소에서의 부팅이라는 새로운 밤문화를 만들어 낸 것 같다. 실제로 가정을 꾸리고 있는 여인들 중 57%가 애인과 혼외정사를 벌인 경험과 이혼 경험이 있다고 통계하고 있고, 또 보도되고 있지 않은가.

필자는 근무 중에 등 뒤(뒷좌석)로 연극이 아닌 실전에서 이러한 풍경을 연출하는 자들을 관찰하면서 친절하게 모셔다 드렸기에 하는 말이다. 또 어떤 남자 손님들은 택시 속에서 일어나는 택시드라이버와 여인들 사이의 일화들에 대해 매우 흥미 있게 반응한다. 아마도 이러한 손님들의 심리 상태는 택시에서 잠시 머물다 목적지에 가서 내리면 다시 만날 수 없을 거라고 생각하기 때문일 것이다. 이렇게 깊이 있는 대화를 나누다 보니 손님과 택시기사 간에 심도 있는 관계(?)가 형성되는 것은 어쩌면 자연스러운 일이다.

남편이 바람을 피워서 못살겠다고 하는 여인들이 더러 있는데 이런 여인들은 택시드라이버와 이성적인 대화 내지는 이성교제를 원하는 경우도 많았다.

대화란 참으로 신기한 면이 있다. 다시 말하면 말은 럭비공 같은 것이기도 하다. 처음 시작과는 너무도 다른 방향으로, 그 결과는 어떻게 마무리될지 상상이 되지 않으니까 하는 말이다.

한번은 비 오는 날 밤에 면목동으로 가는 40대 후반으로 보이는 여자 손님을 태웠다. 술을 한잔 한 것 같았는데 자기 집이 '여긴가… 저긴가…?' 하면서 택시를 면목역 부근의 골목길을 뱅글뱅글 돌리고 있었다. 한참 뺑뺑이를 돌리더니 작은 목소리로 속삭인다.

"아저씨! 나… 돈은 없는데 한 번만…."

"뭘요?"

"아이 참! 잘 알면서…."

"뭘! 잘 알아요?"

여자를 주시할 때 유난히 동공을 크게 뜨는 필자의 버릇은 그 재미난 아줌마에게 내 마음을 들키지 않으려고 하는 행동이다.

"아줌마! 빨리 집에나 가요."

"아저씨, 한 번만!"

"돈도 없다면서요?"

"여관비는 있어요!" 하면서 필자의 그것(?)을 슬며시 잡는다.

필자가 택시를 하면서 느낀 건데, 사연이 어찌됐든 간에 섹스도 제대로 못하고 사는 여자들도 제법 많다. 그런데 그런 소문을 어디에서 들었는지 택시기사들에게 섹스를 요구해 오는 여자들이 많다는 것을 동료 기사들과의 대화에서 확인하기란 그리 어려운 일이 아니었다.

세상에는 속궁합이 맞지 않아서 헤어지는 부부가 무려 9%나 된다는 통계가 있다. 그러나 실제로는 섹스타이밍의 불화로 27%의 부부가 불만을 가지고 있다고 잠정 집계하고 있다. 그리고 남자들 중 조루증 환자들이 37%에 달한다는 통계도 있고, 여자 불감증 환자들도 35%나 된다고 한다.

부부지간의 갈등은 오직 그 부부만이 안다는 말이 있다. 그들이 왜 헤어지는지 주변의 사람들은 정확하게 알 수가 없다는 말이다. 겉으로는 돈도 잘 벌어 오는 남편이고, 아이들도 공부 잘하고 남들이 보기에는 가정적으로 아무런 문제가 없어 보이는 가정도 실제 부부 사이의 속궁합이 맞지 않아서 헤어지는 경우가 적지 않다고 한다.

끼가 농후한 아내는 이혼을 하지 않는 조건으로 외도를 상습적으로 하는데 남편은 잘도 참고 견디면서 아내와 이혼하기는 죽기보다 싫다고 한단다. 아이들의 장래 문제도 있지만 주위의 이목 또한 그 남편에게는 목숨만큼이나 중요한 것이기 때문이다. 남편 측에서 볼 때 차라리 눈을 잠시만 감으면 가정이 편안할 것인데… 하는 생각을 가지고 살아가는 집안이 제법 많다는 것을 손님들을 통해서 경험했다. 불감증이 심한 아내를 둔 남편이 상습적으로 외도하는 것과 똑같은 이치라 하겠다.

참으로 사회는 복잡하게 얽혀서 살아가는 것 같다. 사실 말이 났으니 말이지만, 새것과 헌것을 굳이 구분해야 한다면 아마도 그것은 세상을 어느 정도 살아본 사람들은 잘 알고 있는 것처럼 다음과 같이 말할 것이다. 그것은 사람들의 마음속에 있는 것이라고….

필자는 24세의 나이로 중동에 파견근로를 한 적이 있다. 그곳에서 남편은 살아보겠다고 할라스 바람(한치 앞도 보이지 않는 모래폭풍) 속에서 고생하고 있는데 아내는 춤바람이 나서 새끼들을 버리고 도망갔다는 전갈을 수도 없이 받는 것을 보았다. 이렇게 되면 그곳에서 근무하는 남자들은 눈이 노래지고 모든 의욕을 상실한다. 그런 일을 당한 당사자에게는 워낙 큰일이라 회사에서도 비상용으로 미리 준비해 놓은 비행기 티켓을 즉시 지급한다. 그런 와중에서도 냉정을 찾고 일을 계속하는 사람도 있다. 이때부터 중동 근로자들의 아내를 타겟(?)으로 작업을 시작하신 분들의 별칭이 그 유명한 '제비족'이다.

어떤 여자 손님은 노골적으로 물어온다.

"아저씨는 거시기를 며칠 만에 한 번씩 사용하세요?"

"그건 왜요?"

"아니, 그냥 물어보는 거예요."

"왜, 그냥 물어보는 건데요?"

"아저씨도 참! 그런 것도 못 물어봐요? 성인끼리…."

"아니! 그게 아니라 그렇게 야한 말을 그렇게 쉽게 물어보세요? 택시를 타자마자."

"뭐가 타자 마자예요. 출발한 지 한참이나 됐잖아요."

"아줌마, 하고 싶구나?"

여자라면 사족을 못 쓰는 편이지만 이런 질문을 해오는 손님에게는 필자 나름대로 엉뚱한 행동을 하면서 손님을 골려주는 악취미가 있다. 워낙 손님이 눈치 채지 못하게 시치미를 뚝 떼고 말하면 손님은 얼굴이 빨개진다. 한참 후에야 농담이라고 말하며 웃어넘긴다.

"그래요! 나는 하루만 안 하면 온몸이 쑤시는 것 같아서 견딜 수가 없어요. 그럼 아저씨는?"

"신나겠는데요…."

"신나는 게 아니라 나보고 나가서 하고 돌아다니래요. 자기는 감당하기가 어렵대요. 사는 게 뭔지…."

2009년 어느 여름 날, 새벽 2시경 동대문에서 30대 후반으로 보이는 여자 손님이 택시에 탔다.

"아저씨, 서울역으로 가요."

"서울역은 왜요?"

"지금 가면 기차가 없을까요?"

"그럼요, 11시면 끊어져요. 고속버스를 타든지요."

"그래요. 그러면 편의점에 잠시 들러주세요, 돈 좀 찾게요. 그리고 아저씨 대전까지 얼마예요?"

"대전 어디요?"

"대전역이래요."

"17만 원 주세요."

"좀 깎아 주세요."

"그럼 15만 원으로 하세요."

왕복 4시간이면 충분하고 15만 원이면 그날 벌이로는 상당한 수입이었다. 여자 손님은 편의점으로 들어가면서 어디로 전화를 하더니 곧 택시로 돌아왔다.

"그런데 대전역에 누가 있어요?" 하고 물었지만 대답을 안 했다.

택시는 어느새 신사동 경부고속도로 입구에 접어들고 있을 무렵 여자 손님이 입을 열었다.

"아저씨! 나 뭐 좀 하나 물어봐도 돼요?"

"그럼요! 뭐든지 물어보세요."

"사실은요…. 지난달에 친구 생일파티에 갔다가 나이트까지 가게 됐는데, 거기서 부킹을 했고 그때부터 사귀게 된 남자가 나를 불러내서 지금 대전에 가는 거예요. 며칠간 여행을 다녀오자고 해서요."

"집에 남편은요?"

"남편은 외국 출장 중에 있어요."

"아이들은요?"

"아이들은 초등학교 5학년 여자아이와 3학년 남자아이가 있는데 친정어머니께 잠시 집에 와 계시라고 하구서 나왔어요. 그런데요 이 남자가 너무 집요하게 접근해 와서 어떻게 해야 할지 모르겠어요."

"뭘! 집요하게 하는데요?"

"거의 날마다 하제요."

"남편은 언제 오는데요?"

"3개월 정도면 돌아와요."

"그렇게 하고 다니시는 것을 탓하고 싶은 생각은 없어요. 인간의 바이오리듬이니까요. 그런데 본남편과 헤어질 생각이 없으시다면 이렇게 며칠씩 여행을 다니는 것은 그 남자친구에게 약점을 제공하는 것이나 다름없어요. 너무 많은 것을 보여 주면 결국에는 그가 손님을 가지고 놀게 됩니다."

"그러게요. 남편에게 죄를 짓는 것 같으면서도 자꾸만 지금 만나는 사람에게 끌려가고 있어요. 사실 말이 나왔으니 말인데, 지금 만나는 남자는 잠자리를 그렇게 잘해 줄 수가 없어요. 본남편은 이름을 대면 알만한 기업의 과장인데요, 매일같이 거래처니 친구니 하면서 술에 절여져서 살아요. 솔직히 말하면 섹스다운 섹스를 해본 지가 언제인지 모르겠어요."

"제가 뭐라 드릴 말씀은 딱히 없지만 남편이 돌아오기 전까지는 남편이 떠나기 전 상태로 돌아가야 할 텐데요…."

"그러게요. 지금 만나는 남자가 그렇게 되도록 도와주었으면 좋으련만…. 그런데 아저씨는 택시를 하니까 세상 돌아가는 일들을 여러 손님들과의 대화 중에서 들을 기회가 많아서 잘 알고 계실 텐데, 나처럼 이런 사람들도 많이 있죠?"

"가끔은 있지요. 손님 얘기 중에 그 사람이 손님을 불러낸다고 했는데, 제 생각은 손님도 생각이 아예 없으면 지금 이 여행을 가고 있지는 않을 것 아닙니까? 그렇지만 잠시는 좋을지 모르지만 그런 상황이 지속된다면 양쪽 모두가 피해자일 수밖에 없는 것이 손님께서 하고 계신 그런 청춘사업(?)의 결과입니다. 인간들은 늘 새로운 것들을 좋아하는 습성들 때문에 곤혹을 치를 수밖에 없는 유혹에 약한 동물들이지요."

필자의 말을 들은 여자 손님은 잠시 말을 이어가지 못했다.

"저도 이 나라 저 나라를 돌아다니면서 살아봐서 가족의 그리움에 대해 어느 정도는 경험한 사람입니다만, 본남편에게 섹스에 대한 불만족 때문에 가정을 저버린다는 것은 인생에 무리수를 두는 행동이라고 생각합니다. 어느 정도 즐기셨다면 절제하는 것도 중요하다고 생각합니다. 인간은 누구나 항시 아쉽고 모자라게 살아가고 있어요. 그러한 경험은 스치는 바람이라고 생각하고 원대복귀 해야 합니다. 그것이 순리예요. 마치 밥을 조금 덜 먹으면 약간은 허전하게도 느껴지지만 그렇게 해야 탈도 없고 비만도 막을 수 있는 것처럼 말입니다."

대전역 광장에 내려서 대합실을 향해 걸어가는 손님의 뒷모습이 그렇게 가볍지만은 않아 보였다.

20여 년 전, 출근시간이 끝나 잠시 종로5가에서 손님을 기다리고 있는데 60대로 보이는 여자 손님이 얼굴이 사색이 되어 헐레벌떡 택시에 타면서 말했다.

"아저씨! 내가 딸 결혼하는 데 사용할 패물을 담은 종이봉투를 버스에 두고 내렸는데요. 빨리! 버스를 쫓아가야 해요."

"어느 버스요?"

그때 그 버스 번호가 생각나지는 않지만 의정부에서 출발해서 종로5가를 돌아가는 노선버스를 말하는 것이었다.

"그런데 시간이 얼마나 지났어요?"

"한 20분은 된 것 같은데요."

"그런데도 가방을 차에 두고 내린 줄도 몰랐단 말인가요?"

"늙으면 죽어야 해요."

"패물은 얼마치나 되나요?"

"1,500만 원어치예요. 찾아만 주시면 제가 크게 보답할게요."

"그런데 어떤 버스인지 알 수가 있나요?"

"그 버스 운전사를 보면 알 것 같은데…."

이 말을 들은 필자는 비상등을 켜고 중앙선이고 뭐고 정신없이 달리기 시작했다.

패물을 찾아 미아리고개를 넘어 수유리를 지나갈 때까지 버스 2대를 추월하여 손님에게 이 버스가 맞느냐고 물어보았으나 아닌 것 같다고 대답했다. 어쩔 수 없이 버스마다 세워서 확인을 해야 했는데, 워낙 거금이고 빨리 찾아야 한다는 긴박감 때문에 그 손님이 알아보는 버스 운전자를 발견할 때까지 내달렸다. 워낙 큰 돈이라 일만 잘되면 오늘 일당은 신경 쓸 일이 없다는 생각에 필자는 겉으로는 안타까운 표정을 지었지만 속으로는 그 손님과 정반대의 기분으로 달리고 있었다. 그야말로 신이 났다.

필자는 그대로 달려서 도봉동을 지나 또 한 대의 버스를 발견했고, 그 버스가 버스정거장에 정차한 사이에 그 앞을 가로막고 여자 손님에게 얼른 올라가 보라고 했다. 손님은 맞는 것 같다고 하면서 버스에 올라갔다.

잠시 후 버스를 내려오는 그 손님의 손에는 종이가방이 들려 있었고, 그 봉투 안에는 패물이 고스란히 담겨 있었다. 출근시간대에 시내를 돌아가는 버스는 거의 한가했는데 그것이 천만다행이었다. 아마도 출근 손님을 내려준 버스는 거의 빈 차로 의정부를 향해서 가고 있었기에 사람 손이 타지 않았던 것이다.

보람이야 말할 수 없었고 그 손님이 딸의 패물을 찾은 것 이상으로 컸다. 그런데 곧바로 재미있는 일이 벌어졌다. 그렇게 정신없이 사색이 되어 패물 찾기만을 간절하게 원했던 그 손님은 패물을 찾자마자 화장실 갈 때와 나올 때의 모습이 다른 것처럼 그 모습 그대로였다. 미터기에 나온 택시요금을 먼저 계산하고 나서는 천 원짜리 두 장(2,000원)을 필자에게 주면서 "이거면 됐죠?" 하는 것이었다. 할 말을 잃은 필자는 아무런 말없이 그 손님과 헤어졌다.

미친놈처럼 앰뷸런스도 아닌 택시를 가지고 난리를 쳤는데도 돌아오는 대가는 너무 황당했다. 그렇다고 그 노인에게 따질 수도 없는 노릇이었다. 왜냐하면 택시비도 주고 팁도 2천 원이나 주었으니 말이다.

아무리 생각해도 필자는 약간 싸이코 기질이 있는 것 같다. 그러다가 만일 사고라도 나면 피바가지를 쓰는데, 무조건 손님이 급하다고 하면 자동으로 총알 한 방(?)이 장전되고 있다는 것을 필자 스스로도 느낄 수 있으니 말이다.

그래도 그때 그 사건의 전모를 주위 사람들에게 이야기해 주면서 잠시나마 웃음을 전해 주는 추억거리가 되었다.

필자도 택시를 자주 이용하는데, 개인택시를 타고 "아저씨, 좀 빨리 가 주실 수 없나요?" 하고 물어보면, '너는 물어보냐? 나는 운전이나 하련다!' 식의 태도로 대꾸도 않고 서두르지도 않는 그런 기사들을 보면 울화가 치밀어 오르는 건 누구나 마찬가지일 것이다.

이런 일을 경험한 사람들 중에 회사택시만을 골라서 타는 사람들도 적지 않다. 물론 개인택시들 모두가 그런 것은 아니지만 그만큼 생활에 여유로움이 있다는 말이다. 반면에 회사택시를 운전하는 사람들은 시간을 돈으로 생각하기 때문에 개인택시보다는 서두른다. 그러나 아무리 바빠도, 손님이 아무리 보채도 필자와 같이 운전해서는 안 된다.

손님을 기다리는 택시가 줄지어 있는데 맨 앞쪽에 있는 개인택시는 안 타고 중간에 회사택시를 골라서 타는 손님들이 있다. 빈 택시가 줄지어 지나가고 있는데도 유독 회사택시만을 잡아타고 하는 말이,

“나는 개인택시는 죽어도 안 타요. 자식들이, 그것이 무슨 큰 재산이나 되는 것처럼 유세를 떨어요….”

물론 회사택시를 안 타고 개인택시만을 골라서 타는 사람들도 있다. 이런 사람들은 회사택시에서 담배냄새가 너무 많이 나서 역겨워서 탈 수가 없다고들 말한다. 한마디로 불청결한 회사택시가 많다고 한다.

하루 종일 손님들이 이용하는 작은 공간 속에서 손님이 없을 때 담배를 꺼내 무는 그런 싸가지 없는 행동은 삼가야 한다. 그 택시기사는 담배를 한 대 피워서 자기의 기분만 전환하면 된다고 생각하지만 그렇게 더럽고 역겨운 냄새가 나는 택시를 이용하는 사람들의 기분은 알고 있는지….

필자의 결혼관

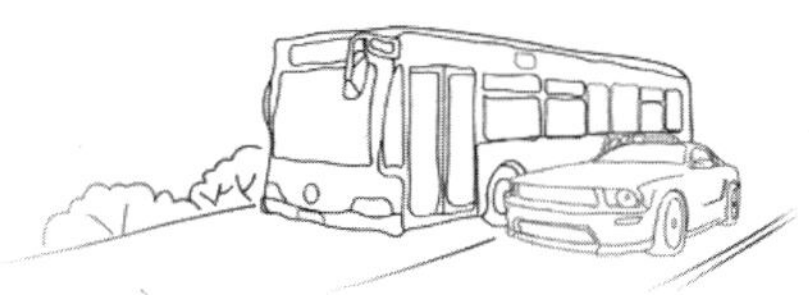

출근시간에 양천구 신정동에서 20대 후반으로 보이는 건장하고 잘 생긴 젊은 남자 손님이 황급히 타면서 망우리로 가자고 했다. 그것도 방향감각이 없어서 건너편에서 타면서 말이다.

"빨리 가야 출근하는데요!"

"지금은 출근시간이라 빨리 가고자 하면 전철이 훨씬 좋습니다."

"그건 나도 아는데요, 밤새 술을 퍼먹어서 전철은 탈 수가 없어요. 빠른 길로 가주세요."

그때 시각은 8시쯤이었다.

"손님의 출근시간이 9시라면 절대로 그 시간에 갈 수 있다고 보장할 수 없습니다."

"알았어요. 그래도 가요. 그런데 아저씨 연세가 어떻게 되세요? 실례인 줄은 알지만요."

"55년생인데요."

"우리 아버지하고 동갑이신데요. 아저씨, 말 좀 물어봐도 될까요?"

"무슨 말인데요?"

"제가요… 여자친구가 있는데요. 어젯밤에 갑자기 그 여자친구와 2시간 동안 전화연락이 두절되어서 죽는 줄 알았어요."

"왜요?"

“3년을 사귀었는데 한 번도 그런 적이 없었거든요. 이 여자친구하고 연락이 안 돼서 조급한 생각에 혼자서 이렇게 많이 마셨던 거예요. 저는요 지금까지 3년을 사귀면서도 그 여자친구를 장래의 아내로 생각하고 사귀어 왔거든요. 그런데 어젯밤에 그런 신뢰가 무너진 것 같아서 마음이 괴로워요. 이 부분에 대해서 아저씨는 어떻게 생각하세요?”

“그래요! 그러면 뭐 하나 물어봐도 될까요?”

“뭐든지 물어보세요.”

“그 여자친구에게 왜 어젯밤에 그렇게 연락이 안 됐느냐고 물어보니까, 배터리가 떨어져서 그랬다고 하지 않던가요?”

“아니, 아저씨가 그것을 어떻게 아세요?”

“보통 사람들이 그렇게 말을 하거든요.”

“그런데 저하고 3년을 사귀면서 한 번도 그런 적이 없었는데, 어제 갑자기 그런 일이 있었던 거예요. 그게 말이 돼요?”

“실례지만 그 여자친구와 3년간 사귀면서 섹스를 몇 번이나 했나요?”

필자의 엉뚱한 질문에 잠시 생각하더니 젊은 손님은, “100번도 더한 것 같아요” 하고는 웃는 것이었다. 택시는 성산대교를 지나고 있었는데 정체되어 아예 서 있는 상태였다.

“많이도 했군요.”

“결혼을 약속한 사이니까요.”

“그런데 무엇이 그렇게 손님을 정신적으로 어렵게 만들던가요?”

“아니… 결혼할 사이니까요. 연락이 안 돼서 마음이 왠지 불안하고, 지금까지 그런 일이 한 번도 없었으니까요.”

“그럼 제가 한 말씀 드리겠습니다. 종족번식의 본능이라는 말을 들어 보신 적이 있나요?”

“예!?”

“사람도요 종족번식의 본능은 마찬가지라고 생각합니다. 여자건 남자건 간에 말입니다. 여자가 밭이고 남자가 씨앗이라고 생각한다면 그것이 더 이해하기가 쉽겠군요. 손님의 여자친구가 2시간 동안 연락이 두절되었던 시간을 이렇게 생각해 봅시다. 설령 다른 제3의 남자와 함께 있었다고 칩시다. 그것은 아마도 손님의 여자친구가 3년 동안 사귈 때 손님에게 취해서, 이른바 콩깍지가 씌어서 질적으로 더 좋은 남자친구를 발견하지 못했다고 칩시다. 그런데 어젯밤 2시간 동안 손님과 연락이 두절됐을 때 새로운 남자친구와 함께 있었던 것이 사실이라고 하자구요. 손님은 그 여자친구가 손님의 소유물이라고 생각하나요?"

"소유물이라고 생각하기보다는 결혼을 약속했으니까요…."

"법적으로 혼인신고라도 했나요?"

"아니요!"

"그렇다면 구두계약만 해놓은 것이잖아요?"

"그렇다고 볼 수도 있죠."

"다시 말하면 언제든지 손님의 여자친구는 남자친구를 바꾸는 데 있어 법적으로 전혀 하자가 없다는 말이 되는 것이지요. 그 여자친구가 어젯밤에 또 다른 남자친구를 만났는데, 그 남자친구가 인물로 보나 능력으로 보나 매너로 보나, 집안의 혈통을 보나, 아니면 섹스 테크닉으로 보나 손님보다 다소는 좋아 보이기에 잠시 외도를 했다고 칩시다. 이것은 어쩌면 종족번식의 본능으로 인한 자연의 섭리라고도 말할 수 있습니다. 다시 말하면 결혼하기 전에 보다 좋은 종을 만나기 위해서는 외도라는 것은 얼마든지 있을 수 있다는 것입니다.

저는 결혼을 공식적으로 세 번, 그러니까 호적상으로 세 번의 결혼을 했지요. 이것 외에도 비공식적으로 두 번의 동거생활 경험도 있고, 그 외에 여자를 사귄 경험이 너무 많아요. 그것은 결국에 인생을 함께 마무리할 적합한 사람을 못 찾아서 오랜 시간 방황하면서 힘겹게 인생을 살아왔다는 말로도 일부는 번역이 가능합니다. 물론 이제는 보금자리리를 찾아서 안정된 생활을 하고 있지만요. 이혼한 사람들의 삶에 대한 고달픔은 매우 힘듭니다. 저는요, 이런 어려운 인생살이에서 느낀 것이 있지요. 배우자를 선택할 때 그러니까 결혼하기 전에 잘 골라서 선택을 해야 한다구요.

제가 주장하는 고른다는 말은 한 사람을 놓고서 고른다는 말을 쓸 수는 없는 것이지요. 다시 말하면 여러 예비 배우자를 대상으로 하여 내게 적합한 배우자를 찾아낼 때 고른다는 말을 쓰는 것이지요. 그러기 위해서는 이 사람 저 사람을 경험해 보지 않고서는 절대로 고를 수 없다는 말입니다. 그렇다고 난잡하게 살아가라는 말은 절대로 아닙니다. 평생을 살아갈 훌륭한 배우자를 만나기 위해서는 많은 경험만이 당신의 인생에 도움이 된다는 말이지요. 결혼하기 전의 전시 상태를 말하는 것이지요. 남의 집에 가서 음식을 먹어봐야 내 아내의 음식에 대한 맛과 질을 평가할 수 있듯이 말입니다.

손님의 여자친구는 앞으로 자기와 평생을 마무리해야 할 배우자를 고르는 데 있어 최선을 다하고 있다고 생각할 수도 있습니다. 제 생각에는 그 여자친구가 내 딸이라고 하면 이렇게 말해 줄 겁니다. 여러 명의 남자친구와 연애를 하여 최상의 물건(?)을 선택하되, 남자친구들이 양다리를 걸치고 다니는 여자라고 눈치 채면 기분이 크게 상할 수도 있으니까 연기에 각별히 신경을 쓰도록 하고, 다방면에서 볼 때 능력과 경제적인 면도 중요하고 생리적인 현상도 간과할 수는 없지만 가장 중요한 것은 양심 있는 배우자를 선택해야 한다고 말입니다.

그렇게 고른 후 절대로 후회하지 않고 살아갈 수 있는 사람이라고 판단되면 그와 결혼을 하고, 일단 결혼을 한 다음에는 절대로 이혼할 생각은 하지 말고 가정에 최선을 다하는 사람이 되어야 한다고 말입니다. 단, 남자친구를 최종적으로 선택할 때는 양심을 가지고 있는지를 판단하기 위해 여러 가지 실험을 해보아야 한다고 말입니다.

결혼 후 가장 어려운 고비는 배우자가 바람을 피우는 일인데, 인간의 심리는 원래 종족번식의 본능도 있지만 항시 남의 떡이 커 보이고, 훔친 사과(남의 물건)가 이상하게도 맛있어 보이는 것이지요. 거기에다가 남자들은 항시 새로운 것들을 잘 받아들이려고 하는 그런 종족번식의 본능이 있지요.

또 하나는 결혼생활을 하다 보면 결혼 전에는 죽고 못 살 것처럼 쫓아다니면서 세레나데를 부르던 그런 추억은 간데없고, 몇 년 살다 보면 그놈의 권태기에 시달리기도 하지요. 그런데 배우자가 제3의 인물과 바람을 피우면서도 본 배우자를 가엾게 생각하고 돌아올 수 있는 한 가닥 희망은 양심이 있는 자들만이 느끼는 '죄책감'이라는 것입니다. 그리고 자기의 처자가 밥을 굶고 있다면, 그 즉시 남의 집을 월담할 수 있는 그런 용기를 갖춘 남자도 역시 양심 있는 자만이 가능하다는 것이지요.

지금 손님의 여자친구가 평생을 함께 살아갈 배우자를 찾아다니고 있다고 확정하고 얘기해 보자구요. 내 말이 맞는다면 지금 손님은 그 여자친구에게는 쇼윈도우나 쇼케이스에 놓여 있는 하나의 남자라는 상표를 붙인 상품에 지나지 않다는 말이지요. 다시 말하면 손님은 그 여자친구가 노후를 약속한 사람이라고 혼자만 마음속으로 확정짓고 있다는 말이지, 여자친구는 아닐 수 있다는 말입니다. 그렇다면 손님이 그 여자친구 입장을 독심해 볼 필요가 분명하게 있지요. 만일에 우리들이 생각하는 것처럼 손님의 여자친구가 평생을 같이할 남자친구를 찾고 있는 중인데, 손님께서 어젯밤에 2시간 동안 어디서 무엇을 하고 있었느냐고 다그치고, 정신적으로 압박을 가하고 윽박지른다면 아마도 여자친구는 이렇게 생각할 것입니다.

'아니! 저 인간은 아직 결혼도 안 했는데, 호적에 혼인신고를 한 것도 아니고, 왜 저렇게 난리를 치는지 모르겠네! 내가 뭐 자기 개인 소유물인 줄 아나…. 시대가 어느 때인 줄도 모르고, 간도 크지… 결혼도 하기 전인데 앞이 훤히 보인다, 보여! 될성부른 나무는 떡잎부터 알아본다구…!'

그리고 어젯밤에 만나고 다녔던 그 새것과 곧바로 비교하겠지요. 그렇다면 새로 만나서 쿨하고 신선해 보이기는 남자와 손님과의 사이에서, 그 여자친구는 말하자면 선별작업이 진행될 것이고, 따라서 손님의 입지는 좁아질 수밖에 없을 것입니다. 손님은 불리한 위치에 설 수밖에 없다는 말이지요. 그런 상황에서는 손님에게 절대로 좋은 점수를 줄 수는 없는 노릇이 아니겠습니까? 만일에 그 여자친구가 절대적으로 필요한 존재라고 생각하신다면 더 쿨하게 대해 줘야 할 것입니다. 꺼져 있던 전화기에 대해서 일체 언급하지 말라는 것입니다. 오히려 아무런 일도 없었던 것처럼 자연스럽게 행동함으로써 여자친구가 양심이 있는 사람이라고 하면 스스로가 미안함을 느끼게 하고, 또 만약 손님과 결혼을 한다면 포용력이 넓은 사람이라고 생각할 것입니다.

밖에 나가서 외도를 하고 다닌다고 해도 그 여자친구의 알리바이를 캐려 들지 말라는 것입니다. 다른 수컷들을 만나서 그 짓(?)거리를 하고 돌아다닌다는 심증이 굳어져도 말입니다. 중요한 것은 다른 남자와 섹스나 교제를 하는 것이 중요한 것이 아니고, 혹시 그 여자친구의 뇌리에서 손님의 기억들이 사라져 가고 있다면 어쩌나 하는 것일 겁니다. 손님도 그 여자친구와 3년을 교제하면서 한 번도 다른 여자와 외도를 한 적이 없는지 나에게 분명하게 말할 수 있나요?"

머뭇거리던 손님은 외도한 적이 있다고 말했다.

"거보세요. 나는 그런 짓거리들을 해도 되고, 여자친구는 안 된다는 생각부터 잘못된 것이지요. 연애를 할 때 상대를 고르는 기준을 만들어야 합니다. 사귀는 상대마다 차트를 만들어 내가 좋아하는 점에 점수를 많이 주고 내가 싫어하는 부분에 점수를 적게 주는 식으로 채점을 하여 그중에서 가장 이상적인 점수가 나온 사람을 택하되 한번 택하면 절대로 헤어지지 말라는 것이지요. 모든 것이 고통스러우니까요. 100년을 해로해야 하기에 잘 골라야 한다는 말입니다.

의식구조를 바꾸어야 합니다. 고정관념에 대한 의식을 말하는 것입니다. 내 여자는 나만 쳐다보고 살아야 한다는 그런 생각을 가지고 사는 사람들은 살아가기 힘든 세상이 되었다는 사실입니다. 내 여자가 될 사람에게 정성을 다하세요. 그리고 여자를 자유롭게 해 주세요. 당신이 자신 있는 남자라면 말입니다. 오히려 여자친구에게 기회를 제공하여 다른 수컷들을 만나고 다니게 하여 정말로 손님이 괜찮은 남자라는 것을 여자친구에게 입증시킬 기회를 만들어 주어야 한다고 생각합니다. 손님이 여자친구를 독점관리만 하고 있다면 그 여자친구는 손님이 정말로 좋은 사람이라고 판단하는 데 오히려 장애가 된다는 것입니다. 여자친구에게 잘 보여 어디를 다녀 봐도 손님 같은 물건(?)이 없다는 것을 스스로 판단할 수 있는 기회를 만들어 주자는 것입니다. 이것이야말로 진정 종족번식의 본능에 있어서 정말로 멋진 경쟁력이 아닐까요? 내 말을 잘 생각해 보십시오. 그리고 그 여자친구가 반드시 손님의 인생에 필요한 존재가치가 있다면 더 쿨하게 대하셔야 합니다. 이상입니다."

잠시 한숨을 쉬면서 생각하는 것처럼 보이던 젊은 손님은 필자에게 이렇게 말하였다.

"제가요. 오늘 이 택시를 너무도 잘 탄 것 같아요. 아저씨 전화번호 하나 얻어 가도 되겠습니까? 어려울 때 전화 좀 드려도 되겠습니까?"

택시는 어느덧 망우역 근처에 도착하고서도 차 속에서 5분 더 그 손님과 대화를 나누었다. 택시요금 25,000원에다 필자의 조언에 너무 감사하다는 말을 남기면서 도합 40,000원을 주기에 안 받는다고 밀고 당기다가 젊은 사람은 사라져 갔다.

불친절한 피고의 종말

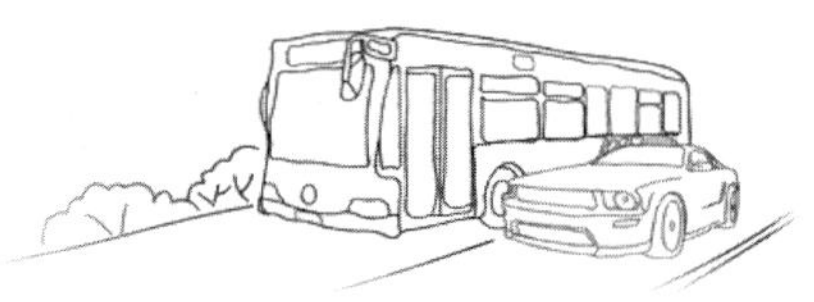

필자는 택시를 잠시 그만두고 수원에서 실내 인테리어업을 1년 정도 한 적이 있다. 인테리어 기술자들을 고용하여 작은 공사만을 하고 다녔다.

1998년 수원 파장동에서 있었던 일이다. 계약서대로 인테리어를 끝냈는데도 상가의 업주 측에서 이 핑계 저 트집을 잡으면서 공사 잔금을 안 주기에 싸움도 하고, 수원경찰서에 고소도 해보았지만 소용이 없었다. 필자는 하는 수 없이 수원지법에 소액재판을 청구하게 되었다. 못 받은 돈 1,300만 원을 소송하려고 변호사 사무실을 찾아가 상담해 보니 500만 원을 달라고 했다. 1,300만 원을 청구해서 그 돈을 모두 받는다는 보장도 없는데, 일이 잘 돼서 1,000만 원 정도 받는다고 해도 변호사에게 500만 원을 주고 일반 경비를 제하면 절반도 안 된다는 계산이 섰다.

생각 끝에 혼자 해보기로 하고 서류를 어렵게 만들어 재판을 시작했는데, 첫 재판이 열리던 날 담당판사가 필자에게 하는 말이 "원고는 본 사건에 대해서 조금도 양보할 생각은 없습니까?" 하고 물어오는 것이었다. 필자 생각은 사건의 내막에 대해서 심문할 줄 알고 다방면으로 준비하고 갔었는데, 너무도 뜻밖의 판사 질문에 잠시 어리둥절하면서도 이내 정신을 가다듬고 다음과 같이 말하였다.

"인간사 만수산 드렁 칡처럼 얽히고설키기 다반산데, 어찌 저만 잘 했다고 주장할 수가 있겠습니까?"

필자의 말을 들은 판사는 더 이상 필자에게 질문할 필요도 없다는 듯이 고개를 돌려 피고를 향해 물었다.

"피고는 본 사건에 대해서 원만히 해결할 생각은 없습니까?"

피고는 판사의 말이 떨어지기가 무섭게 판사를 향해서 "나는 이 사건이 여기서 해결이 안 되면 대법원까지 갈 생각입니다"라고 말했다.

필자의 생각에는 아마도 피고가 생각하기를 필자가 이 사건에 대해서 판사 앞에서 꼬리를 약간 내리는 것처럼 보였던 것 같아서 그랬는지는 모르겠지만, 기세등등하게 그야말로 판사 앞에서 판사의 중재안을 무시하는 것 같은 발언을 그것도 목에 힘을 주어 서슴없이 했던 것이다. 이 말을 들은 판사는 소송서류를 뒤적임과 동시에 고개를 끄덕이면서 잠시 뭔가를 생각하더니 "그럼 그렇게 하십시오!"라는 아주 나지막한 목소리로 본 사건에 별로 흥미가 없다는 투로 "다음 재판은 언제 하겠습니다"라는 말과 함께 그날의 1차 재판은 그렇게 끝이 났다.

판사 입장에서 볼 때는 민사재판이라는 것이 서로(피고, 원고)가 양보할 수 있게 중재자 역할을 하는 것이 가장 현명한 방법임을 잘 알고 있었을 터이고, 누구에게나 사연과 불만이 있기에 원고나 피고 어느 한쪽이 서운할 수도 있다. 하지만 그런 중재과정을 거치는 것만이 서로의 자존심을 어느 정도나마 지켜 줄 수 있는 가장 좋은 재판방법이라고 생각했을 터인데, 무례하기만 했던 피고는 판사의 중재안을 일언지하에 깔아뭉개는 말투로 상급법원에 이의를 제기할 것처럼 말했다. 다시 말하면 피고는 주제파악을 못하고 판사에게 매우 불친절함을 보인 것이다.

시간은 흘러 결심공판이 있던 날, 판사는 피고와 원고를 법정에 세워 놓은 후 피고에게는 눈길 한번 주지 않고 오직 원고인 필자에게만 눈을 맞추고서는, "원고는 그동안 뭐 좀 진전된 것이 있습니까?"라고 물었다. 필자는 판사에게 그 후로는 전혀 달라진 것이 없다고 했더니, 판사는 피고에게는 단 한마디의 질문도 없이 눈길 한번 주지 않고,

"피고! 피고는 원고에게 실내인테리어 청구대금 1,300만 원에 대하여 청구일로부터 갚는 날까지 연 2할5푼의 금리를 적용하여 한 달 내로 상환한다"라는 판결을 내렸다. 그리고는 냉정하고 다급한 목소리로 "다음!"이라고 하면서 필자와 관련된 소액재판을 서둘러 종료했다.

판사의 판결에 화가 난 피고가 "저기요! 저기요!" 하면서 소리 높여 판사를 불렀으나 이미 다음 재판을 기다리는 당사자들이 재판을 받기 위해 판사 앞으로 나오고 있었다.

본 사건에서 보듯이 판사의 체면을 살려 주는 필자의 말 한마디와 판사의 말을 무시해 버린 불친절한 피고의 말 한마디의 차이로 순식간에 최소한 650만 원 정도는 날린 것이다. 필자는 판사의 질문에 친절하게 답하여 판사의 중재안을 존중했던 것이고, 반면에 피고는 성의 없이 이기적으로 판사에게 불친절했던 대가가 가혹한 판결로 이어졌던 것이다. 다시 말하면 필자도 양보하겠다고 한 부분에 대해서 이미 1,300만 원 청구금액의 절반 정도만을 생각하고 있었다. 반면에 피고는 판사가 받아줄 것 같았던 절반 정도의 돈마저 날리게 된 꼴이 된 것이다.

피고는 이 사건 이후에 대법원의 상고심도 알아보았겠지만 상고할 이유가 못 된다는 것을 여러 법률사무소를 돌아다니면서 상담도 해보았을 터이고, 상급 법원으로 가봐야 별 볼일 없을 것이라는 말을 들었을 것이다.

필자는 사건이 시작되기 전에 피고의 재산에 대해 가압류 조치를 해놓고 재판을 시작한 관계로 피고는 본 사건의 청구금을 안 갚을 방법이 없었고, 그로부터 1주일 후 돈을 갚겠다는 연락이 왔다.

자존심만은 건드리지 마라

88올림픽이 열리던 해에 조선일보에 기재된 사건으로 도둑 2명이 강남경찰서에 구속되었다.

어느 도둑님 두 분이 도둑질을 했는데, 한 분은 밖에서 망을 보았고 다른 한 분은 집안에 들어가서 500만 원을 훔쳐가지고 나와서는 밖에서 망을 보고 있던 동료에게 말했다.

"야! 너는 여기서 망을 보다가 누가 오면 그대로 도망가면 되지만 나는 안에서 얼마나 조마조마했는지 알아. 그러니까 말인데 나는 300 먹고 너는 200 먹으면 공평한 거야!"

"야! 그런 게 어디 있냐? 고생하기는 마찬가지지. 암튼 50 더 내놔!"

"못 줘! 200이면 많이 주는 거야!"

"50 더 내놓으라니까."

"못 줘!"

이렇게 옥신각신하다가 결국에 이들은 합의점을 찾지 못했고, 밖에서 근무한 분이 "50 더 주지 않으면 경찰에 신고할 거야!"라고 말했다.

이 말에 안에서 근무한 분께서 "마음대로 해!"라고 했고, 자존심이 상하신 밖에서 근무했던 그분은 결국 강남경찰서에 가서 자수를 하고 말았던 사건이다.

필자는 이 사건을 두고 두 가지를 생각해 보았다. 사람은 누구나 무시당하는 것 같은 느낌을 받으면 감방도 불사하고 일을 저지르는데, 가끔은 살인까지 저지르는 경우도 있지 아니한가. 밖에서 외근(망을 본 사람)하신 분도 자존심이 상한 나머지 일을 잘 마무리하고도 화를 자초하는 결과를 가져왔던 것이다. 돈 50만 원이 중요했던 것이 아니라 일을 할 때 분명하게 망을 보는 자와 훔쳐 나오는 자가 2등분하기로 약속을 했고, 일을 성공적으로 치렀으면 분배 또한 정확해야 하는데, 안에서 내근하신 분의 변질된 욕심으로 말미암아 외근하신 분의 노고를 과소평가하여 자존심을 상하게 했던 것이다.

또 하나의 실수는 두 도둑놈이 똑같이 나누면 250만 원씩 가질 수 있었는데, 내근하신 분 생각에 자기가 300만 원을 갖게 되면 밖에서 망만 본 그 인간에게 200만 원을 주게 되니까 자기는 외근하신 분보다 100만 원을 더 갖게 된다는 생각을 했던 것이다. 마찬가지로 외근하신 분도 당연히 안에서 근무한 인간에 비해 100만 원이라는 돈을 적게 가졌다는 생각을 떨쳐 버릴 수 없었던 것이다.

그러나 이 두 사람은 계산상 착오가 있었다. 500을 둘이서 똑같이 나누면 250이다. 안에서 근무하신 선생께서 300을 갖는다고 해도 결국에는 50을 더 갖는다는 말인데, 상대를 200만 준다고 생각하니 상대적으로 100을 더 먹는다는 계산을 한 것이다. 이런 계산은 외근하신 분도 마찬가지였다. 이들은 그야말로 돼지들이 소풍 가면서 하던 계산방법으로 훔친 돈을 나누어 가졌던 것이 화근이 된 것이다. 내근하신 분은 외근하신 분께서 경찰서에 간다고 으름장을 놓을 때, '설마 같은 절도 공범인데 경찰서에 가겠어?' 하면서 방심했을 것이다.

이렇게 사람들은 가끔씩 착각 속에서 살아가고 있는데, 기본요금을 가는 손님의 자존심은 2만 원어치를 가는 손님의 자존심에 비해 훨씬 더 강할 수도 있으니 그 기분을 상하게 해서는 안 된다는 말이다.

고속도로에서 가장 성능이 좋은 차는 티코라고 한다. 그것은 사실이다. 싸구려 차라고 무시하지 말라고 티코는 속도로 표출하는 것이다. 없다고 무시당하는 것이 때로는 죽기보다 싫기에 나온 말이다. 실제로 도로에서 소형차들이 제법 좋은 성능을 가진 차처럼 잘도 달리는 것을 보기란 그렇게 어려운 일이 아니다.

손님에게 칭찬을

사람을 칭찬하는 방법은 너무도 많다.

얼굴은 좀 못생긴 것 같아도 몸매가 죽여주는 사람은 우리 주위에 얼마든지 있다. 사람에게 붙어 있는 모든 것들이 전부 못생겼다고 단정 짓거나 쓸모가 없는 것들이라고는 할 수 없다.

목소리가 성우처럼 예쁜 사람이 있는가 하면, 머리카락의 결이 너무 부드러운 사람도 있고, 부처님처럼 귀가 잘 생긴 사람이 있는가 하면, 눈동자가 마릴린 먼로처럼 천사 같은 사람이 있고, 눈썹이 진하게 잘생긴 사람이 있는가 하면, 코가 잘생긴 사람이 있고, 이마가 잘생긴 사람이 있는가 하면, 입술이 크고 촉촉하게 잘생겨 키스라도 한번 해봤으면 하는 생각이 드는 사람도 있고, 보조개가 있어 섹시해 보이는 사람이 있는가 하면, 손이나 손톱이 잘생긴 사람도 있고 기타 등등의 사람들이 얼마든지 있다.

사람을 칭찬하려 든다면 그 대상이 누구든지 가능하다는 말이 된다. 멀리서 걸어오는 모습이 모델 같은 사람이 있는가 하면, 목소리가 시원하고 화끈하게 들리는 사람이 있을 수 있고, 치마가 어울리는 사람이 있는가 하면, 가슴이 글래머인 사람도 있고, 얼굴은 별로인데 옷을 멋지게 차려입고 다니는 사람들이 있다. 처음 만나 아무런 대화도 없는 상태에서 필자가 위에 열거한 것만 가지고도 상대의 기분을 조율하는 방법이 얼마든지 있다는 말이다.

남자의 자존심이 여자보다 훨씬 세다고 말하는 사람들이 있는데 필자는 절대로 그렇게 생각하지 않는다. 자존심이란 여자나 남자나 똑같은 것이다. 자존심을 때로는 목숨과 바꾸는 그런 일들이 벌어지고 있지 않은가. 상대를 깔아뭉개고 자존심을 건드리는 언행은 절대로 해서는 안 된다. 내가 자존심이 강한 만큼 상대의 자존심 또한 대단할 것이라는 생각을 잊어서는 안 된다는 말이다.

택시를 타는 손님에게 아니, 주위에 있는 모든 사람에게 칭찬하는 습관을 시도해 보기 바란다. 대단한 성과를 가져올 것이다.

언젠가 영등포에서 출근시간이 끝날 무렵에 30세 전후의 여성이 필자의 옆자리에 탔다. 덩치가 크고 살이 많이 쪄서 몸이 둔해 보였는데, 옆으로 힐끗 쳐다본 입술 부분은 매우 섹시하게 보였다.

"손님, 옆모습이 근사한데요!"

"이 아저씨가 눈이 포경인가? 아니면 쥐약을 먹고 구정물을 안 먹었나?" 하며 차마 입에 담기 어려운 단어들을 막 지껄이는 것이었다. 어떻게 사람이 그렇게 험한 말을 할 수 있을까 하는 생각에 필자는 잠시 할 말을 잃었다. 이 여자 손님이야말로 자기의 못생긴 얼굴에 콤플렉스를 가지고 있는 사람 같았고, 자기의 외모에 대해 언급하는 사람에게 면박을 주는 데 이골이 나 있는 듯 보였다.

필자는 그냥 손님의 기분을 좀 맞추어 주려고 한 말인데 돌아오는 말은 보통 사람이 입 밖으로 내서는 안 되는 그런 소리였다. 어쩔 줄 모르고 얼굴이 금방 빨개진 필자는 말을 더듬거리면서 여자 손님을 힐끗 한 번 더 쳐다보면서 상기된 얼굴로 "아니! 손님 그 정도면 됐지. 손님이 어디가 어때서요? 갈 데 없으면 우리 집으로 오세요!"

덩치도 있지만 목소리도 남성처럼 우렁차서 웬만한 남자들은 어림도 없을 것 같은 생각이 들었다. 원래 그 여자 손님의 인상이 그런 것인지 아니면 기분이 나빠서 그런 것인지는 확인할 방법은 없었지만 하여간 인상은 굳어 있었다. 손님에게 칭찬 한번 하려고 했던 필자는 그야말로 쥐구멍이라도 찾고 싶은 기분이었다. 그 여자 손님은 바로 옆에 앉아있어 필자의 심기는 불편하기 이를 데 없었다.

필자는 아무 말도 못하고 운전만을 계속했고 손님은 목적지에 내리면서 택시요금을 계산했다. 그리고 택시 문을 닫기 직전에 만 원짜리 한 장을 별도로 두고 가면서 "점심이나 한 그릇 하세요!"라고 말하고는 사라져 갔다.

또 한번은 40대 중반으로 보이는 여인이 원피스 드레스를 입고 필자의 택시에 탔다. 얼굴도 예쁘고 치마도 잘 어울리는데 칭찬을 해주고 싶었지만 어떻게 할까 생각하다가, "손님! 아까 택시를 타실 적에 택시로 걸어오는 것을 제가 봤는데요, 입고 계신 치마가 아주 잘 어울려서 칭찬해 주고 싶다는 생각이 들었습니다"라고 했더니, "그렇게 봐주셔서 고맙습니다"라고 하면서 금세 얼굴이 홍당무가 됐다.

필자는 손님들에게 인사를 잽싸게 하는 편인데 어떤 손님은 문고리를 잡자마자 인사를 하면서 타는 손님이 있는데, 필자는 이러한 손님들에게 직업은 무엇이고 학력은 어디까지인지 기타 등등의 인터뷰를 요청하기도 한다. 이런 부류의 사람들과 대화를 해보면 대부분 고학력이거나 사업을 하는 사람이었으며, 인사를 왜 먼저 해야 하는지에 대해서 너무도 잘 알고 있었다.

인사를 하는 것이 남을 존중해 주는 것 같이 보이지만 절대로 그렇지만은 않다. 인사를 먼저 하는 것은 나를 상대에게 잘 보여 상대로부터 목적하는 것을 쉽게 얻어내기 위한 수단이라고 말하는 사람도 있고, 인사를 먼저 함으로써 처음 만나 경직되어 있는 분위기를 부드럽게 만들기 위한 목적도 있다고 손님들은 이야기한다.

어느 손님은 내가 택시를 타는 것은 나의 목적지까지 안전하고 빠르게 가는 것이 목적이므로 택시운전자에게 강압적으로 행동해서는 안 된다고 말한다. 손님이 아무리 바빠도 택시기사가 택시를 끌고 가는 권한을 가지고 있으니 택시운전자의 기분을 상하게 해서 좋을 일이 없다는 말이다.

다시 말하면 택시를 타고 있는 순간만큼은 나보다(손님) 어쩌면 택시기사가 한수 위라는 것이다. 왜냐하면 택시를 이용하는 동안만큼은 손님의 목숨도 택시기사에게 맡겨진 것이나 다름없는데, 택시기사의 기분을 상하게 해서 좋을 것이 뭐가 있겠느냐고 필자에게 반문한다.

칭찬하는 대상은 여자와 남자가 따로 없다. 웬만큼 잘생긴 것 같으면 칭찬하는 것을 주저하지 마라. 여자에게 예쁘다고 해주면 그 이상 기분 좋은 말은 없을 테지만, 그런 좋은 기분을 느끼는 것은 남자라고 해서 조금도 뒤지지 않는다. 잘생긴 남자가 타면 칭찬을 아끼지 말고, 잘생기지는 못했어도 목소리가 좋고 말을 조리 있게 잘하는 사람이라면 칭찬해 주기가 좋지 않은가. 택시를 타고 가는 동안에 손님의 기분을 좋게 만들어 주는 것은 사회적 차원에서 본다면 택시운전자는 훌륭한 일을 하는 것이다. 그런 기분에 일터로 돌아가는 손님은 아침부터 즐거운 기분으로 일을 더 잘하고 능률도 많이 오를 테니까 말이다.

불경기

필자는 50대가 되도록 호황이라는 말을 한번도 들어본 적이 없다. 사람들은 죽는 시늉을 하는 습관이 있는 것 같다. 아무데서나 입버릇처럼 불황이라는 말을 곧잘 한다.

"아저씨! 요즘 뭐 할만한 것 좀 없어요? 왜 이렇게 장사가 안 되는지 모르겠어요? 요즘은 집세도 못 내요. 오늘은 손님 하나 없이 허탕만 치고 들어가는 거예요."

열악한 환경에서 일하고 있는 택시기사에게 뭐 할 것이 없냐고 물어오는 손님들이 제법 있는 것을 보면 그야말로 장사가 안 되는 사람들이 많은가 보다. 어느 분야든지 잘 나가는 사람이 있는가 하면, 잘 안 되는 사람도 있기 마련이다. 진보를 거듭하는 부류가 있는가 하면 퇴보하고, 사라져 가는 부류 또한 분명히 공존하는 것이 사회다.

이제는 불경기도 글로벌 시대를 맞고 있다. 개도국을 제외하고는 당분간 마이너스 성장을 피할 수 없을 것이라는 학자들의 보고가 연일 신문지면을 메우고 있다. 스스로 헤쳐 나가지 않으면 어느 누구도 세상을 대신 살아 줄 수 없다. 불경기가 문제가 아니고 마음가짐의 문제다. 할 수 있다, 해야 한다고 생각하면 절대로 못할 일은 없다. 세상은 빠르게 급변하고 있는데 전근대적 사고방식을 그대로 유지한다면 결국 혼자 남게 될 것이다.

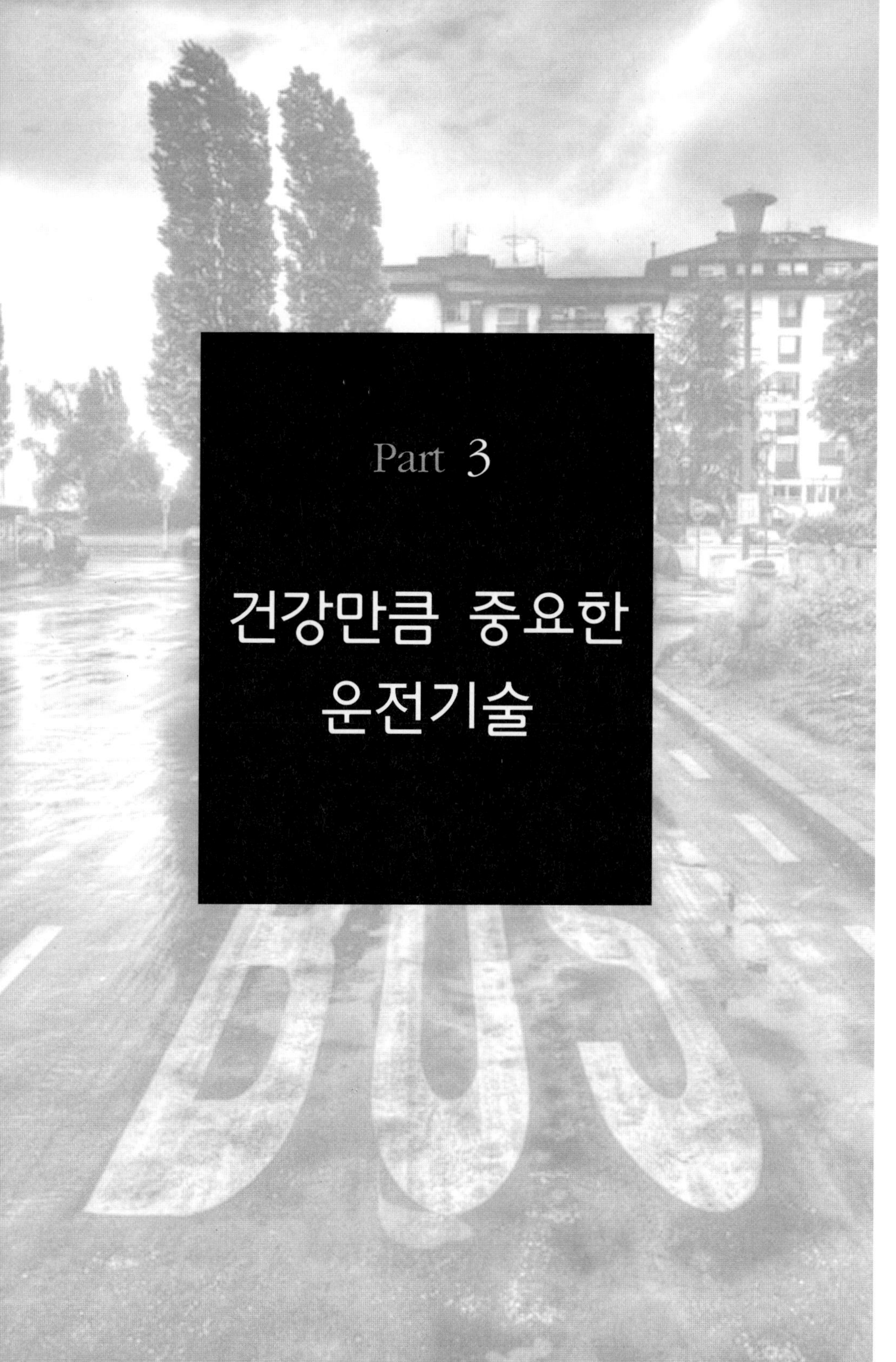

Part 3

건강만큼 중요한 운전기술

운전은 지상 최고의 기술

돈보다는 명예가 중요하고, 명예보다는 건강이 더 중요한 이유는 건강을 잃으면 세상의 모든 것을 잃는 것과 같기 때문이다. 필자는 이 시대에 그 건강만큼이나 중요한 것이 하나 더 있다고 생각하는데, 그것은 바로 자동차 문화의 대세에 휩쓸려 살아갈 수밖에 없는, 피하려고 해도 피할 방법이 없는 것이 바로 '운전'이다. 운전기술이야말로 건강에 버금가는 위치를 확고하게 차지하고 있다고 할 수가 있다. 아니, 어쩌면 건강보다 더 중요하다고 할 수 있다. 왜냐하면 졸지에 예고 없이 사고로 인하여 사랑하는 가족들과 세상을 하직할 수밖에 없는 불행이 불시에 찾아오기 때문이다.

건강이 악화되면 의사로부터 시한부 선고라도 받게 되지만, 교통사고는 어느 날 갑자기 작별의 인사 없이 사랑하는 사람들과 황당한 이별을 할 수밖에 없기 때문이다.

교통사고로 인하여 2009년 한 해에만 6,000여 명이나 사망하고 있는데, 이는 하루 평균 17명씩이나 죽는다는 말이다. 부상자는 연 346,000명이나 된다. 이도 하루 평균 948명이라는 사람이 중상 또는 경상의 피해를 입는다는 말이다. 좀 더 무섭게 말하면 우리나라에서 벌어지는 교통사고로 하루 평균 965명이 죽거나 중경상을 입는다는 말이다. 아찔한 얘기가 아닐 수 없는데, 우리 모두는 이렇게 무서운 교통사고로

부터 어느 누구도 예외일 수는 없는 것이다. 여기에 따르는 물적 피해를 포함하면 1년에 서민아파트를 18만 호나 지을 수 있고, 국가예산의 6.6%에 해당한다고 하니 참으로 놀라운 일이 아닐 수 없다.

어린아이들의 교육과정에서도 교통사고에 대한 교과서를 전문적으로 만들어 학교에서도 정규과목으로 가르치고 관리하는 전문부서를 신설해야 한다고 생각한다. 그나마 다행인 것은 교통사고에 대한 위험성을 국민들에게 인식시키기 위해 교통사고 경험 교육시스템을 시작하였다고 한다. 인간의 파워가 연습량만한 기량이 없고, 경험만한 지식이 없는 것이다.

일본이나 미국에서는 아이들에게 어려서부터 사회생활을 하면서 남에게 피해가 되는 행동을 해서는 안 된다는 교육을 시키고 있다. 운전도 마찬가지인데 이들은 양보운전을 하는 습관이 아주 잘되어 있다. 미국 사람들은 고속도로 같은 곳에서 본선에 합류하도록 진입하는 도로를 'Merge'라고 하는데, 이때 진입하고자 하는 사람들은 본선으로 합류하기 위해서 여간 신경 쓰이는 것이 아니다. 합류하려고 하면 가속도 해야 하지만 달리는 차들을 잘 살피고 안전하다고 판단될 때 진입해야 하기 때문이다. 진입하고자 하는 차는 시야도 좁아서 본선에서 빠른 속도로 주행하고 있는 차들의 동태를 파악하기가 쉽지 않다. 반면에 본선에서 달리고 있는 차들은 Merge에서 진입하려는 차들이 너무도 일목요연하게 잘 보인다.

이런 상황이 똑같이 한국 사람들에게 전개된다면, 본선에서 달리고 있는 차들은 대개가 자기가 가는 차선에 끼어들어 방해하지 말라고 클랙슨을 정신없이 눌러 댈 것이다. 그러면 본선에 진입하려던 차량은 기가 죽을 뿐더러 당황하게 된다. 사고라도 날 것 같은 생각에서 말이다. 그리고 그런 상황에서 사고가 나면 미국이나 한국이나 진입하는 차량이 대부분 잘못이다. 법적으로 처리결과는 양국이 똑같은데, 만약 미국 사람들에게 똑같은 상황이 주어졌다면 그들은 아예 본선으로 들어오는 차가 보일 때는 Merge에서 합류되는 차선으로 주행을 하다가도 재빠르게 다른 차선으로 피해 준다. 진입하는 차량이 가속을 충분히 해서 본선의 차량들과 합류하는 데 어려움이 없도록 배려하는 마음에서다.

이렇게 배려하는 마음은 매우 중요하다. 택시기사가 손님에게 베푸는 친절도 상대를 배려하는 마음이고, 도로에서의 양보운전 또한 상대 운전자들을 배려하는 아름다운 마음인 것이다.

미 대학에서 영업용 자동차의 안전에 대한 사회교육을 1년간 이수한 필자는 운전에 있어서 최우선시되는 것은 양보라고 배웠다. 그런데 우리네 교통상황은 아직까지 선진국들처럼 자동차 문화에 대한 인식이 완전히 정착되지 않아선지 양보하는 데 있어서 매우 인색한 것이 사실이다.

그리고 이렇게 복잡한 교통흐름의 홍수 속에서 살아가야만 하는 우리 아이들에게 영어교육보다 훨씬 더 중요한 것이 교통안전에 관한 교육이다. 서둘러서 초등학교 시절부터 교통안전에 대한 교과목을 의무적으로 도입해야 한다고 생각한다.

사이드미러 보는 요령

사이드미러 보는 요령은 운전의 최고 기술이라고 해도 지나침이 없다. 이 요령만 잘 훈련하면 운전을 보다 여유 있고 쉽게 할 수 있는 것이다. 우리가 말하는 백미러는 한국식 발음이고, 정식으로는 'Rear-view mirror' 또는 'Outside mirror'라고 한다. 이 사이드미러를 보는 습관에 대해서 알아보자.

우리는 처음 자동차학원이나 지인들에게 운전을 배울 때 빠른 시간 안에 사이드미러 속의 사물을 관찰하고 다시 시선을 전방으로 되돌려 놓아야 하는지에 대해서 정확하게 배우지 못하고 있다. 차선을 바꿀 때 이른바 마의 사각지대라 불리는 공포에서 어떻게 하면 보다 안전하게 대처할 수 있는지에 대한 요령을 전문적으로 교육받지 못하고 있는 것이 현실이다.

어떠한 요령이나 습관을 익힐 때는 처음이 매우 중요하다. 인생을 살아가면서 편리하고 유용하게 사용해야 하는 습관들도 처음 시작할 때 확실하게 하지 않으면 안 된다. 한번 잘못된 습관은 다시 고치기가 여간 쉽지 않다는 것을 잘 알고 있을 것이다. 그래서 항상 기초가 중요한 것이다.

운전도 서툰데다 차선을 바꾸려고 할 때 옆 차선에 다른 차량이 다가오고 있는지를 확인하기란 그리 쉬운 일이 아니다. 사이드미러를 봐야 하는데 앞을 보기도 바쁜 상황에서 답답한 일이 아닐 수 없다.

사이드미러의 상태를 최적화하기 위해서는 사이드미러상에서 땅이 차지한 부분은 2/3가 되도록 하고, 1/3은 지평선 위의 하늘이 보이게 하는 것이 좋다. 세로로 볼 때는 자기 차량의 측면이 사이드미러상에 나타날 때 1/5일만 보이게 하고, 나머지 4/5는 차가 다니는 도로가 보이게 하는 것이 이상적이다.

어떤 사람들은 사이드미러상에 아예 자신이 타고 가는 차량의 바디는 전혀 보이지 않게 하고 운행하는 경우도 있는데 이것은 잘못 맞추어진 것이다. 왜냐하면 내 차 뒤에서 뒤따르던 차량이 내 차를 어떻게 벗어나면서 행동하는지를 정확하게 비교하고 분석하면서 대처해 나가기 위해서이다.

우리는 운전 중에는 전방을 주시하다가 사이드미러를 볼 필요성(주로 차선을 바꿀 때 등)을 느낄 때만 고개를 돌려서 본 후 다시 전방을 주시하는데, 이것은 잘못된 운전 습관이다. 운전 중에는 상시 차 주변의 상황(앞뒤 좌우)을 정확하게 파악해야 한다. 그렇게 운전습관을 길들일 때 비로소 방어운전도 가능해지는 것이다.

필자가 언급했듯이 건강만큼이나 중요한 것이 운전이다. 잘못된 습관이나 순간적인 오판으로 운전을 하다가 어느 날 졸지에 유언 한마디 없이 세상에서 사라져 버리니 하는 말이다. 열심히 노력하여 사회적으로 대성공을 했다 하더라도 안전운전에 대한 제대로 된 상식이 모자라서 인생길 중도에서 세상을 하직해야만 한다면 어떻겠는가? 아무리 강조해도 지나침이 없을 것이다.

운전을 하면서 전방을 주시하는 비율이 70% 정도이고, 백미러를 보는 비중은 약 30% 정도가 적당하다는 말들을 많이 한다. 그러나 꼭 그렇지는 않다. 어떤 사람들은 필요치 않아도 사이드미러를 가끔씩 주시하는 것이 좋은 운전방법이라고 말하지만 운전에 있어서 사이드미러를 잘 이용하는 요령은 운전의 최고 기술이라고도 할 수 있다.

운전 중에 전방을 주시하다가 차선을 바꿀 때 사이드미러를 보게 되는데, 이때 고개를 돌려 사이드미러를 보는 시간을 너무 많이 낭비한다. 고개를 돌려서 옆 사이드미러를 보고 다시 고개를 원위치로 돌려놓을 때까지 보통 사람들은 약 1초에서 느린 사람들은 1.5초 또는 2초까지 걸리는 사람도 있는데, 주행 중에 1~2초 동안 고개를 돌린다는 것은 사이드미러를 보는 동안은 달리고 있는 전방의 상황을 전혀 감지하지 못하게 된다는 말이다. 다시 말하면 전방의 상황은 무방비 상태가 되는 것이다. 이러한 습관은 사이드미러를 보는 순간은 전방에 대하여 눈을 감고 운전을 하는 것과 같은 이치다.

따라서 사이드미러를 본 후 고개를 전방으로 되돌려 놓기까지 1~2초의 시간은 어마어마한 시간을 낭비하는 것이다. 왜냐하면 이때의 주행속도가 약 100km라고 한다면 약 30m 이상을 순식간에 휙 지나가게 된다. 이렇게 고속으로 달리는 상황에서 사이드미러를 그렇게 느린 속도로 관찰한다면 이거야말로 30~40m 정도 거리는 상상조차 할 수 없는 위험에 노출될 수밖에 없다는 말이 된다.

영등포로터리 같은 곳은 교차로를 돌아나가는 데 연결되어 있는 도로가 정확하게 말해서 8거리다. 차들이 서로 끼어들고 빠져나가려고 아우성을 치는 상황에서 왼쪽 차선으로 차선을 바꾸려고 사이드미러를 보는 순간에 오른쪽에서 차가 끼어드는 것을 보지 못하는 상황을 초래할 수 있다는 것이다. 그래서 사이드미러 보는 요령은 민첩하게 길들여져야 한다. 수시로 차선을 바꾸어야 하고 내가 차선을 바꿀 상황이 아니라고 해도 갑자기 끼어드는 차와 충돌을 피할 때나 수시로 위험한 상황이 언제 닥칠지 모르는 도로에서 급차선 변경을 해야 할 때가 많이 있기 때문이다.

물론 급차선 변경이란 위험한 것이다. 내 차 앞의 상황이 갑자기 위험한 상황으로 급변했다고 해서 무조건 옆 차선으로 급히 차선을 바꾼다고 하면 더 큰 사고를 부를 수 있으므로 조심해야 한다. 좌우 차선의 상황을 빠른 시간 안에 파악하여 피해 나가는 것은 돌발적인 상황에서 나와 타인의 목숨을 지키는 매우 훌륭한 운전요령인 것이다.

갑자기 끼어든(급차선 변경) 차량으로 인해 매우 위험한 상황에 놓여 있다고 치자. 이때 끼어든 차가 잘못 했으니까 사고가 나도 모든 책임은 그 차가 지겠지만 그 상황으로 말미암아 나의 목숨마저 사라질 수 있다면 어쩌겠는가 말이다.

시속 속도(km)	공주거리와 제동거리를 합친 정지거리(m)
60	44
70	58
80	76
100	112

갑자기 끼어든 차와 충돌을 피하기 위해서는 나도 급브레이크를 밟을 수밖에 없는 노릇인데 이때 뒤따라오던 차가 나를 들이받기 십상이다. 그런데 뒤따라오던 차가 대형차일 경우에는 매우 위험한 상황이 벌어질 수 있다. 그렇다고 뒤차의 추돌을 피하기 위해서 갑자기 끼어든 차를 받을 수도 없는 노릇이고, 그렇다고 끼어든 차를 들이받으면 끼어든 차는 안전거리를 확보하지 않아서 추돌한 것이라고 우길 것이 뻔한 사실이고, 그야말로 이런 상황에서는 진퇴양난이 아닐 수 없다. 교통사고는 가해자건 피해자건 모두에게 큰 손실을 가져온다.

그러나 이런 상황에서도 방법은 있다. 그것이 바로 사이드미러 보는 요령이다. 위험한 상황이 닥치게 되는 순간 양옆 차선의 사이드미러를 잽싸게 보는 것이다. 그리고 옆 차선에 차들이 없어 안전하다고 판단되면 그 즉시 차선을 바꾸어야 하는데, 이렇게 급박한 상황에서 한쪽

사이드미러를 보는 시간이 0.3초, 좌우 측면의 사이드미러를 보는 데 걸리는 시간이 0.7초 내에 가능하도록 해야 한다. 그래서 양쪽의 차선 중 비어 있는 차선이 있으면 그곳으로 잽싸게 차선을 바꾸어야 한다는 말이다.

많은 운전자들이 사이드미러 보는 동작이 너무 느린데 특히 처음 운전을 시작한 사람들 중에 전방을 주시하고 가다가 차선을 바꾸기 위해 사이드미러를 보는 순간이 너무 힘들다는 사람이 의외로 많다. 왜냐하면 운전이 서툰 관계로 앞을 쳐다보고 가는 것도 힘에 겨운데 고개를 옆으로 돌려서 백미러를 응시하고 다시 시선을 전 방향으로 돌려놓는 데까지 소요되는 시간이 너무 길어 그동안에 전방에서 벌어질 수 있는 상황에 대하여 상상하기가 너무 힘들다는 것이다. 그러므로 처음 운전을 시작할 때부터 정확하게 사이드미러 보는 요령을 익혀야 한다.

사이드미러 보는 습관을 길들여 보도록 하자. 처음에 사이드미러 연습을 할 때는 차를 세워 놓은 상태에서 해야 한다. 운전을 시작한 지 오래된 사람들도 얼마든지 새로운 습관으로 바꿀 수 있다.

전방을 주시하다가 사이드미러 쪽으로 고개를 돌리는 동작을 할 때, 아주 빠른 속도로 머리를 사이드미러 방향으로 돌렸다가 다시 전방으로 시선을 돌려놓는 것이다. 그야말로 전방을 주시하고 있는 상태에서 사이드미러를 본 후 다시 전방으로 시선을 되돌려 놓는 상태까지의 소요시간을 0.3초 이내 정도에서 끝내라는 말이다. 이 말은 그냥 머리를 사이드미러 쪽으로 잽싸게 돌렸다가 다시 전 방향으로 돌려놓으라는 말인데, 그야말로 번개처럼 움직여야 한다.

이렇게 빠른 동작으로 사이드미러를 보게 되면 처음에는 사이드미러 속에 어떤 사물이 들어 있었는지에 대한 판단이 서지 않는다. 사이드미러 속의 사물에 대한 상을 망막신경이 기억해 내지 못한다는 말이다. 너무 빠르게 고개를 움직였기 때문에 사이드미러 속의 사물을 판단할 수 있는 능력이 숙달되지 않았기 때문이다. 그러나 그렇게 빠른 속도로 여러 번에 거쳐서 연습에 연습을 거듭하다 보면 사람에 따라서 다소의 차이는 있지만 사이드미러 속의 사물에 대한 식별이 가능해지기 시작한다.

누구나 이런 연습을 통해서 빠른 속도로 사이드미러를 보는 요령을 터득할 수 있다. 그러니까 처음에 연습을 시작할 때는 반드시 차를 세워놓은 상태에서 시작해야 한다. 그렇게 사이드미러 속의 사물에 대한 식별능력이 가능해지면 차를 이동하여 사이드미러 속에 다른 사물이 나타나도록 장소를 바꾸어 보는 것도 좋은 방법이다. 수백 번 이상의 연습을 통해서 사이드미러 보는 연습을 거듭하여 숙달이 됐다고 판단이 서면, 그때부터는 주행 중인 차 속에서 연습을 시작하는 것이다. 불과 며칠이 지나지 않아 백미러 보는 요령이 놀라울 정도로 향상되어 가는 것을 경험하게 될 것이다. 인간은 습관성 동물이기에 반복해서 하다 보면 그 기량이 향상되기 마련이다.

어느 정도 사이드미러 보는 습관에 자신이 붙었다고 생각이 들면 이제부터는 마의 사각지대를 없애버리는 매우 중요한 사이드미러 보는 연습을 해보자.

요즘 시중에는 교통신기술이라고 하는 사각지대를 없애 주는 사이드미러가 개발되어 정부의 지원도 받고 있다고 하는데 필자의 생각은 다르다. 왜냐하면 렌즈의 형태를 볼록렌즈로 바꾸어 사이드미러상에 나타나는 사물의 범위를 넓게 제작해 놓았기에 일반적인 차량의 사이드미러로는 보이지 않는 부분(마의 사각지대의 일부)까지 보다 넓게 보이기는 하겠지만 기존의 사이드미러를 사용하던 습관은 상당기간 혼동을 초래할 것이다. 왜냐하면 그 사이드미러 속에 비치는 사물(측면에서 접근해 오고 있는 차량)의 거리 측정에 있어 매우 힘들어지기 때문이다.

위급상황에서 뒤따라오는 차량의 거리를 측정하는 것은 안전운전에 있어서 매우 중요한 부분이다. 왜냐하면 급히 차선을 바꾸어야 하는 황급을 요하는 상황이 언제 나에게 닥칠지 모르기 때문이다. 따라서 사이드미러상에 비치는 사물에 대한 거리 측정이 새로운 미러로 바꾸어 줌으로써 약간의 왜곡 현상을 가져올 수 있고, 이는 안전운전에 있어서 좋지 못한 결과를 가져올 수도 있다. 쉽게 생각해서 그렇게 좋은 사이드미러라고 하면 세계 굴지의 자동차회사들이 그 기술을 가만 놔두었겠는가 하는 생각을 해보시기 바란다.

지금부터 필자가 주장하는 사이드미러 보는 방법은 돈도 들지 않으면서 평생을 안전하고 건강하게 운전하는 방법이다. 판단은 본인이 직접 하기 바란다.

머리를 사이드미러 쪽으로 돌리면서 동시에 윗몸을 운전대 쪽으로 15~20cm 정도 당겨주는 연습을 병행하는 것이다. 이 행동은 사이드미러를 보기 위해 고개를 돌리고 윗몸을 또다시 앞으로 당겨서 시간을 두 배로 소요케 하는 것이 아니라 미러를 보기 위해 고개를 돌리는 시간을 이용해 윗몸을 앞으로 당겨주는 동작이다.

사이드미러를 볼 때 몸을 앞쪽으로 당겨줘야 하는 이유는 다음과 같다. 운전 중에 운전석 쪽 방향으로 차선을 바꾸려고 사이드미러를 봤지만 아무런 물체가 발견되지 않아 차선을 바꾸기 시작했는데 갑자기 내 차 옆으로 바짝 다가오는 물체를 발견하고 식은땀을 흘려본 경험이 있을 것이다. 이것을 두고 마의 사각지대라고 부른다. 처음에는 어렵고 힘도 들지만 사이드미러 보는 연습을 계속함으로써 곧 필자의 말을 이해할 수 있을 것이다.

필자가 주장하는 사이드미러 보는 습관은 마의 사각지대를 없애는 확실한 방법이다. 왜냐하면 그동안 마의사각지대가 안 보였던 것은 지금까지 사이드미러 보는 잘못된 습관 때문에 차 옆 대각선 방향에서 바짝 다가오는 차량을 발견하지 못했기 때문이다. 사이드미러를 보기 위해 고개를 돌림과 동시에 운전대 앞쪽으로 조금(15~20cm정도)만 머리(상체)를 전방으로 당겨 주는 행동으로만 사이드미러 보는 습관을 길들이게 되면, 차량의 측면에서 다가오는 모든 물체의 확인이 확실해진다는 것이다.

이러한 습관을 길들이게 되면 또 다른 좋은 점이 있다. 장시간 운전을 하게 되면 목이 경직되기 쉬운데, 필자가 주장하는 대로 고개를 앞으로 당겨서 백미러 보는 습관을 길들인다면 운전하는 동안 경직되어 있던 목 부근의 근육을 부드럽게 유지하는 데도 크게 도움이 된다. 이렇게 사이드미러를 보는 습관으로 바꾼다면 아마도 수명이 20년은 더 길어질 것이다.

사이드미러를 보는 연습도 처음에는 차를 세워놓고 시작한다. 어떤 일이든지 연습하기란 여간 힘이 드는 것이 아니다. 앞을 주시하고 가다가 차선을 바꾸기 위해 백미러를 잠시 보는 것도 어려운데, 머리까지 앞으로 당겨 주라고 하니 여간 어려운 것이 아니라고 생각할 수도 있겠지만 결론부터 말하면 절대로 그렇지 않다. 왜냐하면 사이드미러를 보려고 옆으로 고개를 돌리는 시간을 이용해 몸을 앞으로 당기는 것을 병행하기 때문에 머리를 앞쪽으로 당기는 데 드는 시간이 별도로 소요되는 것은 아니다.

처음에는 어렵지만 연습(3백 번 이상)을 거듭함으로써 그렇게 어렵지만은 않다는 것을 곧 느끼게 될 것이다. 이렇게 어려운 과정이라고 해도 자신과 가족의 안녕을 생각한다면 필자가 이르는 사이드미러 보는 습성을 길들이는 것을 게을리하지는 못할 것이다.

이 책에서 필자가 주장하는 사이드미러 보는 습관만 챙겨도 평생 필자를 잊지 못할 것이다. 한번 시도해 보시라. 도로에서 주행 중에 얼마나 운전에 자신감을 갖게 되는지 꼭 경험해 보기 바란다.

어려워도 연습을 해야 한다. 우리가 평생을 두고 해야 할 운전인데

이 시대에 사랑하는 가족과 행복한 시간을 보장 받을 수 있는 가장 큰 기술이 운전이라고 생각한다면 안전운전을 위한 사이드미러 보는 기술을 터득하지 않고는 못 견딜 것이다.

하모니카 배우는 것보다 훨씬 쉽다. 건강을 위해서 운동을 시작하는 것보다 훨씬 쉽다. 담배를 끊는 것보다 훨씬 쉽다. 사이드미러를 보는 습관을 개선하는 일이 말이다. 그렇다면 필자가 주장하는 사이드미러 보는 요령은 목숨만큼이나 중요한 습관이라는 것을 명심하고 또 명심하기 바란다.

가끔 주행 중 갑자기 급차선 변경을 하는 사람들을 따라가서 물어보면 황당하게도 사이드미러를 보기가 무서워서 그랬다고 하는 여성들도 더러 있다. 기가 막힐 일이다. 사이드미러를 확인하지 않고 차선을 바꾸면 어쩌겠다는 건지. 그냥 자살을 하려고 했다는 말과 다를 것이 무엇이겠는가? 아마도 이런 사람들은 차선을 바꾸는 과정에서 마의 사각지대를 경험했던 사람들이 아니었나 하는 생각을 해본다.

가끔은 사이드미러의 윗부분이나 바깥쪽 부분에 작고 둥근 볼록렌즈 모양의 사이드미러를 부착하고 다니는 사람들이 더러 있는데 이것은 매우 위험한 방법이다. 왜냐하면 촌각을 다투는 상황에서 사이드미러의 본체와 볼록렌즈의 작은 거울을 동시에 보고 어느 사이드미러를 선택하여 판단해야 할 것인가에 대한 시간적 여유가 없다는 것을 명심해라. 아니, 없다기보다는 그렇게 습관을 길들여서는 절대로 안 된다. 위급한 상황에서는 한 가지의 사이드미러만 봐야 하고 또 그렇게 길들여져야 한다.

평소에 사이드미러와 그 안의 볼록렌즈를 번갈아 보면서 운전자가 두 가지의 사이드미러에 비치는 것 중에서 어느 것을 택할까 생각하는 시간을 갖는 습관에 길들여지면 큰일 난다. 위험한 상황에서는 큰 사고로 이어질 수 있다. 대형 사고를 부를 수도 있기에 하는 말이다.

차라리 볼록렌즈면 볼록렌즈만을 달고 다니면서 볼록렌즈만을 보고 운전하는 습관을 길들인다든지, 그렇지 않으면 공장으로부터 차량에 부착되어 출고된 사이드미러 하나만을 보고 판단하는 습관에 길들여져 있어야 한다.

만일에 그렇게 두 종류의 사이드미러를 달고 다니면서 운전하는 방법이 옳다면 왜 벤츠나 아우디 또는 롤스로이스, 벤틀리 같은 고급 명차들이 그런 시스템을 갖추고 있지 않겠는가.

전방을 볼 때는 눈의 초점을 흩트려라

주행 중에는 시선을 어떻게 관리해야 할지도 깊이 있게 생각해 봐야 한다. 안전운전에 도움이 되는 시선관리를 해야 한다는 말이다.

대부분의 사람들은 전방을 주시하고 운전을 할 때 앞에 가는 차량만을 주로 쳐다보고 가는데, 이런 습관으로 운전을 하게 되면 안전운전에 도움이 되지 않는다. 가끔은 차 안에 설치되어 있는 룸미러와 백미러도 봐주어야 한다.

룸미러와 백미러를 쳐다봐야 할 특별한 이유 없이 주기적이면서도 자동적으로 가끔씩 쳐다보기보다는 어떤 물체가 포착되었을 때만 확인 차원에서 봐야만이 운전을 보다 효율적으로 할 수 있다.

주행 중에 전방을 주시할 때 앞차만을 뚫어지게 쳐다보고 가다가 가끔 백미러나 룸미러를 쳐다보는 방법보다는 앞차만을 쳐다보고 가면서, 전방만을 주시하고 가는 도중에도 자기 차의 양쪽 측면과 뒷면을 동시에 관찰하는 방법이 있다는 말이다.

이를테면 앞서가는 차량의 어느 한곳에 시선을 고정해 놓고(쏘아보면서 집중적으로 주시하면서) 운전을 하게 되면 주변의 물체들에 대한 판단이 흐려진다. 다시 말하면 어느 곳을 집중적으로 초점을 맞추어 쏘아보게 되면 그쪽에 신경을 집중하게 되므로 주변을 식별하는 능력이 그만큼 떨어지게 된다는 말이다.

전방을 보고 운전할 때는 눈동자의 초점을 흩트려서 앞을 보아야 한다. 그리고는 느껴 봐라. 그 시야의 폭이 180도에 이른다는 것을 말이다. 그러니까 앞을 주시하되 시야를 넓혀서 운전하는 습관을 들이게 되면, 앞서 가는 물체는 물론이고 룸미러와 백미러에 들어 있는 물체까지 한꺼번에 시야에 들어온다.

물론 처음에는 어렴풋이 시야에 들어오는 것 같지만 연습을 하고 또 하면 전방과 백미러와 룸미러 속의 모든 사물을 관찰할 수 있는 지경에 이르게 된다.

운전을 할 때는 전방의 어느 차량이나 어느 지점만을 집중해 보지 말고 시야를 넓혀서 보게 되면 눈앞에 펼쳐지는 180도 범위에서 포착되는 모든 물체는 동시에 식별이 가능하게 되는데, 그 180도 안에는 룸미러와 백미러까지 포함되어 있으므로 시야가 넓어지면 내 차 주위(앞뒤 좌우)의 모든 것을 판단하면서 운전을 하게 된다. 위험한 상황을 감지하기 위해 시야에 들어오는 모든 교통상황의 실시간 정보를 동시에 자신의 눈으로 분석하다 보면 보다 여유로워지고 자신감이 붙게 되어 있다.

우리의 눈은 초점을 콧날 가운데로 모을 수도 있고 그 반대 방향(밖으로)으로도 어느 정도는 움직일 수 있다. 처음에는 이것이 무슨 소리인지 이해가 잘 안 되는 분이 있을지 모르지만 연습을 해보면 얼마 지나지 않아 곧 훌륭한 습관이 만들어져 베테랑 운전으로 가는 지름길이 될 것이다. 그러나 자신이 아무리 준법정신을 가지고 운전을 잘하려고 해도 정신 나간 운전자들이 많은 세상이다 보니 방어운전 또한 게을리 할 수만은 없다고 당부하고 싶다.

자기 것이 아닌 것을 자기 것으로 만들고자 하면 300회 이상의 거듭되는 연습을 통해야만이 자기 것으로 만들 수 있다는 연구결과가 발표된 적이 있다. 이 백미러 보는 습관이 매우 중요하니만큼 400번 이상으로 그 횟수를 늘려서 연습해 보기를 권장한다. 물론 이 연습도 안전을 위해서 차가 정차해 있는 상태에서 시작하고, 어느 정도 감이 잡히기 시작하면 주행 중 연습으로 바꾸는 것이 좋다.

자동차는 하드웨어이고 지금 연습하고 있는 백미러 보는 요령이나 안전운전 습관은 소프트웨어인 것이다. 컴퓨터(자동차)가 아무리 좋아도 소프트웨어(운전 습관)가 별 볼 일 없으면 그 컴퓨터는 별 볼 일 없는 기계가 된다. 롤스로이스 같은 좋은 하드웨어를 가지고 있다고 해서 무조건적인 안전운전을 할 수 있는 것은 아니란 말이다. 반면에 저렴한 가격의 자동차를 타고 다닌다고 해도 안전운전의 요령만 잘 알고 있다면 어느 정도의 안전은 보장된다고 할 수 있다.

도심에서의 안전거리

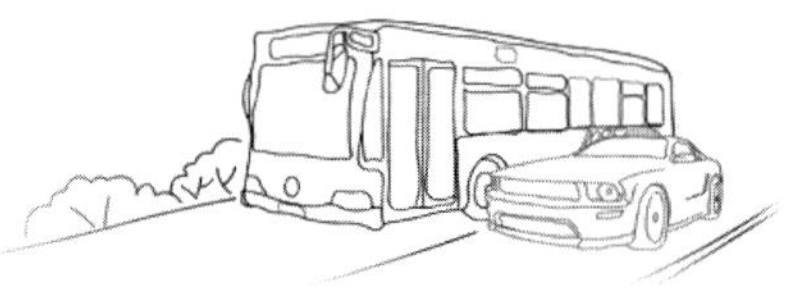

당국에서는 운전자들에게 교육할 때 시속 100km로 달릴 때는 차간 거리를 100m 정도 두는 것이 안전하다고 말한다. 시속 60km에서는 45m 정도를 유지하라고 이르는데, 도로의 현실은 딴판이라는 것을 차를 끌고 거리에 나가 보면 알 수 있다. 아마도 법으로 규정한 안전거리를 준수하면서 운전을 한다면 차들이 수도 없이 끼어들어 주행하기가 힘들어지는 것은 물론이고, 목적지까지 가기에는 많은 시간을 낭비할 수밖에 없을 것이다.

올림픽대로나 강변북로에서는 80km로 주행해야 하고 차간거리는 70m다. 그런데 현실적으로 그렇게 운전하는 사람은 거의 없다. 그렇다면 도로교통법상 안전거리를 위반하고 있다고 교통경찰이 단속을 해야 하는데 그렇게 하는 경찰관도 없다. 과속을 단속하는 카메라 앞에서만 잠시 준법정신이 매우 강한 운전자처럼 행동하다가 카메라를 지나치면서 다시 가속하게 되는데, 대다수의 운전자가 그렇게 속도를 내지 않으면 법으로 안 되게 되어 있는 것처럼 운전을 하고 있다. 우리나라에서 차간거리를 안 지켰다고 스티커를 발부하는 경관은 못 봤다. 다만 차간거리를 안 지켜서 추돌사고를 일으켰을 적에는 상황이 다르겠지만 말이다.

그렇다면 서울시내에서 운전을 할 때 차간거리라는 것은 과연 필요한 것인가? 정확하게 말하면 절대로 필요하다. 그런데 그 중요한 안전거리를 지키는 사람은 현실적으로 거의 없다.

도로상황으로 볼 때 안 지키는 것이 아니라 지킬 수가 없는 것이다. 운전은 해야 하는데 나만 안전거리를 준수한다고 해서 되는 것도 아니다. 어쩔 수 없이 교통의 대세(교통의 흐름)에 따라다닐 수밖에 없는데, 면허를 발급받고 처음 운전을 시작한 사람들이 볼 때 참으로 난감한 일이 아닐 수 없다. 그래서 필자는 다음과 같은 방법을 제시한다.

자신의 차량 앞에 대형 차량이 가고 있으면 차선을 바꾸거나 앞차와 거리를 두어, 되도록이면 앞에 승용차가 끼어들도록 만들어라. 그렇게 승용차가 끼어들면 앞에 가는 승용차의 유리창을 투시하여 그 앞차의 동태를 살필 수 있도록 하라는 말이다. 이렇게 되면 앞차의 그 앞차 상황까지 동태를 살필 수 있다. 이때, 앞차의 앞차가 브레이크를 잡는 상황이 감지되면 자신도 브레이크를 밟을 준비를 함으로써 법으로 규정하는 안전거리를 유지하는 것과 비슷하게나마 지켜 갈 수 있다.

예를 들어서 차간 안전거리가 50m인데 이를 지키지 않고 운전하고 있을 때, 앞차의 앞에 가는 차와의 차간거리는 법정 안전거리 확보가 어느 정도 가능하다는 말이 된다.

그러니까 평소에 앞차의 동태만을 살피면서 운전하던 습관에서 벗어나 앞차와 그 앞차까지 동시에 관찰하면서 운전하는 습관을 길들여야만이 안전거리를 유지하면서 운전하는 효과에 근접할 수 있고, 따라서 추돌사고를 그만큼 막아낼 수 있다.

그리고 앞서 가는 대형차도 피해야 한다. 왜냐하면 앞서 가는 차의 그 앞차를 관찰하는 데 방해되기 때문이다. 뒤따라오는 큰 차도 피해야 한다. 왜냐하면 추돌사고가 발생하면 대형차들 사이에서 샌드위치 신세가 되어 그 피해가 매우 심각해지기 때문이다.

정차 시에도 필요한 안전거리

얼마 전에 강서구청 사거리에서 있었던 추돌 사고이다. 필자의 차가 신호대기 중인데 뒤에 오던 승용차가 그대로 들이받은 추돌 사고였다.

뒤에서 들이받은 충격이 너무 커서 필자의 차가 앞으로 튕겨나가면서 앞 2m 정도 거리를 두고 정지해 있던 차를 필자의 차가 또다시 들이받았다. 뒤에서 들이받은 차가 한참 후에 차에서 내리더니 미안하다고 했고, 뒤에서 받은 것이 확실하므로 잘못이 없다고 판단한 필자는 경찰이 현장에 오기만을 기다리고 있었다. 10분 정도 지났을까 경찰이 현장에 나타났다.

그런데 필자의 뒤에서 들이받은 차량의 운전자가 경찰이 오는 동안 무슨 생각을 했었는지 경찰이 현장에 도착하자 하는 말이, 필자의 차가 먼저 앞차를 들이받은 상태에서 자기가 필자의 차를 받은 것이라고 말하는 것이 아닌가. 기막힐 일이었다. 그야말로 환장할 일이 아닌가. 세상에 이런 날벼락이 어디 있겠는가?

화가 난 필자는 그 운전자에게 "당신, 지금 제정신으로 하는 말이야?" 하면서 따졌지만 아무런 소용이 없었다. 경찰관도 그 사람의 말을 어느 정도 인정하는 것 같아서 필자는 난감하기 이를 데 없었다.

그렇게 한참동안 입씨름을 벌이다가 필자는 갑자기 다음과 같은 생각이 머리를 스쳤다. 필자의 앞차가 사고 당시의 기억을 잘 더듬어 준다면 어느 정도 필자의 주장을 뒷받침해 줄 증언이 나오지 않을까 하는 생각에 그에게 다가가서 다음과 같이 물어봤다.

"아저씨! 사고 당시에 아저씨 차가 받힐 때 순간을 가만히 생각해 보세요…. 아저씨 차가 받히는 순간 꽝! 하는 소리가 한 번으로 그쳤는지 아니면 한 번의 충격이 있었고, 잠시 후에 또 한 번의 충격이 있었는지를 말입니다…. 잘 생각해 보세요. 만일에 제 차가 뒤차에게 받힐 때 그 충격으로 아저씨의 차까지 받았다면 그 충격은 한 번으로 그쳤을 것이고요, 제가 아저씨 차를 1차적으로 받은 상태에서 또다시 제 뒤차가 제 차를 받았다면 그 충격은 분명히 두 번 있었을 것입니다."

그런데 앞차를 운전한 사람이 "나는 잘 모르겠어요! 나는 내 차만 고치면 되니까 신경 쓰기 싫어요"라고 하는 것이었다. 참으로 답답한 노릇이었다. 경찰관은 경찰서로 가자고 하며 사고현장을 수습하고 있었다. 필자는 억울한 일을 당하고 그 일을 해결하지 못하면 속병이 나는 사람이라서 현장을 떠나기 전에 다시 한 번 그 운전자에게 말했다.

"아저씨! 아저씨 차를 내가 물어주기 싫어서가 아니고요, 진실을 규명하려고 하는 것입니다. 아저씨 차는 누가 물어줘도 물어줘야 합니다. 다만 내가 아저씨에게 부탁하고 싶은 것은 경찰관에게 사고 당시의 충격이 한 번인가, 아니면 그 충격을 두 번 느꼈는가를 기억해 주시면 되는 일입니다. 이는 매우 정의로운 일입니다. 왜냐하면 뒤에서 난데없이 제 차를 들이받아 놓고 이미 받혀 있었다고 주장하는 제 뒤차의 양심을 생각해 보십시오. 진실을 밝혀야 할 것입니다. 잘 생각하셔서 한마디만 해주십시오."

이렇게 사정하는 필자의 말을 이해한 듯 잠시 생각하는 것 같더니 경찰관을 향해 하는 말이 "충격은 한 번만 있었던 것 같았어요…"라고 하는 것이었다.

이때다 싶어서 필자는 경찰관에게 "선생님! 과학적인 차원에서 잠시 생각을 해보자구요. 제가 먼저 앞차를 들이받은 상태에서 잠시 후 뒤차가 다시 제 차를 받았다고 주장하고 있는 말이 맞다면 제 앞차를 운전하던 운전자가 그 충격은 반드시 두 번 느꼈을 것이 아니겠습니까?"

앞차의 운전자가 교통사고 처리반에 가서 조사를 받는 과정에서도 사실대로 진술해 주는 바람에 필자는 그 사고에서 피해자로 인정받게 되었다.

이 사건을 통해서 주행 중에만 안전거리가 필요한 것이 아니라, 차를 정지한 상태에서도 안전거리가 반드시 필요하다는 큰 교훈을 얻은 것이다. 다시 말하면 주행 중에 신호대기나 길이 막혀 정차할 때에도 앞차와의 거리는 적어도 5m 이상의 거리를 두고 정지해야 한다. 그래야 추돌사고를 당해도 어느 정도 제2의 추돌사고를 피할 수 있을 테니까 말이다.

그리고 연쇄 충돌사고가 일어나면 대개는 뒤차가 그 앞차를 물어주어야 하고, 또 그 뒤차는 앞차를… 이런 식으로 앞차에 대한 손해 부분을 변상하게 되는데, 이때 자기는 들이받지 않았는데도 뒤차에게 받힐 때의 충격이 너무 세서 그 여파로 앞차를 들이받아 바가지를 쓰는 경우가 가끔 있다.

사람은 사고를 당하면 그 순간부터 자기를 방어하기 위해서 십중팔구는 거짓말을 하는데 그것이 어쩌면 인지상정(人之常情)이라고 말하는 사람도 있다. 그래서 확실한 증거가 없으면 애매하게 당하게 되는 경우를 우리 주변에서 심심치 않게 목격할 수 있다.

또 하나 주의해야 할 것은 정차 시에도 반드시 브레이크를 확실하게 밟고 있어야 한다. 아니면 주차브레이크라도 당겨놓고 있어야 하는 이유는 뒤차에게 추돌을 당하여 그 충격으로 내 차가 튕겨나가 다시 앞차를 들이받는 제2의 사고를 예방하는 매우 중요한 조치가 되기 때문이다.

장애물 피하기

도로를 주행하다 보면 길에 박스나 쓰레기봉투, 트럭의 문이 열려 화물이 떨어지기도 하고 때로는 술 먹은 사람들도 쓰러져 있거나 공사 현장에서 안전조치를 확실하게 해놓지 않아 운전자를 크게 놀라게 하는 일들이 더러 있다.

항시 안전거리나 안전속도를 유지하여 전방을 잘 주시함으로써 미연에 사고를 막아야 되지만 너무 갑작스레 돌발적인 상황을 맞이할 때가 있다. 장애물이나 짐승 같은 것이 튀어나온다고 해서 급차선 변경을 해서는 안 된다. 물론 옆 차선으로 급차선 변경을 해도 안전하다고 판단될 경우에는 예외지만 말이다.

옆 차선에서 주행하던 차가 급하게 차선변경을 하여 내가 주행하던 앞쪽으로 갑자기 끼어드는 바람에 충돌을 피하기 위해 어쩔 수 없이 핸들을 꺾어 사고를 유발시켰다 하더라도 사고 원인을 제공한 차를 잡지 못한다면 그 사고에 대한 책임은 자신이 질 수밖에 없는 것이다.

그런데 그렇게 사고원인을 제공했던 차량은 거의가 못 잡는다. 현장에서 목격자가 나타나 주면 몰라도 너무도 순식간에 일어난 일이어서 자신의 사고만을 피하느라 정신이 없었기 때문이다.

요즘은 차량용 블랙박스가 만들어져 가끔은 뺑소니치는 차량들을 잡아들이기도 한다. 약간 비용이 든다고 해도 이런 피바가지를 피하기 위해서는 전방 감시 카메라를 장착하는 것이 좋다.

이런 상황은 언제라도 도로에서 일어날 수 있기에 어느 정도의 긴장감 속에 돌발적인 상황에 놓일 수 있다는 생각을 가지고 운전해야 한다. 어쩔 수 없는 상황에서는 길바닥에 널려져 있는 것이 사람이 아니라면, 그리고 급박한 상황이라면 그냥 그대로 밀고 가면서 서서히 정지하는 것이 현명한 행동이다. 물론 자신의 차량이 약간은 망가지는 것을 감수하면서 말이다.

이런 짐승이나 쓰레기더미 같은 것을 피하다가 큰 사고가 발생하기도 하는데, 순간적으로 당황하여 속도를 줄이지 못한 상태에서 핸들을 급히 꺾는다면 대형사고로 이어질 수밖에 없다. 내가 급히 핸들을 꺾어서 사고가 발생됐다면 그 책임은 모두 나의 몫이 된다는 것을 명심해야 한다. 그래서 평소에 도로의 사정을 빠르게 판단하고 대처해 가는 운전요령이 필요한 것이다.

운전 중 버튼 조작

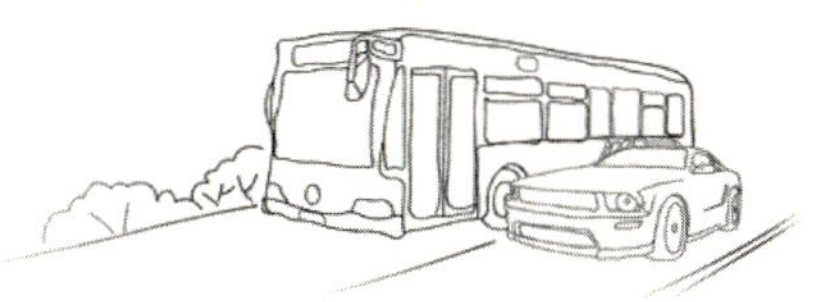

운전 중에 히터 또는 라디오, 에어컨, 윈드쉴드 와이퍼, 라이트 상향, 하향을 비롯해서 안개등 등 여러 가지 버튼을 조작하게 되는데, 가급적이면 운전 중에는 버튼 조작을 하지 않는 것이 좋다. 그렇다고 운전 중에 버튼을 전혀 안 만질 수도 없는 노릇이다. 이것저것 조작하느라고 정신을 빼앗기게 되면 그만큼 안전운전에 방해가 될 수밖에 없다.

운전 중에 담배를 피우는 사람도 마찬가지다. 차에서 담배를 피우다 보면 라이터 불을 붙이다가 교통사고를 부르는 사람들이 많다. 심지어는 주행 중에 담뱃불을 분명히 차창 밖으로 집어던졌는데, 잠시 주행하다 보면 등이나 엉덩이가 뜨거워서 살펴봤더니 담뱃불이 밖으로 나간 것이 아니고 휘몰아치는 바람결에 다시 차 안으로 날아 들어와 운전자의 옷이나 자동차의 시트커버를 태우는 경우도 있다. 이럴 때는 달리는 차에서 호들갑을 떨다가 사고를 일으킬 수도 있는데 참으로 난감하고 위험천만한 일이 아닐 수 없다.

운전을 하다 보면 어쩔 수 없이 버튼을 조작해야 하는 경우가 있는데 이럴 때는 다음과 같은 습관을 들여야 한다.

눈은 항시 전방을 주시하면서 라디오나 다른 버튼을 조작하는 것이다. 처음에는 어디에 있는지 눈을 전방에 두고 손가락만으로 더듬다

보니 위치 파악이 잘 되지 않을 것이다. 그런데 이것도 여러 번의 연습 과정을 거치면, 적어도 자기가 타고 다니는 차는 능숙하게 다룰 수 있게 되는 것이다. 이렇게 연습에 연습을 거듭함으로써 원하는 버튼을 쉽게 조작할 수 있게 된다.

사람은 참으로 신기한 동물이다. 한 번만 습관을 들이게 되면 두뇌에 잘 메모리되어 있어 언제든지 그 기능을 꺼내서 재사용할 수 있으니까 말이다.

운전 중에 일어나는 일들은 대개가 운전을 배우기 전에 하던 생활습관과는 다른 행동들이기 때문에 운전을 시작한 이후로 만들어진 습관을 자신의 것으로 만들어 사용하는 데 불편함이 없도록 확실한 연습과정을 통하여 숙달함으로써 새로운 습관으로 챙겨야 한다. 이런 과정을 반드시 거쳐야만 안전운전을 보장받을 수 있다는 것을 기억해야 할 것이다.

처음에는 더듬거리지만, 얼마 지나지 않아 능숙한 솜씨로 차 안의 모든 버튼을 눈으로 직접 확인하지 않고도 자유롭게 다룰 수 있는 베테랑 운전사가 되는 것이다.

이러한 연습은 항상 차가 정지된 상태에서 연습하는 것이 원칙이다. 그리고 명심해라. 연습량만한 기량이 없다는 것을….

고장차량&사고차량의 신속한 안전조치

사고현장에서 사고차량의 안전조치를 즉시 취하지 않으면 제2의 대형 사고를 부른다. 왜냐하면 사람들이 사고 당시 차량 밖으로 나와 사고를 수습하는 과정에서 뒤따라오는 차량들에게 알려야 하는 안전조치를 신속하고 확실하게 해놓지 않아서 고속으로 뒤따라오던 차량이 사고현장을 그대로 들이받아 더 큰 사고를 일으키기 때문이다.

사고나 고장으로 인한 현장의 신속한 안전조치는 매우 중요하다. 그곳이 고속도로상이라고 하면 그 위험은 상상을 초월한다.

2006년 여름으로 기억된다. 새벽 3시쯤 비가 부슬부슬 오고 있었다. 여의도에서 김포공항 방향으로 올림픽대로 성산대교 밑을 달리고 있었는데, 성산대교 아래의 도로상황이 운전대 방향으로 굽어 나가는 도로에서 앞서 가던 차량이 빗길에 미끄러지면서 중심을 잃고 중앙분리대를 들이받고 뒤집힌 상태로 정지한 것이다. 필자는 저만치 먼 곳으로 택시를 정차하고 현장에 다가가서 차 안에 탄 사람에게 "별일 없냐고?" 물었더니 다행히 괜찮다고 하였다. 그래서 깨진 유리 창문을 통해 나오려고 하는 운전자를 도와서 구출하고 경찰에 신고한 후 택시에 탄 손님 때문에 서둘러 현장을 떠났다.

그런데 몇 시간 잠을 자고 오전 10시쯤 TV 뉴스에서 "오늘 새벽에 성산대교 밑에서 사고현장을 처리하던 경찰 1명과 레커차 운전자 1명이 사고현장을 지나던 차에 치어 그 자리에서 사망했다"는 뉴스를 들었다. 그 순간 내가 신고했다는 죄책감이 들어서 한동안 큰 충격에서 벗어나지 못한 기억이 있다. 이 사건도 1차 사고현장의 안전조치를 소홀하게 하여 제2의 대형사고를 부른 것이다.

사고나 고장이 나면 가장 먼저 현장으로부터 100~200m 이상 떨어진 곳에 안전삼각대 설치부터 서둘러야 한다는 것을 명심해야 한다. 만일에 위험을 알리는 삼각대가 없으면 수단과 방법을 다해 주변의 그 어떤 물건들이라도 집어다 놓아 뒤따라오는 차량들에게 전방에 사고가 발생했음을 알려야 한다.

표시해야 할 물건이 마땅치 않으면 안전삼각대를 세워야 하는 지점의 가장자리에 사람을 세워 수신호로 전방에 사고현장이 있다고 옷가지 등을 흔들어 위험을 알리는 사인을 신속한 동작으로 보내도록 해야 한다. 이때 가급적이면 문제의 차량을 가장자리 쪽으로 옮기는 데 최선을 다하여 뒤따라오는 차량들에게 식별이 가능토록 해야 한다.

사고가 나면 대부분의 사람들이 정신이 없지만 그래도 사고현장에서의 안전조치는 생명과 직결된다는 사실을 명심하기 바란다.

눈빗길 운전

서울에서만 하루 평균 신규로 자동차 면허를 발급받는 사람이 대략 650명 정도 된다고 한다. 이런 계산으로 10일 동안 비가 오지 않는다고 가정하면 서울시내에 6,500명 정도가 운전이 서툰데다가 빗길의 경험이 전무한 상태의 '신삥' 운전자들이 도로를 활보하고 있다는 것이다. 운전면허를 신규로 발급받아서 장롱에 그대로 넣어두는 사람은 극히 드물 것이고 너나 할 것 없이 운전을 하고 싶어 하는 심리 때문에 많은 사람들이 길거리로 차를 끌고 나온다는 말이다.

이런 식으로 계산하면 한 해에 눈과 비를 경험하지 못한 사람들의 수가 대략 적게 잡아도 약 15만 명, 이중 절반만 운전을 한다 해도 7만 5천 명 정도는 기존의 운전자들과 함께 어우러져 운전을 하고 있는 중이라는 계산이다. 그야말로 위험투성이인 도로가 아니겠는가. 아무리 운전을 잘한다고 해도 도로에는 언제든지 무서운 복병(?)들이 도처에 깔려 있는 셈이다.

빗길에서 60km 이상은 절대로 운행해서는 안 된다. 그런데 우리의 운전습관은 심지어는 빗길에서도(고속도로) 100km 이상 달리는 차들을 얼마든지 볼 수 있는데 그때는 아찔한 생각마저 든다. 마치 큰 사고를 경험하지 못해 오토바이를 타고 거리에서 까불고 돌아다니는 폭주족들처럼 위험하기 그지없어 보인다.

주행 중 일단 수막현상이 일어나면 운전자의 실력으로는 그 차량을 컨트롤할 수 있는 방법이 전무해진다. 그야말로 운명을 하늘에 맡길 수밖에 없는데, 마치 빙판길에서 실수로 넘어져 미끄러져 가는 속수무책의 스케이트 선수의 상태가 되는 것과 똑같다.

'백문이 불여일견'이라고 했던가. 빗길에서 과속하는 사람들은 수막현상을 경험하지 못한 사람들이다. 이렇게 겁이 없는 사람들의 이해를 돕기 위해 당국에서는 실전에서 일어날 수 있는 상황들을 경험할 수 있는 시스템을 만들어 교육을 실시해야 한다. 마치 어떠한 음식을 먹고 체해서 죽을 고생을 한 사람은 다시는 그 음식을 먹지 않는 것처럼, 수막현상 앞에서 인간의 운전 실력이라는 것이 얼마나 우스운 짓거리인지 운전자의 마음에 아로새겨 주자는 것이다.

곧게 뻗어 있는 고속도로에서는 100km 정도 달리는 것이 어느 정도 가능할지 모르지만, 급차선 변경을 해야 하는 돌발적인 상황이 발생한다면 상상하기도 어려운 대형사고가 벌어지는 것이다. 광장 같은 곳에서 비 오는 날 시험을 해 보기 바란다. 60km 이상의 속도로 물위를 주행하다가 갑자기 핸들을 꺾으면 어떻게 되는지 말이다. 차를 조종하려는 의지와는 아무 관계없이 마치 관성의 법칙대로 차가 제멋대로 움직이는 상황을 경험하게 될 것이다.

빗길이나 눈길에서 급제동 시 바퀴가 완전히 잠기는 현상을 방지해주는 특수 브레이크인 'ABS(Anti-lock Brake System : 브레이크 잠김 방지 장치)'는 우리말로 번역하면 바퀴가 완전히 잠겨지지 않은 상태에서 차를 세울 수 있는 제동장치라고 할 수 있다. 정상적인 도로에서 ABS나 전자제어장치인 ECU(Electronic Control Unit), 유압조정장치인 HCU(Hydraulic Control Unit) 등은 커브길에서 바퀴를 안전하게 잡아주는 역할을 하는 것으로 알려져 있다.

하지만 이렇게 첨단 안전장치들도 노면상태가 정상적인 상태에서나 어느 정도 효과를 볼 수 있는 것이지, 눈길에서 일단 차가 미끄러지기 시작한 이후부터는 거의 효과가 없다. 이외에 요즘 고급승용차에 장착되어 나오고 있는 ESP(Electronic Stability Program), VDC(Vehicle Dynamic Control) 등은 차량이 미끄러지는 것을 방지해 안정된 상태를 유지시키는데 이때는 이 제어장치들도 통하지 않는다. 왜냐하면 정상적인 도로 상태에서 어느 정도 지면과 차량의 제동력을 필요로 할 때에 적합하도록 만들어졌기 때문에 눈길에서나 빗길 수막현상이 일어날 때는 그 비싼 돈을 들여서 장착한 장치도 효과를 보지 못한다는 것이다.

"고가의 차에 달린 것은 다른 것 아냐?" 하고 반문할 수도 있지만 절대로 그렇지 않다. 눈길에서 어느 정도의 효력을 발휘할 수 있는 것은 세상에 딱 하나 있다. 그것은 인간 안티 락 브레이크 시스템, 즉 인간 ABS인 것이다.

눈길에서는 엔진브레이크를 사용하라는 말을 자주 듣는다. 기어를 저속(1, 2단)으로 해놓고 가속페달을 밟지 않으면 엔진에 연료공급이 중단되어, RPM(엔진의 분당 회전수)이 떨어지게 된다. 이때 느려진 엔진의 압력이 차량의 바퀴에 전달되어 속도가 줄어드는데 이는 자동차의 바퀴가 눈길에서 완전히 잠기는 것을 방지하면서 제동하는 것을 목적으로 한다. 이렇게 하면 저속으로 눈길에서 미끄러지는 것을 어느 정도는 막을 수 있고 바퀴가 완전히 잠기지 않아 약간은 운전자의 의지대로 핸들을 조작하여 차를 정지시킬 수 있다.

눈이나 빗길에서는 평소 때의 1/2 속도로 감속운행하라고 표지판에서 안내하는 이유는 속도를 내면 낼수록 제동능력을 상실할 수밖에 없기 때문이다. 따라서 ABS가 장착된 차량이라고 해서 빗길이나 눈길에서 차량의 성능만을 과신하여 운전을 해서는 절대로 안 된다는 말이다.

자 그렇다면 인간의 내면에 누구나 가지고 있는 신이 만들어 주신 인간 ABS에 대해서 알아보자.

눈길에서 브레이크를 잡으면 '어! 어…!' 하다가 이어서 그 다음에 들리는 소리는 꽝! 하는 소리인데, 그것으로 그치지 않고 잠시 후에 또 다시 꽝! 꽝! 하는 소리가 들리기도 한다. 눈길사고는 연쇄충돌이 많다는 말이다. 참 답답한 일이다. 그렇게 내 말을 잘 듣던 나의 애마가 갑자기 눈길이라고 성질을 바꾸고 주인의 말을 안 듣는 것이다.

내가 브레이크를 밟았는데 그 브레이크가 명령을 안 따른 것이 아니다. 오히려 브레이크가 너무 말을 잘 들어서 문제가 된 것이다. 노면상태가 좋은 도로에서는 브레이크가 잘 들으면 들을수록 좋은 법이고, 눈길에서는 제동 시 바퀴가 잠겼다 풀렸다를 반복하는 브레이크 성능만 필요한 것이다. 다시 말하면 ABS 시스템처럼 작동을 해주어야 하는데 눈길에서는 아무런 효과가 없다. 그 이유는 정상적인 노면상태에서 차량을 정지하기 위하여 브레이크를 밟았을 때 차량의 제동력이 노면에 미치게 함으로써 정상적인 도로와 차량의 제동장치가 그 마찰력에 의해 상호작용을 함으로써 ABS 시스템이 정상적인 자기 임무를 수행하는 것인데 눈길에서는 미끄러짐 현상 때문에 그 좋은 ABS 브레이크의 효능이 전무한 상태가 되는 것이다.

현재까지 자동차에 장착된 ABS 중에 눈길을 감지해서 차량의 제동력을 자동으로 작동케 하는 브레이크는 없다. 눈길에서 주행 중 브레이크 패드가 브레이크 디스크를 꽉 잡아 바퀴의 구동력을 확실하게 제압하여 움직이지 못하게 한다고 해도 차는 주인의 말을 전혀 듣지 않고 차가 운동해 가던 방향대로만 가는 것이다. 운전자의 생각과는 상관없이 자동차가 가고 싶은 곳, 즉 관성의 법칙대로만 움직이고 만다. 이때는 핸들조작도 불가능하다. 바퀴가 잠기면 핸들도 움직이지 않기 때문이다.

그렇다면 앞에서 언급한 ABS 브레이크 시스템을 운전자의 의지를 연속된 동작으로, 이른바 천천히 작동하는 인간 ABS를 직접 만들어 사용해야 하는 것이다.

자! 그럼 '인간 ABS'란 무엇인가?

눈길에서 차가 미끄러져 갈 때 순간적으로 1초에 3~6번씩의 빠른 속도로 브레이크 페달을 밟았다가 놓았다를 반복하는 것이다. 이렇게 하면 진행하고 있던 차의 바퀴가 순간적으로 눈길 위에서 잠겼다가 풀리기를 반복하면서 잡고 있던 핸들이 운전자가 전환하고자 하는 방향으로 조금씩 움직이게 되는데, 바퀴가 잠겼다가 굴러갔다가를 반복함과 동시에 핸들도 꺾였다가 멈추기를 반복한다. 이때 바퀴의 제동과 방향전환이 어느 정도 운전자의 뜻대로 이루어지는 것이다.

중요한 것은 브레이크를 계속해서 밟고 있으면 차는 운전자의 의지와는 관계없이 차가 달리던 방향으로 계속해서 진행하다가 부딪치게 되지만 이렇게 인간 ABS 브레이크를 사용하면 충돌한다 해도 피해를 최소화할 수 있다.

급박한 상황에서 사고를 어느 정도 막을 수 있는 방법만 알고 있다고 해서 사고를 줄일 수 있는 것은 절대로 아니다. 잘 해보지 않았던 방법이라 처음 사용하려 하면 둔탁하고 어색하다. 유사시에 그런 행동들을 갑자기 시도한다고 해서 잘 되는 것이 아니고, 평소에 많은 연습을 해둠으로써 가능한 일이라는 것을 명심하기 바란다.

필자의 주장은 여러 번의 끈기 있는 연습만이 훌륭한 운전습관을 만들어 나갈 수 있다는 것이다. 특히 눈이 온 후 큰길은 어느 정도 눈이 치워져 그런대로 차량들이 운행을 하고 있으나 골목길에는 눈이 얼어붙어 거의 빙판길이다. 이런 상황에서 브레이크를 밟으면 충돌하기 십상인데, 이럴 때에도 인간 ABS는 매우 유용하게 사용할 수 있다.

겨울철 넓은 도로의 한적한 곳에서 수백 번의 연습과정을 거쳐 내 것으로 얼마든지 만들 수 있으니, 연습에 연습을 거듭하여 나만의 인간 ABS를 장착하기 바란다.

눈이 내리면 차량의 원활한 소통을 돕기 위해서 염화칼슘을 뿌린다. 염화칼슘이 주변의 물과 반응해서 생긴 열로 눈이 녹게 되는 원리다.

그런데 이 과정에서 눈이 녹았다고 해서 염화칼슘과 눈이 도로에서 모두 없어진 것은 아니다. 염화칼슘은 눈을 녹인 후 사람의 눈에 보이지 않을 정도로 그 알갱이가 아주 작아져서 도로에 코팅되어 있는 상태를 유지하고 있는 것이다. 다시 말하면 그 작은 알갱이는 자동차의 타이어와 노면의 중간에서 차와 노면을 분리시켜 차량의 제동력을 떨어뜨리고 있다는 것이다.

그런데 이를 경험하지 못한 사람들은 노면 상태가 정상인 줄 알고 달린다. 그리고 급브레이크를 밟아 정지하려 하는데 차는 절대로 운전자의 말을 따라주지 않는다. 일반 도로와 빙판길의 중간 정도의 미끄러짐 현상이 일어난다. 이렇게 발생하는 사고가 너무 많다. 겨울철 눈이 도로에 내리고 염화칼슘이 뿌려진 도로에는 날씨가 영상으로 올라간 상태에서 도로의 염화칼슘이 씻어 내려갈 정도로 많은 비가 오지 아니하면 매우 미끄러운 현상이 계속된다는 것을 명심하고 또 명심하기 바란다. 반드시 도로마다의 제한속도를 절반으로 줄여야 한다.

정상적인 도로의 색깔과 염화칼슘이 녹아서 도로에 도포되어 있는 노면의 색깔은 다르다. 잘 살펴보면 약간은 번득임이 있다는 것을 알 수가 있다. 물기를 약간 머금고 있는 도로면처럼 말이다.

이런 상황에서 제동 시 차량이 미끄러지면 그대로 브레이크만 밟고 있지 말고, 앞에서 언급한 인간 ABS를 사용해라. 그렇게 하면 어느 정도는 사고를 피할 수도 있고, 그 피해를 줄일 수 있다.

이렇게 사용하는 인간 ABS는 정상적인 도로에서도 마찬가지다. 긴박한 상황에서 급브레이크를 밟으면 스키드 마크가 생기면서 미끄러지는데 대부분의 운전자들은 그대로 차량이 정지할 때까지 브레이크

페달을 꽉 밟고 있게 된다. 이때 평소에 인간 ABS를 사용할 줄 아는 연습만 잘 되어 있다면, 우측 차선이나 좌측 차선에 여유가 있음을 파악하여 순간적으로 인간 ABS를 사용해라. 그러면 어느 정도 사고를 줄일 수도 있다.

겨울철 터널과 교량 운행

눈길 운전은 눈으로 확인하면서 운전하기에 그나마 조심해서 운전할 수 있지만 눈길보다도 훨씬 무서운 것이 있는데 그것은 겨울철 터널 속 운행이다. 겨울철 낮 시간의 터널 밖은 햇빛이 비춰서 대기온도가 영상으로 올라가 눈이 녹아내리면서 질퍽한 도로상황을 보인다. 이때 차량들이 물기를 바퀴에 묻혀 터널 속으로 이동시키는데 문제는 터널 속의 온도는 영하가 대부분이다.

겨울철 터널 속과 교량 위 등의 노면 온도는 지열의 영향을 받는 일반 도로보다 5도 이상 낮기 때문에 일반 도로면의 온도가 영상 3도면 눈이 녹고 있지만 이때 터널이나 교량 위, 높은 산이나 지열을 받지 못하는 콘크리트 구조물 같은 곳의 온도는 영하 2~3도의 온도를 유지하고 있으므로 물기가 있는 곳이라면 반드시 얼어붙어 있다는 말이 된다.

터널 밖에서 눈이 녹은 물기를 차량들이 바퀴에 묻혀서 터널 안으로 가져갈 때 터널 안의 낮은 온도 때문에 곧바로 살얼음판을 만들어 놓는다. 그러니까 터널 안 아스팔트 위에 아주 얇은 얼음막을 씌워놓는다는 표현이 더 어울린다. 얼음으로 아스팔트를 코팅한 것처럼 말이다. 터널 안의 이러한 살얼음 현상은 차량들을 얼음판 위에서 미끄러지게 하는 데 기가 막힌 효과를 가져온다.

1983년으로 기억되는데, 송파에 있던 영동교통(14번)에서 광화문에서 회차하는 시내버스 운전을 하고 있던 당시, 동호터널이 개통된 지 얼마 지나지 않아 터널 속에서 30여 대의 차가 연쇄 추돌한 사고현장의 한가운데 있었다. 그러니까 장충단 방향에서 동호터널로 진입하려고 하면 터널 입구가 약간 솟아 있어서 터널 안이 직접 보이지 않고, 일단 터널에 진입한 후에야 터널 안이 보이도록 되어 있다.

그런 구조 때문에 터널에 진입한 후에야 살얼음판의 터널 속에서 차들이 부딪혀 엉켜 있다는 사실을 발견하고 급제동을 하였으나 살얼음이 얼어 있는 상태에서는 속수무책이었다. 브레이크를 밟으면 더 빨리 가는 듯한 느낌이었다. 그러니까 속력을 내서 달리다가 그대로 들이받는 황당한 상황이 연속해서 순식간에 벌어지고 말았던 것이다.

그런데 그 속에서 사고를 일으킨 사람들의 표정이 재미있었다. 사고를 낸 운전자들은 모두가 심각해 하기는커녕 서로를 쳐다보며 우리는 멍청한 인간들이라고 어이없어 하며 웃고 있었던 것이다.

이는 교량을 통과할 때도 마찬가지다. 교량 역시 공중에 떠 있는 상황이라 지열의 영향이 없어서 얼어 있는 것이다. 그나마 곧게 되어 있는 교량은 좀 덜 위험한데, 가양대교 북단처럼 휘어져 있는 교량에 진입할 때 일반도로에서의 주행속도를 그대로 유지하면서 다리로 진입하다가는 그대로 미끄러지는 현상 때문에 큰일을 경험하게 된다.

이렇게 겨울철 운전에 있어 터널이나 교량을 통과할 때는 진입하기 직전에 그 속력을 급히 절반 이하의 속도로 급감속하여 노면의 상태를 잘 감지하면서 조심스럽게 통과해야 해야 한다. 커브길에서도 속도를 크게 감속하여 운행해야 하지만 도로가 솟아있는 영마루에서도 커브길에서 운전하는 것과 같이 속도를 크게 감속하여 운전해야 함을 명심해야 할 것이다.

횡단보도 통과 요령

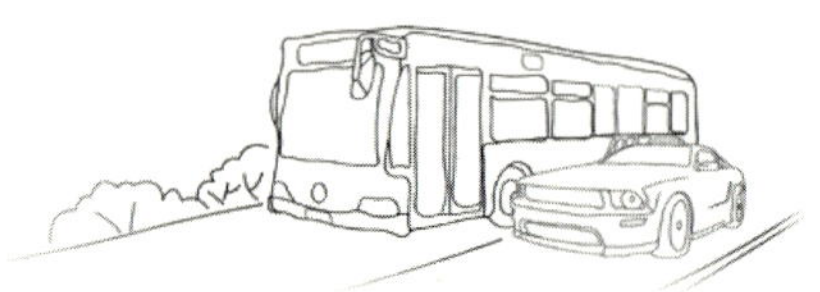

왕복 2차선 도로의 횡단보도를 통과할 때는 세심한 주의가 필요하다. 차량이 통과하는 신호라고 해도, 건너는 사람이 없어도 확인하고 또 확인해야 한다. 보행자 횡단신호라고 하면 말할 것도 없지만 보행자가 횡단하는 신호가 아니고 차량이 지나갈 수 있는 신호라고 해도 신호를 무시하고 건너는 사람들이 더러 있고, 가끔은 번개처럼 느닷없이 나타나 횡단보도를 뛰어서 건너는 사람들도 있기 때문이다.

만일에 보행하는 사람을 치게 되면 차량의 잘못이 없다는 확실한 증거가 없는 한 거의 모두가 차량을 운전한 사람에게 책임이 주어진다는 현실을 말하는 것이다. 왜냐하면 다친 보행자가 자기 잘못을 여간해서 시인하지 않기 때문이다. 횡단보도 신호가 초록색이었다고 말이다.

가끔은 횡단보도를 건너려고 인도에 서 있는 사람이, 양보하겠다며 차량을 먼저 통과시키려고 사인을 보내는 경우가 더러 있는데, 이러한 사람들에게 절대로 속아서는 안 된다. 그러니까 횡단을 하려는 사람과 차량을 운전하는 사람의 사인이 서로 엇갈릴 수가 있다.

서로가 양보하는 것까지는 보기 좋은 장면이지만, 서로의 사인이 엉켜 사고로 이어지는 예가 가끔씩 있기 때문이다. 우리가 인도에서 서로 교차하는 방향이 엉켜서 좌우로 어깨를 부딪친 경험이 있었던 것처럼 말이다.

횡단보도 앞에서는 무조건적으로 사람이 먼저 건널 때까지 여유를 가지고 기다려라. 횡단보도 사고는 확실한 증거가 없는 이상 운전자들에게 절대로 불리하다는 것을 명심해야 한다.

아이들은 믿지 마라

특히 이면도로에서는 아이들이 무단횡단하는 것을 세심하게 관찰해야 한다. 도로를 주행하고 있는 차량의 운전자가 볼 때 전방의 먼발치에서 뛰어서 도로를 횡단하는 것을 보고, '저 정도 속도면 아이가 무난하게 중앙선을 통과해서 안전하게 건너가겠지…' 하는 계산으로 달리던 속도로 계속 몰아서는 절대로 안 된다.

왜냐하면 그 아이가 중앙선에 다다랐을 쯤에 그 반대편 도로에서 다가오는 차량이 있는 것을 목격하면 그 아이는 자기가 출발한 지점으로 뒤돌아서 뛰기 시작한다. 나의 판단만 가지고 주행을 계속한다면 뒤돌아서 정신없이 뛰는 아이와 정확하게 충돌하게 된다는 말이다.

또한 클랙슨을 눌러서도 안 된다. 아이가 놀래면 더더욱 당황하게 되니까 말이다. 그냥 그 아이가 어느 방향으로든 안전한 곳으로 이동할 때까지 무조건 즉시 멈추고 기다려야 한다. 그러기에 아이가 차도로 뛰어든 것을 목격하면 차를 멈추는 것이 가장 안전한 운전방법이라 말할 수 있겠다. 그래서 운전자들 사이에서 어린아이는 믿어서도 안 되고, 어린이는 '빨간 신호등'이라는 말들을 하는 것이다.

사고가 발생하게 되면 가해자, 피해자 모두에게 엄청난 손실을 가져온다. 때로는 가정이 파탄에 이르게 되는 경우도 있고, 직장도 잃고, 목숨마저 빼앗기는 경우가 있는가 하면, 경제적으로 너무 큰 타격을 입어 헤어나지 못하고 밑바닥 인생으로 졸지에 추락하는 경우도 허다하다. 피해자라고 해서 보상을 받으면 무엇 하겠는가? 사람이 크게 망가졌는데 말이다.

모든 운전자들이 일단 도로에 차를 끌고 나오면 똑같은 조건에서 운전을 하게 된다. 그런데 그 차량을 운전하고 가는 운전자마다의 실력이나 판단력마저 똑같은 것은 아닐 것이다. 그래서 경험이 없는 운전자들은 더 많은 운전상식과 경험을 얻어야 한다고 생각한다. 그리고 사고를 사전에 예방하려면 양보운전만한 기술이 없다는 것이다.

인간은 습관성 동물이라 운전을 시작하면서부터 양보하는 습관을 길들이게 되면 비교적 여유 있는 마음가짐으로 운전을 잘하게 된다. 그런데 대부분의 사람들은 운전에 있어 초보자의 실력으로 도로에 나오면 많은 운전자들이 자기를 무시하는 것 같고, 또 실제로 무시당할 때도 있으므로 가끔씩 상하게 되는 자존심 때문에 양보하는 운전습관을 길들이기란 쉽지 않다. 그래도 운전에 있어 양보보다 더 좋은 기술은 없다는 것을 기억하기 바란다.

클랙슨은 상대방 차의 브레이크

대부분의 시내에서는 클랙슨 사용이 금지되어 있다. 그러나 급박한 상황에서는 클랙슨을 반드시 사용해야 한다. 사고가 나는 경우는 대개가 사고 당사자인 운전자들끼리 눈을 마주치지 못해서 일어난다. 그러니까 상대의 차가 위험하게 다가오는 것을 알고 있는데, 상대는 위험한 상황을 모르고 다가오는 수가 있다는 말이다. 이럴 때는 급하게 클랙슨을 눌러서 상대 차량에게 위험한 상황을 급히 알려야 한다. 때때로 이렇게 위험한 상황을 모면한 경험이 필자에게도 있다.

상대편의 차량과 눈길이 어긋나 위험에 처해 있을 때, 클랙슨을 누르는 행위는 상대방 차량의 브레이크를 내가 임의적으로 작동하는 것과 마찬가지이다. 이는 차가 오는 것을 모르고 무단횡단을 하는 사람들에게도 마찬가지라고 할 수 있다. 그런데 어떤 차들은 클랙슨 소리를 기관차(열차)의 클랙슨으로 바꾸어 다니는 차량들이 간혹 있는데, 이것은 법으로도 금지되어 있다. 소음공해이기도 하지만 잘못하면 무단횡단 하는 사람이 그 소리를 듣고 놀래서 그 자리에서 실신할 가능성이 매우 크기 때문에 절대로 삼가야 한다. 클랙슨은 상대가 내 차를 인식할 수 있도록만 해주면 되므로 공장에서 정해진 규격에 의해 장착된 것이면 된다.

자기만을 생각하는 일부 몰지각한 사람들의 행동이 때로는 남에게 엄청난 피해를 줄 수 있고 그것으로 인하여 큰 사고를 부르기도 하기 때문이다.

운전 중에 위험한 상황에서 가볍게 클랙슨을 눌러서 상대 차량에게 위험을 알리는 행위는 또 하나의 운전 기술임에 틀림없다. '이 지역에서는 클랙슨 사용을 금합니다'라고 하는 안내 사인탑이 있다고 해도 위험한 상황이라 느끼면 클랙슨을 재치 있게 사용해야 한다.

운행 중 도로에서의 착시현상

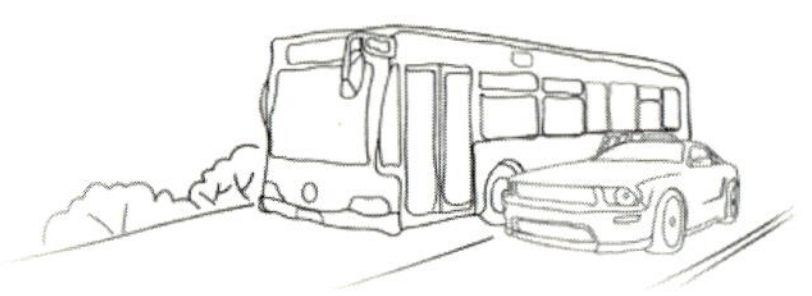

차가 골목으로 들어가기 위해서는 수십 미터 전부터 방향지시등을 켜고 인도 쪽 차선으로 바꿔 진행하다가 골목으로 들어가야 한다.

마찬가지로 사거리 교차로 같은 곳에서도 우측 방향으로 진입하기 위해서는 우측 차선으로 차를 붙여 진행하다가 목적하는 방향으로 빠져나가야 하는 것은 상식이다.

그런데 우회전하려고 하는 사거리의 코너나 또는 골목길 바로 직전에 주차 또는 정차해 놓은 차를 발견하기란 그렇게 어려운 일이 아니다. 이럴 땐 잠시 갈등이 생긴다.

무조건적으로 차를 추월해서 들어가면 안 된다. 만일에 추월을 시도하고 있는 상황에서 주차 또는 정차해 있던 차량이 갑자기 출발이라도 하면 충돌하게 되는데, 사고 발생 시 주차해 있던 차량이 갑자기 출발하여 충돌사고를 일으켰다면 주차해 있던 차량이 책임을 면하기는 어렵지만 어쨌거나 사고는 피해야 한다.

그렇다면 일단은 주차해 놓은 차에 운전자가 앉아있는지만 확인해도 좋으련만, 요즘은 자기가 무슨 중요한 인물이라도 되는 것처럼 죄다 차량 측면까지 진한 선팅지로 도배를 해놓아 차 안에 사람이 있는지 없는지 구분하기가 여간 쉽지 않다.

이렇게 불법 주차해 놓은 차가 비켜 줘야만이 안전하게 우회전하거나 골목으로 들어갈 수가 있는데, 차가 사라질 때까지 마냥 기다릴 수도 없는 노릇이고, 그렇다고 그 차를 추월해서 우회전하는 도중에 주차해 있던 차가 출발하게 되면 접촉사고가 발생할 수밖에 없다.

어쩔 수 없이 주차해 있던 차가 움직이고 있는가를 끝까지 잘 관찰하면서 조심스럽게 앞쪽으로 진입해야 한다. 이때 주차해 있던 차가 정지해 있는지, 움직이는지를 확인하기란 정확하게 파악하기가 쉽지 않다.

왜냐하면 내 차가 움직이는 상태에서 주차해 있던 차의 움직임을 관찰하고자 할 때는 착시현상이 일어나기 때문이다. 내 차가 서 있는 상태에서 상대의 차량이 움직이는 것을 관찰하기는 어렵지 않은데, 내 차가 움직이면서 상대의 차가 움직이는 것을 판단하기란 쉽지 않다.

기차여행 중 가끔은 역에서 기차가 천천히 교행을 할 때, 경험해 본 적이 있을 것이다. 내가 타고 있는 기차가 움직이는 것인지, 교차하는 기차가 움직이는지 분간하기가 쉽지 않았던 착시현상을 말이다.

이 상황에서는 이렇게 해보자.

주차해 놓은 차량의 앞바퀴를 주시하면서 서서히 진행한다면 주차해 놓은 차가 움직이는 것을 비교적 정확하게 파악할 수 있다. 이런 방법으로 주차해 있던 차를 관찰하는 습관을 들이면, 다시 말하면 길가에 서 있는 차의 앞쪽에 주차하려 하거나 또는 주차해 놓은 차를 앞질러 우측 골목이나 우회전하려고 할 때에 무조건적으로 진입하지 말고, 반드시 주차해 놓은 차의 바퀴가 움직이는 것을 끝까지 확인하면서 진입해야 한다.

그렇게 주차해 있는 차량의 바퀴 부분이 움직이는 것을 끝까지 확인하면서 안전하다고 판단될 때 그 차량 앞으로 서서히 진입을 하게 되면, 주차해 있던 차량이 막 출발하려 한다 해도 이미 내 차가 주차해 있던 차량의 앞으로 진입중이라는 것을 확인시키게 되므로 사고를 최소화할 수 있다.

사고란 서로의 존재를 확인하지 못하는 데서 비롯되는 수가 많으므로 어떤 방법이든 서로의 동태를 파악하는 것이 매우 중요하다.

매우 중요한 타이어 상태

타이어를 우리말로 표현하려면 달리 적당하게 표현할 방법이 없다. 타이어의 상태를 표현할 때 '타이어 뽕, 이빨, 밥'이라고 하는 사람들도 있지만 정확하게 타이어의 상태를 이르는 용어는 'Tires tread depth(타이어 트레이드 뎁스)'이다.

요즘은 차의 성능이 날로 향상되어 일일점검을 하는 사람들이 많지 않다. 그래도 차를 아끼는 사람이나 오래전부터 차를 잘 관리하던 사람들은 장거리 출발 전에 반드시 점검하는 습관을 가지고 있다.

점검을 할 때 엔진오일과 라디에이터, 물 그리고 팬벨트 정도의 점검은 하는데 타이어의 공기압이나 타이어의 마모 상태를 점검하는 데는 소홀한 것 같다. 하지만 타이어를 점검하는 것은 무엇보다도 중요하다. 왜냐하면 타이어의 마모 상태를 잘 관리함으로써 큰 사고를 피해 갈 수 있기 때문이다.

타이어의 공기압이 적은 상태로 고속주행을 하게 되면, 타이어가 지면에 닿을 때는 눌리게 되는데 이렇게 눌리고 펴지는 상태가 고속주행 중에 반복되면서 타이어 내부에 고열이 발생된다. 이 고열로 인해 고속주행 중에 타이어가 터져(파열) 큰 사고로 이어졌다는 뉴스를 자주 접하게 되는데 이는 매우 위험천만한 일이 아닐 수 없다.

교환주기가 지나 실밥이나 타이어의 철사가 노출되어 거리를 활보하는 차들도 가끔씩 있다. 항시 타이어 바닥의 마모상태를 잘 살펴야 한다. 그나마 노면상태가 건조하고 깨끗한 곳에서는 별문제가 없으나 빗길이거나 눈길일 때, 모래나 먼지들로 도로가 오염되어 있을 때는 엄청난 재난을 초래하기도 한다.

타이어의 상태가 최상일 경우에만 법으로 정해져 있는 안전거리가 유효한 것이지, 타이어 상태가 불량한 경우라면 안전운전에는 무방비 상태가 되는 것을 명심하기 바란다.

이러한 타이어의 중요성을 우리는 별로 중요하게 생각하지 않는 경향이 있는데, 미국 같은 선진국에서는 영업용 차량들에 대해 엄격한 잣대를 들이대고 있다. 반면에 우리는 버스나 트럭 같은 차량에 재생 타이어는 물론이고 타이어가 너덜너덜할 때까지 사용하다가 결국에는 만신창이가 되어 그대로 차도에 방치되어 나뒹구는 타이어 쓰레기들을 심심치 않게 목격하고 있지 아니한가.

매년 교통사고로 인한 비용이 무려 국가예산의 6.6%라고 하니 교통사고를 막기 위한 정부의 노력이 더 많이 필요하다는 생각을 해본다.

미국에서는 대형 트럭의 앞바퀴는 8/32인치(6.37㎜), 뒷바퀴는 2/32인치(1.6㎜)로 엄격하게 규제하고 있고, 승용차의 경우 앞바퀴는 1.6㎜, 뒷바퀴는 1㎜ 미만이면 반드시 타이어를 교환해야 한다.

타이어 비용을 아끼려고 '조금만 더 타지 뭐…' 하고 미루는 사람들이 있는데, 이런 생각으로 타이어 관리를 하면 큰일 난다. 차라리 썬팅 같은 것을 하지 말고 그런 데 쓰이는 돈으로 타이어 관리비용에 써야 한다.

타이어는 나의 생명을 지켜 주는 매우 중요한 부분이기에 반드시 잘 관리해야 한다. 타이어의 상태에 따라서 그 자동차의 제동거리가 크게 달라질 수 있다. 타이어의 상태를 최상으로 유지한다는 말이 바로 나의 장수를 도와주는 큰 비결이라고 생각한다면 이해가 빠르겠는가?

급브레이크를 밟았을 때 추돌을 피하기 위한 급제동거리가 최대 30m라고 하면, 타이어가 심하게 마모된 상태의 차량은 그 제동거리가 도로의 상태에 따라 약간의 차이는 있겠지만, 무려 약 70%까지 길어지게 된다는 것을 명심해야 할 것이다. 다시 말하면, 타이어의 교환 시기를 놓치게 되면 30m 이내에서 정지할 수 있는 것이 약 50m까지 그 제동거리가 길어질 수밖에 없다는 말이다.

타이어의 교환 시기를 넘긴 낡은 타이어를 장착한 채로 운행을 계속하고 있다면, 30m에서 50m 사이에 있는 물체는 반드시 들이받게 된다는 계산이 나온다.

그리고 타이어 중에서도 앞 타이어의 상태는 절대적으로 중요하다. 만일 경제적으로 여의치 않아서 타이어 교환을 늦추고 있다면, 앞 타이어만이라도 확실하게 관리해야 한다. 이마저도 방치한 채 운행을 계속한다면 이는 도로에 나올 때마다 자살을 시도하는 행위나 마찬가지인 것이다.

필자는 운전을 천직으로 알고 살아가는 운전 전문인으로서, 개인적인 소견은 차량의 정기점검 때 타이어의 상태도 그 대상에 반드시 포함시켜야 한다고 생각한다.

브레이크의 제동력이 100이면 앞바퀴의 제동력은 80에 달하고 뒷바퀴의 제동력은 20 정도에 그친다. 타이어 관리는 목숨만큼이나 중요하다. 돈 조금 아끼려다가 인생 전체가 날아가는 엄청난 손실을 불러들일 수 있다.

인생을 잘 마무리하는 것은 죽음을 앞두고 있는 사람들의 삶에 대한 안타까운 미련보다는 아름답기만 했던 삶에 대한 미련을 마음속에서부터 잘 떨구어 내는 것이다. 받아들이기에 불가항력적인 일들에 대한 미련은 버리는 것이 좋다.

브레이크는 생명이다

우리가 평소에 사용하는 각종 차량의 브레이크는 두 가지 시스템으로 만들어져 있다. 하나는 평소 주행 중 발로 밟아서 사용하는 풋 브레이크(주 브레이크)인데 본래 용어는 서비스 브레이크(Service Brake)이다. 다른 하나는 운전석 오른쪽에 위치해 한 손으로 당겨 올리는 이른바 비상 시 사용하는 속칭 사이드 브레이크(Emergency Brake)이다.

고급 승용차들은 왼발로 밟아서 사용하고, 대형 트럭들이나 버스는 에어(Air)로 작동하기에 레버나 버튼 방식으로 되어 있다. 이렇게 주행 중에 사용하는 서비스 브레이크와 비상 시 사용하는 비상 브레이크가 모든 자동차에 장착되어 있다.

가끔 신문에 보도되는 일이지만 지방의 내리막 산길을 주행하던 관광버스가 브레이크 고장으로 도로 난간을 들이받고 계곡으로 추락하여 몇 명이 사망하고 부상했다는 뉴스를 접하기도 한다.

이때 대개의 교통사고는 위급상황에서 사용하도록 만들어져 있는 비상 브레이크 사용 기술(습관)이 평소에 준비되어 있지 않아서 그 사고를 막을 수 없었던 것이다. 다시 말하면 비상 브레이크가 장착되어 있었음에도 불구하고 급박한 상황에서 당황한 나머지 그 비상 브레이크를 사용하지 못해 대형 사고가 일어나는 경우가 많다.

급박한 상황에서 비상시 브레이크를 사용할 줄 아는 습관을 길들이기 위해서는 평소에도 신호대기 중일 때 연습해 두어야 하고, 주행 중에도 넓은 도로에서 뒤따라오는 차량이 없을 때 많이 연습해 두어야 한다.

훌륭한 운전이란 좋은 습관을 내 것으로 만들 수 있는 평소의 운전 연습이 매우 중요하다. 도로 주행 중에 실제상황인 것처럼 가상하여 연습하라는 것이다. 다시 말하면 아주 세게 당기지 말고 적당하게 급정거하지 않도록 당기는 연습을 해야 한다. 물론 이런 상황에서도 뒤따라오는 차량이 있는지를 잘 확인하면서 말이다.

서비스 브레이크가 고장 나면 거의 모든 운전자들은 당황하여 페달만 계속해서 밟게 되는데 이렇게 다급한 상황에서는 절대로 비상 브레이크를 사용하지 못한다. 평소에 연습이 되어 있지 않기에 급박한 상황에서 연속동작으로 연결이 안 되는 것이다. 그런 위급상황이 1초 또는 2초만 지속되어도 사고는 발생한다. 따라서 브레이크 고장으로 인한 사고를 막으려면 비상 브레이크 사용법을 길들여 놓는 연습만이 최선책이다.

습관만한 운전기술은 없다

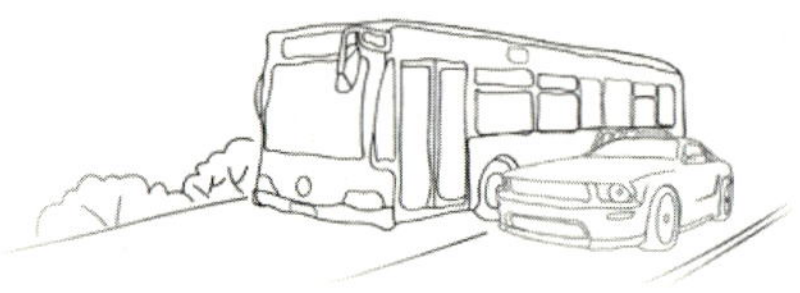

지금까지 언급한 안전운전에 대한 것들도 자신의 것으로 만들기 위한 습관으로 길들이지 않으면 아무 소용이 없다.

한번만 길들여지면 필요할 때마다 자연스럽게 꺼내서 사용하는 데 별문제가 없는 것이 습관이다. 그래서 습관은 제2의 천성이라고 한다.

처음에는 그 무엇도 쉽사리 잘되지 않는다. 수백 번의 반복된 연습을 통해서만이 나의 것으로 만들 수 있는 것이다.

반드시 한 가지 운전습관을 길들일 때 300번 이상의 연습을 거쳐야만이 비로소 내 것으로 만들어 낼 수 있다는 것을 명심해야 한다. 연습량만한 실력은 절대 없다.

위에서 언급한 안전운전에 대하여 연습하는 것을 게을리하지 말고 노력에 노력을 거듭하여 평생 여러분의 안전운전에 도움이 되길 바란다. 아울러 여러분의 행복한 가정을 유지하는 데 버팀목이 되었으면 하는 필자의 간절한 마음을 전한다.

Part 4

목격자는 현장에서 확보하라

교통사고 당사자들에 대한 사회적 불신

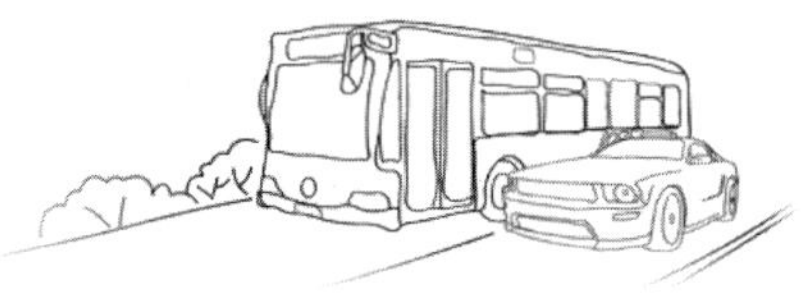

도로에서 운행을 하다 보면 횡단보도나 교차로 부근에 "언제 어느 때 이곳에서 어떠한 차량의 교통사고나 어떤 행인을 치고 달아난 차량을 목격하신 분을 찾습니다. 사고현장을 목격하신 분이 계시면 어느 경찰서 교통사고 처리반 어느 담당에게 연락을 주시든지, 사고 당사자에게 전화를 주시면 후사하겠습니다"라고 써 붙이고, 후렴으로 다음과 같은 글귀들이 적혀 있는 것을 자주 목격한다.

"그 은혜를 잊지 않겠습니다", "애타게 찾고 있으니 꼭! 연락을 기다리겠습니다", "성의껏 보답하겠습니다."

어떤 것은 붙여 놓은 지가 오래되었는지 글씨가 바래서 잘 안 보이는 경우도 있고, 어떤 플래카드는 목격자가 그 글귀를 보고 돌아갈 것 같은 것도 있다. 예를 들어서 "언제 어떤 사고를 보신 분은 연락 주시면 후사하겠습니다"라고 써 붙인 것은 그야말로 성의 없는 글귀가 아닐 수 없다.

미국 사람들은 일상생활에서의 연기력이 대단하다. 조금만 자기에게 잘해 주는 것 같으면 지체 없이 "땡큐! 땡큐"를 연발한다. 아니, 별로 감사한 일이 아닌 것 같은데도 그렇게 입버릇처럼 말한다. 세상과 더불어 살아가는 방법을 그들은 잘 알고 있는 것이다.

사고현장을 목격한 사람은 누명을 쓴 교통사고 당사자에게는 때로는 목숨만큼 중요한 사람이다. 왜냐하면 사고가 클 경우에는 전 재산이 날아갈 수도 있기에 하는 말이다. 그렇게 중요한 사건을 해결해 줄 사건을 목격한 사람을 초대하는 문구가 너무 성의가 없다는 것이다. 어쨌거나 글의 내용이 성의가 있든지 없든지 간에 대부분 이러한 플래카드를 붙이는 사람들은 사고의 내용을 적어 놓은 것으로 미루어 보아 해당 교통사고에 잘못이 없는데도 증인을 확보하지 못해 가해자로 몰린 억울한 사연을 가지고 있을 것 같다는 짐작이 가능한 사건들이다.

플래카드에 적힌 '후사(後謝)'라는 말은 우리가 사용해서는 안 되는 말이다. 우리가 쓰는 말 중에 '가는 정 오는 정'이라는 말이 있다. 그런데 '오는 정 가는 정'이란 말도 있다. 어떻게 보면 비슷한 말처럼 들릴지는 모르지만, 자세히 들여다보면 '오는 정 가는 정'이란 말은 우리가 사용해서는 안 되는 말이다.

'후사'와 '선사'의 차이에 대해서 생각해 보자. 후사란 '네가 나에게 이득이 될 만한 유형의 물건이나 무형의 정보를 제공하면 그것에 대한 가치평가를 내린 후 내가 알아서 너에게 사후에 제공할 거야!'라는 뜻과 같다. 그것도 엿장수 마음대로 하겠다는 생각이 짙다.

이 말을 목격자들의 위치에서 생각해 보면, '야! 너희들(사고 당사자들) 사고가 날 때마다 후사하겠다고 하기에 그렇게나 여러 번 목격자 진술을 해주었는데도 언제 한번 목격자 대우를 제대로 해준 적이 있냐? 있으면 말해 봐! 이제는 너희들이 사회적으로 양치는 소년이 된 지가 오래야!'라고 하는 것이 요즘의 사회적 분위기이다.

이렇게 사회적인 불신이 만연해 있는데 그렇게 성의 없는 글을 써서 붙여놓으면 목격자가 나타나 주지 않는다는 말이다.

이렇게 생각해 보자. 선사라는 말은 '가는 정 오는 정'에 해당하는 말로서, 내가 먼저 베풀면 부메랑처럼 되돌아온다는 것은 만고의 진리이다. 큰 사고를 당하고도(피해자), 사고 당사자라는 이유만으로 졸지에 죄인으로 몰려서 경제적, 명예적으로 혼수상태에 있는 사람이 목격자를 찾고 있다면 간절한 글귀를 써서 붙여 놓자는 말이다.

이를테면 이 사건을 목격하신 분께서 증언해 주시면 확실하게 경제적으로 어느 정도의 보상금을 드리겠다는 '가시적이면서도 확실한!' 공적인 약속을 하라는 말이다. 그런데 필자가 말하는 것처럼 이렇게 써 놓은 사람은 아직 한 번도 못 봤다.

목격자를 찾는 문구를 확실하게 적지 못하는 이유는 크게 두 가지로 분석해 볼 수 있다. 하나는 목격자로서의 확실한 가치가 없으면 어떻게 하나 하는 노파심에서 그럴 수 있고, 또 하나는 목격자가 정의감을 가지고 말 한마디 증언해 주면 되는데 무슨 경비를 그렇게 많이 줄 필요가 있겠는가 하는 생각에서일 것이다. 하지만 이는 매우 바보 같은 생각이다.

사고 당사자가 누명을 쓰고 있는 것이 사실이라면 필자가 주장하는 가시적인 보상액을 명시하지 못할 이유가 없지 않느냐는 말이다.

사실 말이 났으니 말이지 '후사'라는 그것의 금전적 가치가 얼마가 될지 아는 사람은 아무도 없다. 오직 아는 사람이 있다면 목격자를 찾는 사고 당사자일 게다. 이렇게 써 붙인 플래카드를 목격자 입장에서 볼 때 목격자를 찾는 사람의 그 마음이 가시적이라면 목격자로 나설 것인가에 대한 판단은 오래 해보지 않아도 된다.

다시 말해서 저 돈을 받고 내가 법원까지 가서 증언을 해준다 해도 별로 손해 볼 것 같지 않다는 메시지를, 목격자로 나설 사람들에게 반드시 전해 주어야 한다.

이 책을 읽는 분들은 절대로 후사라는 말을 사용해서는 안 된다. 세상의 정이란 '가는 정 오는 정'뿐이다.

사람들은 중범죄를 저지른 피의자를 수배할 때는 현상금을 잘도 건다. 그런데 교통사고를 일으키고 뺑소니를 쳤거나 가해자이면서도 피해자로 행세하며 거짓 진술을 하여 피해자를 패가망신시키는 행위도 중범죄임에 틀림이 없는데도, 목격자를 찾는 플래카드에는 남들이 흔하게 써 붙인 성의 없고 형식적인 말들로 후사하겠다고 한다.

이런 사람들은 대개 경제적으로 큰 부담을 떠안거나 가사가 기우는 경우도 있지만 사실상 사회로부터 낙오되는 것이나 다름없다.

필자가 실제로 이 부분에 대해서 수년간 손님들을 상대로 설문조사를 한 결과, "목격자로 나가면 바보 아닌가요? 거기 나가면 사람이 이상하게 돼요"라는 말을 서슴없이 한다는 것을 알아냈다.

사고 당시 분명하게 현장에 많은 사람들이 모여 있었는데도 불구하고 목격자는 나타나 주지 않는다. 어쩌면 우리 사회가 그 목격자를 나타나지 못하게 하고 있다는 말이 더 정확할 것이다.

우리가 알고 있는 사회적인 분위기는 그 사건 현장에 있었던 사람들이 이구동성으로 해왔던 말들로 짐작할 수 있다. 교통사고를 낸 당사자들의 근성이 화장실 갈 때와 나올 때의 모습이 너무도 달랐었다고들 증언해 오고 있는 것이다.

그도 그럴 것이 일단 한 번만 경찰이나 검찰에 출두를 하게 되면 그 이후로부터는 목격자의 의도와는 상관없이 법에서 부르는 대로 출두를 하지 않을 수 없다. 그런데 교통사고를 목격했던 증인들은 증인을 서 주고도 경제적으로는 물론이고, 심리적인 차원에서도 많은 피해를 보고 있다고 증언하기도 한다. 이거야말로 내 것 주고 뺨맞는 격이다.

안 그래도 증인으로 나서는 사람은 찌질이(바보)라고 생각하는 것이 사회적 분위기임에도 불구하고 억울하게 누명을 쓰고 고생하는 사고 당사자를 생각해서 용기를 내서 증인으로 나섰는데, 막상 나서고 보니 목격자를 간절하게 찾던 사람은 갑자기 마음을 바꿔 목격자를 처치 곤란한(수고비를 주지 않으려고 하는 심리) 존재로 생각하니, 증인의 입장에서 볼 때는 기가 막히고 후회가 막심할 것이다.

증인 입장에서 보면 사고 당사자가 그렇게 간절하게 찾던 플래카드의 글을 보면서 혹시 내가 목격자로 나타나 준다면 억울한 사람의 누명도 벗게 될 것이고, 또 이렇게 큰 피해를 본 사건을 정의롭게 해결해 줌으로써 혹시나 하면서 그 대가(증언을 해줌으로써 자기의 생업에 지장을 주는 시간의 인건비와 혹은 그 이상의 정보료 같은 것)를 생각해 볼 수도 있는 것이 어쩌면 인지상정일 것이다.

이를테면 내가 목격자로 나선다면 일단 누명을 벗는 사람이 경제적으로 회복되는 금액 중의 얼마 정도는 사례비로 받을 수도 있을 것이란 생각은 누구나 한번쯤 해볼 수 있는 것이 아닌가.

요즘은 정부에서도 부조리 근절 대책의 수단으로 '파파라치'라는 제도를 활용하고 있다. 이 또한 비리를 저지른 사람들을 알고 있는 사람들에 대한 상금 지급 방침을 시행한 후부터 큰 효과를 얻고 있다고 한다. 그렇다면 필자의 주장은 설득력을 더하는 것이다.

범죄자들을 검찰에 고발한 사람들이나 증인들이 보복을 당하고 심지어는 목숨까지 빼앗기는 험악한 세상이라 검찰에서는 증인들에 대한 보호를 보다 철저히 하는 법률을 만들어야 한다고 주장한다.

서울의 백주대로에서 교통량이 많은 시간대에 사고가 발생했는데 목격자가 없다는 것은 참으로 이상한 일이다. 분명히 사고현장에서는 그렇게나 많은 사람들이 모여서 수근거렸는데 말이다.

교통사고를 목격하고 신고하면 적지 않은 대우를 받을 수 있다는 사회적인 분위기를 만들어 갈 때 눈을 치켜뜨고 쳐다보는 사람들이 많아질 것이고, 뺑소니 사고도 크게 줄일 수 있는 확실한 방법이라고 당국에 제안하고 싶다.

보험회사에서 교통법규 위반차량을 찍어서 신고하면 건당 1만 원도 안 되는 보상금을 주겠노라고 했더니, 아주 많은 사람들이 몰려들어서 대성황을 이루었던 사실을 기억하고 있지 아니한가? 그 덕에 교통사고 또한 많이 줄어들었다고 언론에 여러 번 보도되었다. 앞으로 뺑소니 차량이나 교통사고를 목격한 증인으로 법적 진술을 하는 자에게는 정부 차원에서 확실하게 신변도 보호해 주고, 공무원이나 공공기관 같은 곳에 취직할 때 평가점수에 반영해 주는 어느 정도의 인센티브 규정만 있어도 엄청난 사회적 상처를 치유하는 계기가 될 것이다.

사고를 내고 뺑소니를 쳐 한 가정을 송두리째 망가지게 하는 죄를 저지른 사람을 처벌하는 데 있어 매우 중요한 목격자들을 예우해 주는 법적 제도를 마련함으로써 사전에 교통사고 뺑소니를 없애는 효과를 가져올 수 있기에 그렇게 건전한 사회를 만들어 가자는 필자의 주장은 아무리 강조해도 지나치지 않다고 생각한다.

이미 차는 한 가정에 한 대 이상을 보유하고 있다. 이제 자동차는 우리의 생활과 절대로 분리해서 말할 수 없는 생활도구라고 생각한다면 교통사고 또한 전 국민적인 관심사가 아닐 수 없고, 교통사고로 인한 선의의 피해자가 있어서는 안 된다는 말 또한 국민적인 차원에서 생각해야 한다.

목격자가 분명하게 존재하는데도 나타나 주지 않아서 억울하게 피해를 입고 사회의 낙오자가 되는 사람들은 사회에 대한 불만은 극에 달할 수밖에 없고, 이렇게 누명을 써 반사회적인 생각을 갖게 되는 사람들이 많아지면 많아질수록 우리 사회의 불안은 커져갈 수밖에 없는 것이다.

그리고 목격자가 나타나 주지 않는 바람에 가해자이면서도 피해자로 바뀌어 졸지에 피해자 신분으로 각종 혜택(?)을 맛보게 된 가해자는 '거짓말이 진실처럼 잘 통하는구나'라고 생각하고 그 사건 이후부터는 어디를 가나 웬만하면 거짓말로 일관된 삶을 살아갈 터이니 이거야말로 너무도 큰 사회적인 문제가 아닐 수 없다.

"야! 너는 말이야 만약에 교통사고 현장을 목격했다고 해도 절대로 증인으로 나서면 안 된다. 알았지? 절대로 증인으로 나가지 마! 얼마나 골치 아픈 줄 알아? 일단 한번만 경찰에 출두하면 그 사건이 끝날 때까지, 재수 없으면 판사 앞에까지 나가야 하는데, 그 사건으로 인해서 일도 못하고 스트레스만 받고 또한 경제적으로 손해 보는 부분에 대해서 어느 누구도 제대로 책임져 주지 않고 골치만 아프단 말이야! 절대로 증인으로 나가지 마! 나가면 호구(바보) 되는 거야 알았지?"

서울에서 보면 24시간 끝없는 자동차 행렬로 보아 거의 모든 사고현장에서 사고를 목격하는 일은 그렇게 드문 일이 아니다. 다시 말하면 교통사고를 목격한 사람이 없어서 나타나지 않는 것이 절대 아니다. 만약에 증인으로 나타났다가 보복조치라도 당하면 어쩌나 하는 두려움 때문에 나서지 않는 사람들도 적지 않다.

실제로 사건을 맡은 조사관도 어느 정도 가해자, 피해자 중에서 한 사람이 거짓말을 하고 있다는 심증이 가지만 목격자도 없고 찍어놓은 사진도 없는 상황에서는 사고 당시의 차량이 부딪친 상태나 당사자들의 진술에 의해서 이른바 과학적인 조사방법으로 결론을 내릴 수밖에 없는 것이 현실이다.

그래도 지금은 차량 블랙박스를 저렴한 가격에 부착할 수 있어 모범적인 운전을 하는 사람들에게는 정말로 다행한 일이 아닐 수 없다.

목격자의 사회적 대우

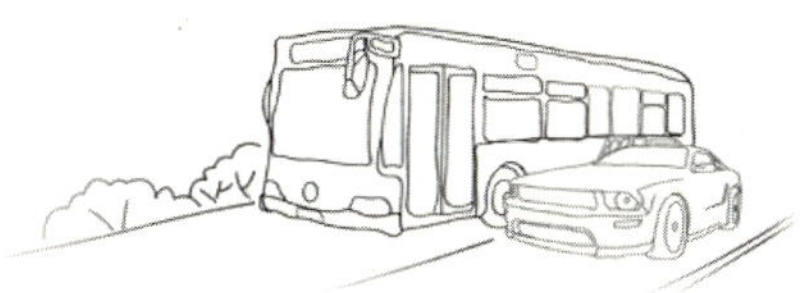

필자가 택시를 하면서 경험한 여러 건의 뺑소니 사건 중에서 하나를 소개한다. 2006년 겨울 새벽, 경기도 파주시 교화읍 월드 메르디앙 아파트 앞 지하차도 위 노상에서 손님을 내려주고 잠시 길가에 정차하여 그날의 수입금을 세어보려고 하는데, 필자의 택시 10m쯤 전방에서 SUV 차량 한 대가 지그재그식으로 서행 운전을 하고 있었다. 그 속도는 시속 10km 정도로 사람이 약간 빨리 걸어가는 정도였다. 필자는 그 동네에 주차해 놓고 손님을 기다리고 있던 교화택시 운전자에게 물었다.

"아저씨! 저 차 왜 저래요?"

"몰라요! 술 먹었나 봐요. 운전하면 안 된다고 여러 사람이 말렸는데도 불구하고 저렇게 끌고 가는 거예요."

"그래요! 그럼 신고라도 해야지요."

"놔둬요! 자기 인생은 자기가 알아서 사는 것 아니겠어요?"

파주 택시기사의 관심 없는 듯한 말투를 뒤로하고 필자는 시선을 바꾸어 그 차량을 쳐다보는데, 이미 수십 미터를 그렇게 지그재그 운전을 계속하고 있었다. 새벽 한가한 길에서 차량통행은 많지 않았으나 누가 보아도 한눈에 위험해 보이는 상황인데도 주변 사람들은 더 이상 말리지 않았다.

필자는 택시를 급히 몰아서 그 차량 옆으로 다가가서 클랙슨을 여러 번 울리면서 차량의 운전자와 시선을 마주치도록 유도해 보았지만 소용이 없었다.

그래도 또다시 클랙슨을 울렸더니 한참이 지나서야 그 사람은 필자 쪽으로 얼굴을 돌려 힐긋 한번 쳐다봤다. 그 운전자의 눈동자는 썩은 동태눈 그 자체였다. 그 음주운전자는 순간적으로 얼굴을 돌려 또다시 앞을 쳐다보며 전진하기 시작했다. 그렇다고 필자가 앞을 가로막고 차를 세울 수도 없는 노릇이어서 포기하는 것이 좋겠다고 생각했다.

그런데 교차로를 건너던 그 술 취한 차량이 횡단보도 앞의 인도에 설치된 둥근 대리석 기둥(차량들이 인도에 진입하지 못하도록 설치해 놓은 돌기둥)을 넘어트리고 그 돌기둥을 타고 넘어가서, 45도로 각도로 넘어져 있는 돌기둥에 차가 마치 낚시 바늘에 걸려 있는 것처럼 밑바닥이 돌기둥에 닿아서 차를 뒤로 후진하려 해도 빠져나올 수가 없었다. 한참 실랑이를 벌이던 술 취한 운전자는 뒤로는 나올 수 없다는 것을 알아차렸는지 전방으로 진행하여 그대로 돌기둥을 타고 넘어서 우측 방향 도로로 진입하여 주행하기 시작하였다.

필자는 어쩔 도리가 없다고 생각하고 운전하던 택시를 길 가장자리에 세우고 길가에 소변을 보면서 경찰에 신고하려고 핸드폰을 드는 순간 '와장창!' 하고 유리 깨지는 소리가 들렸다. 곧바로 그곳으로 택시를 몰고 달려갔더니 술에 취해서 달아나던 차량이 막다른 삼거리에서 좌회전이나 우회전을 해야 하는데 그대로 직진하여 맞은편에 자리하고 있던 상가 쇼윈도우를 정면으로 뚫고 들어가 있었다. 어쩌면 그렇게 정확하게 차의 꼬리도 남기지 않고 마치 자기 차고에 입고한 것처럼 들어갔는지 기가 막혔다. 소파며 컴퓨터며 상가 안에 성하게 남아 있는 것은 아무것도 없이 깡그리 망가져 있었다.

그런데 그런 상황에서도 술 취한 운전자는 자기가 사고를 낸 것을 알고 있는 건지 빠져나오려고 안간힘을 쓰고 있었다. 필자가 택시에서 내려 그 사고차량의 운행을 막으려고 차량의 뒤 창문을 세게 두들기며 소리를 질러도 아랑곳하지 않았다.

한참 만에 후진에 성공한 그 차는 빠져나오자마자 그대로 정신없이 시골길 편도 1차선 도로를 빠른 속도로 달아났다. 그렇게 눈도 제대로 뜨지 못할 정도로 취한 상황에서도 방금 전에 일어났던 사고가 매우 심각하다는 것을 알아차린 것 같았다.

이런 사건을 목격하게 된 필자는 평소에도 신고를 잘 하는 편인데 이런 사건은 그냥 지나칠 일이 아니었다. 이렇게 큰 사고를 내고 뺑소니를 쳤으니, 만일에 뺑소니 차량의 번호만 확인하여 그 피해자에게 제공한다면 일당 정도는 넉넉하게 챙길 수 있을 것이라는 생각이 필자의 용기를 부추겼다.

그렇게 큰 피해를 입혀 놓고 시골길로 급하게 도망가는 그 차는 조금 전에 지그재그 운전을 하던 술 취한 사람의 운전이라고는 믿어지지 않을 정도로 굴곡이 심한 시골길을 잘도 달렸다.

사고 차량을 약 2km 정도 따라갔을까. 갑자기 도망가던 차가 시골의 어느 동네 안쪽으로 급히 방향을 틀더니 전조등도 끄고 순식간에 사라진 것이었다.

사고를 낸 사람의 입장에서 생각해 보면 그 얼마나 놀랬겠는가. 술에 취한 상태에서 사고를 냈고, 사후가 무서워서 뺑소니를 치고 있는데 자기를 미행하는 것 같은 차량이 뒤에서 쫓아오고 있다는 느낌을 받았다면 술이 아무리 많이 취했다고 해도 정신이 번쩍 들 일이었을 게다.

한편 필자는 먼 발취에서 조심스럽게 따라갔는데 도주차량이 갑자기 없어지자 난감하기만 했다. 옛날처럼 시골에 차들이 없던 시절도 아니고 집집마다 마당에 차들로 가득 차 있으니 칠흑 같은 어둠 속에서 차고차량을 찾기는 힘든 상황이었다. 그렇다고 가까이 갈 수도 없었다. 미행하는 것을 눈치 채고 숨어 있다가 필자의 뒤에서 나타나면 봉변을 당할 수 있기 때문이다.

사실 필자도 겁이 없는 것인지 아니면 뭘 잘 몰라서 이런 짓을 하고 있는지 헷갈리기도 했다. 만일에 뺑소니를 친 사람이 해코지하고자 뒤에서 덮치기라도 한다면 정말로 목숨을 내놓을 수밖에 없는 상황이라고 생각하니 온몸에 소름이 쫙 끼치는 것을 느꼈다.

순간 정신을 가다듬고 '그냥 가자! 위험하니까…'라고 생각하면서 돌아가자고 마음먹었다. 이런 줄 알았으면 그 차량번호나 적어 놓는 건데 하면서 후회도 해보았다. 차량번호를 적을 수 있는 시간적 여유가 충분했었는데 아마 필자도 그 사건 자체를 즐기다가 기회를 놓친 것 같았다.

그냥 돌아가자고 마음먹고 그대로 차를 돌려서 파주 시내 쪽으로 돌아오는 도중에 사고를 냈던 상가 사무실에 들렀더니, 사무실 앞에는 무인경비 직원 한 사람이 서서 어디론가 전화를 하고 있었다.

필자는 택시에서 내려 사고를 처음 본 것처럼 그 무인경비 직원에게 왜 저렇게 가게가 망가졌느냐고 시치미를 떼며 물어 보았다.

"글쎄요, 누가 사고를 내고 도망간 것 같은데 상가 주인에게 전화연락을 하는데도 연락이 안 돼요."

필자는 자세하게 상가 안을 들여다보았는데 모든 사무실 집기는 어느 것 하나 성한 것 없이 부서져 있었다. 필자는 상태가 심각한 것을 보고 그대로 택시를 돌려서 아까 뺑소니 차량이 종적을 감추었던 그곳으로부터 100여m 떨어진 곳에서 불을 소등한 채로 잠복을 하기 시작했다.

그런데 1시간쯤 지났을까. 차량 한 대가 불을 켠 채로 차가 다니는 길로 나오고 있었다. 먼발치에서 보이는 차량은 도주한 차량 같아 보였다. 멀리서 지켜보고 있던 필자는 불을 켜지 않은 채로 그 차가 움직이는 방향으로 미행하기 시작했는데, 그 뺑소니 차량은 200m 정도 차를 이동하더니 어느 작은 정비업소 앞마당에 주차되어 있는 차들 사이에 그 뺑소니 차량을 주차하는 것을 목격했다.

필자는 침착하게 20여 분을 더 기다렸고 술 취한 운전자는 그제서야 차에서 내려 어둠 속으로 사라져 버렸다. 필자는 켕기는 마음에 그대로 30분 정도를 더 관찰했다. 그리고 그 운전자가 다시 나타나지 않는 것을 확인하고 택시에서 내려서 사고차량에 다가가서 어둠 속에서도 먼저 번호판을 확인하고 또 확인했다. 차량번호를 확실하게 적은 다음 차량을 살펴보니 사고 당시 상가의 유리창을 깨고 들어갈 때 그 조각들이 사고차량의 앞 유리창에 수북하게 쌓여 있는 것을 확인하고, 이 차가 사고차량이라는 확신을 가지고 조심스럽게 그곳을 떠났다.

돌아오는 길에 그 부서진 상가 사무실을 다시 한 번 봤는데 전쟁터를 방불케 했고 무인경비 직원도 보이지 않았다. 필자는 상가 사무실 간판의 전화번호를 적어 가지고 서울로 돌아왔다.

이튿날 필자는 횡재라도 한 것처럼 마음이 들떠 있었다. 오후 2시경 집전화와 핸드폰을 이용해서 그 부동산 사무실로 전화를 하면 신분이 노출될 것이라는 생각으로 필자가 사는 곳으로부터 약 2km 정도 떨어진 공중전화 부스를 이용해서 그 부동산 사무실로 전화를 했다. 여자가 전화를 받았다.

"거기, 어제 저녁에 사무실 망가지지 않았나요?"

"예? 그런데 누구세요?"

"아니, 그냥 전화 한번 해본 거예요."

"아니, 사무실 망가진 것을 어떻게 알고 전화를 했나요?"

그 여자의 말에 필자는 잠시 무슨 말을 해야 할지 당황하면서 머뭇거리는데 그 여자가 다그치며 물었다.

"여보세요! 혹시 이 사건을 알고 있는 사람이에요?"

"사실은 어젯밤에 그 사무실을 들이받는 차를 보기는 봤는데…."

"여보세요! 여보세요! 사고차량을 목격했다고요?"

여자의 목소리가 다급하게 들렸다.

"예!"

"여보세요! 제가 지금 바빠서 그러는데 금방 전화 드릴 테니 전화 번호 좀 가르쳐 주세요?"

"무슨 전화번호요?"

"지금 바쁘니까 금방 전화를 드릴 테니 전화번호 좀 가르쳐 달라구요?"

이게 무슨 소리인가. 필자는 정보를 제공하고 일당을 톡톡히 챙길 욕심으로 전화를 했고, 만일에 일이 잘못될 것을 염두에 두고 필자의 신분을 노출시키지 않으려고 궁리한 끝에 치밀하게 계산하여 타 동네 전화 부스를 사용하고 있는 중인데 이 여자는 필자보다 한술 더 뜨고 있는 것이 아닌가. 그것도 어설픈 핑계를 내세우는데 지금 상황에서 자기 사무실이 망가진 것보다 급한 일이 어디 있겠는가.

상태가 안 좋은 여자임에 틀림이 없어 보였다. 세상에 이런 상황에서 그렇게 얄팍한 생각을 할 수 있을까 싶었다. 필자 같으면 어떻게 하든지 목격자라고 하는 자에게서 전화가 왔으니 잘 달래거나 구워삶아서 현장에 오도록 분위기를 조성했을 텐데….

앞에서 언급한 것처럼 화장실 갈 때와 나올 때가 다른 사람들과 유사한 유전자를 지니고 있다는 생각이 필자의 머리를 스쳤다. 필자는 순간적으로 참으로 얄팍한 인간이구나 싶어서 "전화카드에 돈이 남아 있지 않아서 다시 전화할게요" 하고서는 전화를 일방적으로 끊었다.

그로부터 약 1시간이 지났을 무렵 필자가 살고 있는 동네에서 더 멀리 떨어진 공중전화 부스로 옮겨 다시 그 부동산으로 전화를 했다. 그랬더니 그 여자의 목소리가 확 바뀌어 필자가 무엇을 생각하고 있다는 것을 눈치라도 챈 것 같았다.

"아저씨, 일당은 넉넉하게 챙겨 드릴 테니 어서 오세요!"

이 여자가 이제야 제정신을 가지고 말한다고 생각되어 다음과 같이 물었다.

"그런데 아줌마! 피해액이 얼마나 됩니까?"

"한 3,000만 원 정도 되는데요."

"그렇게 많이 망가졌나요?"

"소파만 해도 1,500만 원 짜리예요. 아저씨, 빨리 좀 오세요!"

믿어지지 않았다. 직업이 소개업이라 그런지 사기성이 농후해 보였다. 그리고 그 여자의 말 속에서 매너가 좋지 않아 보이는 성분이 많이 함유되어 있음을 느꼈고 꺼림칙했다.

"그런데 아줌마! 내가 그곳에 가면 일도 못하고 경찰서에 가서 진술도 해야 하고 재수 없으면 검찰에 법원까지 가야 하는 것은 불을 보듯 뻔한 일인데… 너무 복잡해지는 것 아니에요?"

필자는 괜히 몸값(정보료)을 높여 볼 생각으로 뜸을 들였다. 속으로는 양심의 가책을 느끼면서도 정보를 제공하는데 뭔가가 확실하게 좀 더 나은 조건으로 보장되기만을 바라면서 말이다.

"아저씨! 걱정 마세요. 우리가 다 알아서 해 드릴 테니까요."

"무엇을 알아서 해줘요?"

"아저씨! 얼마나 드리면 되겠는데요?"

"아줌마! 그것은 그쪽에서 알아서 해줘야지요."

"그러면 아저씨! 20만 원 드리면 되겠어요?"

필자는 속으로 어젯밤에 그렇게 고생을 했는데 20만 원이라니 짜도 너무 짜다는 생각이 들었고, 재수 없어 여러 번 불려 다니면 인건비도 안 되겠다고 생각했다.

"아줌마, 그 돈 받고는 갈 수가 없어요. 나 전화 끊습니다."

"아저씨! 아저씨! 잠깐만요. 얼마를 원하는지 말을 해야지요. 말해 보세요!"

"아니 아줌마! 3,000만 원을 잃어버릴 뻔했던 것을 위험을 무릅쓰고 추적하여 몇 시간 동안 밤새 그 고생을 했는데 20만 원이 뭡니까?"

"알았어요 아저씨! 그러면 30 드릴게요. 됐어요?"

잠시 뜸을 들이던 필자는

"오늘은 피곤해서 못 가구요, 내일 전화 드릴게요."

"그러면 아저씨 전화번호라도…."

"내일 간다니까요."

"정말로 오시는 거죠?"

"간다니까요."

"알았어요. 그러면 살려주시는 셈치고 내일 꼭! 좀 와주세요! 부탁합니다."

"알았어요! 그런데 거기 사무실로 가면 되나요?"

"그럼요! 내일 몇 시에 올 건데요?"

"오후 2시쯤 갈게요."

그리고는 전화를 끊었다. 그 아줌마 입장에서 생각해 보면 미치고 환장할 일일 것이다. 자기 사무실을 어떤 인간이 때려 부수었는지 모르고 있을 때는 단념이라도 했었지만 지금은 잘하면 범인을 잡을 수 있을 것 같은 상황인데도 뺑소니 차량을 보았다는 인간은 전화로 약만 올리고 인건비 타령이나 하고 있으니 말이다.

하지만 필자 입장에서 보면 정의감을 내세워 위험을 무릅쓰고 뺑소니 차량을 추적하여 확보하고 있는 정보는 매우 환금가치가 높다고 얼마든지 생각할 수 있는 것이다. 현행법은 현금을 주워서 주인을 찾아줘도 습득한 금액의 20%를 보상금으로 주게 되어 있다. 그 부동산 주인 말로는 3,000만 원을 도둑질해 간 도둑놈을 위험을 무릅쓰고 미행해서 찾아준 건데, 10%만 준다 해도 300만 원인데 이들은 현행 법률마저 어기고 있는 것이다. 치사해서 차라리 안 받고 봉사하는 것이 낫지 1%에 해당하는 30만 원을 주겠다고 한다. 없었던 일로 하면 어떻겠느냐고 아내와 상의했더니 피해자를 생각해서 알려 주라고 했다.

다음날 필자는 택시를 끌고 그곳을 찾았다. 예상했던 대로 필자가 현장에 도착하자마자 어떤 사람은 먼저 카메라로 필자가 타고 간 택시를 찍었고, 차번호는 물론이고 아예 10여 명의 사람이 택시에서 내리는 필자를 에워싸듯이 했다. 차에서 내리자마자 어제 통화했던 그 여자 하는 말이 다짜고짜 자기 남편이 형사생활을 하다가 정년퇴직한 지 몇 개월 안 됐다고 하면서 뺑소니 차번호를 달라고 했다. 한마디로 싸가지가 없을 것 같다는 예측이 적중했다.

필자는 돈 먼저 달라고 했다. 몇 마디 대화가 오갔는데 그쪽에서는 필자에게 고맙다는 말 한마디 없어서 기분이 매우 나빴다. 30만 원을 건네받은 뒤 차량번호를 알려주었더니 잠시 후 경찰이 왔다. 1시간이나 지났을까. 용의자의 소재지가 파악되었고, 도주자는 당일 오후에 파주경찰서에 출석하겠다고 했단다. 필자는 일단 귀가했고 다음날 목격자 진술서를 작성해서 경찰서에 제출하였다.

돈이 아쉬워서 하는 말은 절대로 아니다. 일단 부동산 주인의 매너는 이해하기가 힘들었다. 이렇게 사람들의 양심이 의심스럽기만 하니 누가 목격자로 나서겠는가 말이다. 현금을 습득하면 20%를 습득자에게 주라는 법은 조법할 때 충분히 토론하고 그 타당성이 인정되어 만들어졌을 것이다.

그런데 필자와 같은 사건은 현금을 주운 것보다도 그 가치나 공로면에서 본다면 훨씬 크다고 할 수 있을 텐데, 뺑소니 차량을 추적한 용감한 필자를 대하는 그들의 매너는 빵점이었다. 이렇게 좋은 일을 하고도 푸대접을 받으니 그 누가 목격자로 나서겠냐는 말이다.

거리에 플래카드를 아무리 많이 붙여놓는다고 하더라도, 또 사고현장을 목격한 목격자가 여러 명이 있다고 해도 이런 상황이 벌어진다면 굳이 나타날 이유가 없다는 것이다.

목격자는 현장에서 확보하라

필자는 다음과 같은 사고처리 방법을 제시한다.

이제 우리 모두에게 있어 교통사고는 피해갈 수 없는 인생길의 허들 경기와도 같은 것이다. 내가 아무리 조심스럽게 운전한다고 해도 발생하는 모든 교통사고의 60%는 추돌사고라고 한다. 뒤에서 가만히 서 있는 차를 들이받는데 어떻게 피할 수 있겠느냐는 말이다.

필자는 다음과 같은 일도 경험했다. 신호대기에서 혼자 신호를 기다리고 있는데 갑자기 끽! 하는 소리가 들려서 얼른 룸미러를 봤더니 필자의 뒤로 차가 급히 다가오고 있었다. 급히 차를 앞으로 5m 정도 뺐더니 뒤에 접근해 오던 차는 필자가 정지해 있었던 바로 그 자리에 겨우 멈추어 섰다. 만약 순발력이 없었다면 추돌사고를 면치 못했던 상황이었다. 뒤따라오던 차는 많이도 놀랬을 것이다. 필자가 서 있던 자리 외에는 피할 곳이 없었으니 말이다.

그 차 운전자는 차에서 급히 내리더니 필자에게 다가와서는 고맙다는 인사를 열 번도 더 했다. 마침 필자 앞에 아무런 차도 없었으니 망정이지 하마터면 추돌사고를 피하지 못했을 것이다. 사고는 나만 잘한다고 해서 안전한 것은 아니라는 말이다. 일단 누구든지 도로에 나오면 사고는 그야말로 운명적일 수밖에 없는 것이다.

교통사고를 매일 당하는 것도 아니고 어쩌다 당하는 교통사고를 능숙하게 처리할 수 있는 사람은 많지 않을 것이다.

내가 무단횡단하는 사람을 친다든가 애매모호하게 일어난 교통사고는 반드시 현장 확보가 중요하다. 여의치 않을 경우에는 증인을 확보하는 수밖에는 없다. 그런데 어느 사고현장이든지 한적한 곳을 제외하고는 서울시내에서 사고가 나면 구경하는 사람들이 모여들게 마련이다.

이렇게 생각해 보자. 교통사고가 났는데 사고현장을 보존할 수 없는 상황에서 증인이 반드시 필요한 경우는 적지 않다. 사고가 발생하면 가장 먼저 처리해야 하는 것은 다친 사람이 있으면 우선 경찰에 부상자가 있다고 신고해야 한다. 사고현장에서 부상자를 우선 처리해야 하는 이유는 교통사고로 인한 환자는 촌각을 다투는 경우가 허다하기 때문이다.

이러한 위급한 상황에 닥치다 보면 처음 경험하는 사람들 대다수가 당황하여 증인을 확보하는 데 실패하기도 하지만 증인 확보를 생각할 정황이 없다고 할 수도 있다. 아무튼 웬만큼 큰 사고가 일어났다고 하면 거의 모든 사람들이 반쯤은 정신이 나간다고 해도 과언이 아니다.

그러나 호랑이 굴에 들어가도 정신만 차리면 살 수 있다고 했던가? 가장 먼저 부상자를 구해야 하는 것은 교통사고 당사자들에게 있어 법이 정한 의무사항이기에 황급히 처리해야 하고, 그 다음에 곧바로 증인 확보에 나서야 한다. 그 사고가 큰 사고라고 하면 한 개인에게 있어서 경제적, 명예적인 차원에서 볼 때 치명적인 사건일 수도 있기 때문이다.

그렇다면 경찰에 신고하고 부상자 응급조치를 해놓고 경찰이 올 때까지 잠시의 시간이 주어진다. 이때 정신을 가다듬고 증인을 확보해야 한다. 사람들이 사고현장을 목격했을 때는 잘못이 없는 사람에게 대개는 호의적인 면을 보이면서 누가 잘못한 것이라고 수군거리기도 한다.

이 기회를 놓치지 말라는 말이다. 사고 당시에 현장에서 증인을 확보하지 못하면 매우 힘들다. 아니 영원히 확보하지 못할 수도 있다.

앞에서 언급했던 필자의 경우처럼 사람들의 마음은 황급함을 보이다가도 얼마 가지 않아 화장실에 다녀오는 평화로운 모습으로 둔갑한다는 것이다.

증인을 서기 위해 관계기관에 쫓아다니면서 고생하는 데 드는 비용과 일을 못하는 인건비 그리고 그렇게 큰 사고현장을 증언해 주는데, 증인에게 돌아가는 대가(정보 이용료)는 어떻게 산출되는지, 기타 등등의 생각으로 누구나 망설이게 된다. 또한 증인이 되려는 사람의 주위에서도 그동안 증인을 애타게 찾던 사람들의 뒤끝이 너무 안 좋다고들 하니까 함부로 증인으로 나서면 안 된다는 등의 주변 환경 때문에 증인을 확보하기란 그렇게 쉽지는 않다. 그렇다고 증인으로 나서는 사람의 경제적 손실을 그 자리에서 계산기를 놓고 두들겨볼 수도 없는 노릇이고….

어쨌거나 증인을 확보하기 위해서는 위에서 언급한 것처럼 상가 사무실을 운영하는 그런 사람들과 같은 매너로 목격자를 확보한다면 100% 실패할 것이다. 그리고 쇠뿔도 단김에 빼야 한다. 순식간에 일어난 사고현장 앞에서 구경꾼들 중에는 부탁하지도 않았는데 증인으로 나서겠다고 하는 정의감 있는 사람들도 더러는 있다.

사고신고를 했고 부상자를 처리하고 경찰이 오고 있는 사이에 빨리 계산해 봐라. 사고의 피해액이 1,000만 원 정도 된다고 치자. 그냥 대충 계산하는 것이다. 자기의 사회적인 경험을 바탕으로 말이다. 그리고 생각해 보자. 이 사건이 애매모호한 부분이 있는지 말이다. 짧은 순간에 빠른 판단을 해보자는 말이다.

인사사고가 끼었을 때는 더 긴장해야 한다. 사건 자체가 누가 보아도 가해자가 명확하다고 판단될 때에는 모르겠지만 사고현장 증거확보에 실패하거나 나에게 잘못이 없는데도 가해자로 몰릴 가능성이 어느 정도 있다고 생각되면 목격자를 확보하는 일이 그 사건을 확실하게 마무리하는 데 가장 중요한 열쇠가 된다.

여러 가지 복잡하게 생각하지 말고 피해금액이 얼마쯤 되겠다고 추정된 금액의 1/3 내지 1/4 정도, 다시 말하면 가해자로 몰려서 사건이 잘못될 경우의 경제적 손실이 1,000만 원이라고 한다면 20~30%인 200~300만 원 정도 주겠노라고 쿨하게 먼저 말을 꺼내라. 그리고 간곡하게 부탁을 하여 증인을 확보하라는 말이다. 처음에 그렇게 제시한다 해도 선뜻 나서는 사람은 드물 것이다. 왜냐하면 그 돈을 준다는 말에 호감은 가지만 돈을 내놓으면서 하는 말이 아니기 때문에 그 목격자는 망설일 것이다. 물론 현금을 그렇게 많이 가지고 운전하는 사람들은 많지 않을 것이다.

그렇기 때문에 그 목격자가 보는 앞에서 가족이나 지인에게 전화하여 돈을 즉시 가지고 현장에 오라고 해라. 아니면 그 목격자의 통장에 제시한 금액을 현장에서 곧바로 입금하고 확인가능하게 하라는 말이다. 아마도 그런 태도를 취하는 것을 보게 되면 대부분의 사람들이 화끈한 사고 당사자의 성격에 매료되어 목격자로 나설 것을 약속할 것이다. 견물생심이란 이럴 때 사용하는 말일 게다.

그렇지 않고 말로만 준다고 하는 사람들은 후사하겠다고 말하는 사람들과 조금도 다를 바 없는 것이다. 이런 사람들은 사고현장에서조차 목격자를 확보하지 못하는 결과를 가져올 것이고, 이는 마치 플래카드를 써 붙이는 사람들과 조금도 다를 것이 없다. 그리고 그 증인에게 한마디 더 해라. "여러 번 귀찮게 해드리게 되면 그 이상의 수고비도 추가해서 드리겠습니다"라고 말이다.

정중하게 말하고 감사하다는 말을 여러 번 전해라. 이때 사고현장에서 확보하려는 목격자는 필자가 주장하는 바로 그 스님이다(중은 절대로 자기 머리를 스스로 깎지 않는다). 적절한 보상금을 정하는 사고 당사자는 스님의 머리카락을 깎아주는 이발사에 해당된다. 그 목격자는 절대로 자기 머리(목격자의 정보료)를 스스로 깎지 않는 것이 세상이 정한 이치다. 왜냐하면 주위의 이목도 있고 체면을 유지해야 하기 때문이다. 사고 당사자가 안 깎아주면 결국에 그 중(목격자)은 머리를 못 깎게 되고 마는 것이다. 따라서 그 사건의 목격자는 현장을 떠나면 공중분해가 되고 마는 것이다.

그동안 많은 사람들이 증인확보에 실패한 이유는 처음 경험하는 사고현장에서 당황한 나머지 시간을 놓쳤거나 사고를 내고 증인이 필요한 상황인데 증인에 대한 예우를 현명하지 못하게 처리했던 과거의 전례 때문일 것이다.

어떠한 일이 발생되면 거의 모든 사건이 돈하고 직결되게 된다. 사람의 심리란 그 가치가 권장소비자가격이나 공시지가처럼 정해져 있지 않아 내가 알고 있는 정보(사고현장 목격)에 대해서 보다 많은 대가를 요구할 수도 있다.

이것은 누구나 생각해 볼 수 있는 일이다. 그런데 그 가치를 정하는 기준이 애매하다. 시가가 매겨져 있는 것도 아니고 통상적인 가치기준이 있는 것도 아니고, 받는 사람 입장에서는 한 푼이라도 더 받으려고 생각하게 마련이다. 큰 사고현장을 목격했을 때 내가 증인을 잘 서주면 사고 당사자는 큰 재정적 손실과 불명예에서 벗어날 수 있는데, 그 사고 당사자에게 있어서 증인이란 구세주와도 같은 존재라고 생각할 수도 있다는 것이다.

대부분의 목격자 위치에 서 있는 사람들은 자기 스스로 가치를 정하여 상대에게 제시하지 않는다. 다만 상대가 가려운 곳을 알아서 긁어주기만을 바라고 있는데, 여기서 흥정이란 없다.

사고현장을 목격한 목격자는 자기에게 대우해 주는 만큼 내용을 확인한 후 증인으로 나설 것인가에 대한 가부간에 결정을 하게 된다. 반면, 사고 당사자 입장에서 본다면 그냥 사고만 목격했다고 증인 한번 서주면 내가 식사라도 한번 대접하면 되는 것이지, 그것을 가지고 무슨 돈벌이 수단으로 생각할 것까지야 없지 않겠느냐고 생각하는 사람들도 분명히 있다.

일을 처리하는 데는 내 의견도 중요하지만 상대의 의견은 훨씬 더 중요한 것이다. 여기서의 상대는 증인이고, 증인의 심리를 이해하지 못하면 증인을 확보해야 하는 급박한 상황은 흥정 한번 할 겨를 없이 영원히 사라져 버리게 된다.

이 상황에서는 오직 하나, 증인을 확보해야 한다는 생각만 해라. 그리고 증인을 포기한다고 했을 경우를 생각해 봐야 한다. 사고 피해액이 1,000만 원 정도 되고 그 사고는 내가 잘못한 것이 아닌데 누명을 썼다고 생각해 보자. 일단 사고 피해액이 물건(대물), 대인을 합쳐서 1,000만 원 정도로 잡자. 이 사고로 인하여 우선 눈에 보이는 것만으로 1,000만 원이지, 인사사고에 대한 형사합의금이 환자에 따라 다를 수도 있겠지만 수백만 원이 날아갈 수도 있다.

그리고 이 사고로 인하여 벌금도 내야 하고, 합의를 안 볼 경우에는 더 큰 손해도 있을 수 있다. 또한 가해자로 몰리면 피해자와는 달리 경찰서나 검찰에 여러 번 불려 다닐 수도 있고, 어디까지나 과실 범죄지만 교통사고 전과자로 기록이 남으면 여러 가지 사회생활을 하는 데 제약이 뒤따르는 수도 있다.

피해자면서 가해자로 몰려서 받는 스트레스는 이루 말할 수가 없고, 이로 인하여 멍든 마음의 상처까지 생각한다면 눈에 보이는 것만 천만 원이지, 필자가 열거한 것들을 곰곰이 따진다면 그 피해액은 2,000만 원 이상도 산출이 가능하다. 이렇게 놓고 본다면 사고현장에서 증인을 확보하는 데 드는 비용 2~3백만 원은 아무것도 아니라는 결론을 얻을 수 있을 것이다.

다시 말하면 분배의 원칙을 잘 지키면 되는 것이다. 내가 피해를 보지 않으려고 목격자를 확보하는 데 있어서 그 목격자는 나에게 너무도 소중한 사람이다. 그런 사람을 소홀히 대할 수는 없다는 논리다. 이렇게 소중하고 고마운 사람에게 돈 몇 푼이 아까워서 망설일 수는 없다는 결론이 나온다. 급박하게 돌아가는 사고현장에서 목격자를 확보하는 데 있어서 쿨하디 쿨하게 행동해야 한다. 그야말로 호미로 막을 일을 가래로 막아도 해결치 못하는 결과를 가져올 수도 있다는 말이다.

물론 필자가 이런 말을 하지 않아도 모든 사람들이 정의의 편에 서서 의롭게 참여해 준다면 좋으련만, 그것은 이미 호랑이가 담배 피우던 시절의 얘기가 된 지 오래다. 지금은 자동차 문화의 홍수 속에 치열한 경쟁이 겹쳐 정신을 똑바로 차리지 아니하면 큰일을 수도 없이 당하며 살 수밖에 없는 사회로 변질됐기에 하는 말이다.

재차 언급하는데, 사고가 나면 우선해서 부상자를 구조하고 그리고 현장 확보가 애매한 사고는 반드시 목격자를 확보해야 한다. 이때는 과감하고 쿨하게 행동하라는 것이다. '쿨하게'라는 말은 내가 차지하는 것 중에서 조금만 더 양보하면 된다.

병을 예방하는 데 드는 비용이 10만 원이라고 한다면 예방을 안 해서 병에 걸린 후 병을 치료하기 위해 드는 비용은 예방비용의 5배(50만 원)나 든다고 하는 통계가 있다. 무엇이든 사전에 방어하는 것이 크게 남는 장사라는 말이다. 물론 정신적으로 시달린 것은 제외하고 말이다. 이런 차원에서 본다면 사고현장에서 증인을 확실하게 확보하는 일은 병을 예방하는 것과 똑같은 이치이다. 세상을 지혜롭게 살아가는 것 중에 가장 현명하다고 할 수 있는 것은 내가 조금 손해 본다고 생각하면서 살아가는 것이다.

요즘은 돈을 많이 번 후 사회에 환원해 주는 것이 유행처럼 되어 가고 있다. 월드스타 성룡도 4,000억 원을 사회에 환원했고, 빌 게이츠도 3자녀에게 6천만 불만을 남기고 재산 전액을 사회에 환원할 의사를 공개적으로 천명한 바 있다.

이렇게 젊고 부유하지만 평범하게 사는 사회 지도층 인사들이 기부사업에 앞장서고 있는데 그 사람들을 가리켜 '욘족(Young And Wealthy but Normal, YAWNS)'이라고 부른다.

필자의 횡재

한때 필자는 택시운전을 잠시 그만두고 충남 병천이라는 곳에서 약 한 달간 머물렀던 적이 있었다. 2005년 12월 24일 크리스마스이브 밤 11시경, 천안의 북면 중앙아파트 앞길 버스정거장을 약간 벗어난 도로에서 있었던 일이다.

눈이 많이 와서 도로는 빙판길 상태였다. 당시 머물고 있던 아파트에 들어가려고 산 지 3달 정도 되는 필자의 SM7을 길가에 주차하려고 차에서 내리려는 순간, 무엇이 꽝하고 운전석 쪽 후미를 부딪치는 것이 아닌가. 순간적으로 차 밖을 쳐다보니 티코처럼 생긴 차가 달아나는 것이 보였다.(피해액 100만 원)

밤이 어둡고 길에 눈이 쌓여 미끄러워서 매우 조심스럽게 운전을 하는 도로상황에서 가해차량이 미끄러지면서 필자의 차를 들이받고 뺑소니를 친 것이다.

필자는 그 즉시 차를 몰아 편도 1차로의 시골길에서 도주차량을 뒤쫓으려는 순간, 운명의 장난처럼 한가하던 시골길에 갑자기 바로 앞으로 트럭 한 대가 끼어드는 것이 아닌가. 정신없이 중앙선을 넘어 그 트럭을 추월하려는 순간 맞은편에서 차량 한 대가 다가왔고, 또 한 대의 차가 뒤따라오고 있었다.

급한 마음에 두 대를 보내고 한참 뒤에야 앞에 가던 트럭을 추월하여 뺑소니차를 따라가 보았으나, 필자가 아무리 택시를 오랫동안 운행한 경험이 있다고 해도 사고를 내고 도망치는 차를 따라잡을 수가 없었다. 이미 시간이 많이 지나 그 뺑소니차는 어디로 사라졌는지 종적을 감춘 상태였다.

허탕을 치고 사고현장으로 돌아온 필자는 가해차량에서 부서져 떨어진 것으로 보이는 몰딩 부스러기들을 모아 병천 지구대에 가져다주고 뺑소니 사고 신고를 했다. 그리고 귀가했는데 신고는 했어도 크게 기대하지는 않았다. 왜냐하면 서울에서 김 서방 찾기라는 생각이 들었기 때문이다. 뺑소니 차량이 티코라고 어렴풋이 아내가 기억하는 것 말고는 단서가 없었고 목격자 또한 없었다.

그렇게 1주일 정도 지났을까. 밤에 귀가하면서 바로 사고가 난 그 자리에 필자 차를 세우고 집으로 들어가는데, 근방에 위치한 작은 슈퍼마켓 앞에 서 있는 티코를 아내가 가리키면서,

"여보! 저 티코 좀 봐! 저 티코 혹시! 우리 차 들이받은 차 아냐?"

"그럴 리가 있나?"

"아냐! 저 차 문짝 좀 봐! 몰딩이 다 망가지고…. 우리 차를 들이받은 곳과 접촉한 위치가 비슷하잖아? 우리 차는 운전석 후미이고, 저차는 조수석 옆구리잖아…. 우리 차를 받은 차일지도 모르니 빨리 번호 좀 적어 놔 봐!"

아내의 말에 설마 그럴 리가 있겠어 하면서도 만에 하나 아내의 예감이 적중한다면 수일 전에 있었던 뺑소니 사건의 한을 풀 수 있다는 생각이 들었다. 밑져야 본전이 아니겠는가.

그런 생각을 하고 있는데 슈퍼에서 뭔가를 한아름 사들고 나오는 20대 후반의 남자가 티코로 다가오고 있었다. 필자는 잽싸게 티코 주변에서 벗어나면서 곁눈질로 번호를 외우면서 티코를 주시하자 그 남자는 이상하다는 듯이 우리를 힐끔 쳐다보더니 이내 티코를 끌고 사라졌다.

아내는 나에게 번호를 적었으면 경찰에 신고하자고 했다. 필자는 그 길로 병천 지구대로 달려가 티코 차량을 신고했고, 그로부터 한 시간 정도 지난 후에 경찰로부터 전화가 왔다. 우리가 신고한 차량이 뺑소니 차량으로 확인됐다는 연락이었다. 필자는 세상에 태어나서 이렇게 황당하리만큼 왕재수를 경험하기는 처음이었다. 복권에 당첨된 사람들의 기분을 알 것 같았다. 아니, 오히려 복권보다도 더 기분이 좋았다. 왜냐하면 보상도 확실하게 받을 것 같고 복수도 할 수 있으니까 말이다.

필자는 경찰에게 어떻게 확인했느냐고 물어 보았더니, 사고차량의 부서진 몰딩이 사고 당시 경찰에 주워다 준 몰딩 조각과 일치한다는 것이었다. 그 뺑소니 차량이 우리에게 발견된 원인은 사고를 낸 사람의 친구가 그 사고 차량을 빌려 그날 슈퍼에 물건을 사러왔다가 우리 부부에게 발각된 것이었다.

경찰에서 일단 조사를 마친 후 그 뺑소니 운전자는 필자를 불러 죽을죄를 지었다고 사정을 하면서 얼마를 드리면 되겠느냐고 조심스럽게 물어왔다.

필자는 가해자에게 당장 피해금액을 산정할 수는 없고, 정비사와 상의해 보고 견적이 나오는 것과 사고가 나 수리한 사고경력이 있는 차량을 매매할 시 제값을 받을 수 없는 부분까지 변상(사고로 인해 제값을 받지 못하는 부분에 대해서도 가해자가 변상해야 한다는 대법원 판례)해야 할 것이라고 하면서 며칠을 두고 계산하였다.

그 후 천안경찰서에서 조사를 받는 도중에 뺑소니 친 가해자로부터 죄송하다는 사과의 말과 함께 매우 흡족하리만큼 충분한 보상을 받아낸 적이 있다.

필자가 이 사고를 소개하는 이유는 목격자가 없으면 그대로 끝이 나는 사건이었는데, 끝까지 정신을 차리고 사고 당시 현장에 남아있던 몰딩 조각들을 주워 경찰에 가져다준 것이 훗날 뺑소니 사건의 실마리가 되었다. 끝까지 정신을 차려 매사에 임해야만이 좋은 결과를 얻을 수 있다는 말을 하고 싶은 것이다.

도로에 나오면 우리 모두가 피해갈 수 없는 운명적 상황에 놓이게 되므로 일단은 정신을 똑바로 차려야 한다. 위험 천지란 말이다.

2010년 8월, 대한민국에 무보험으로 운행하는 차량이 90만 대가 넘었다고 발표했다. 이렇게 보험을 들지 않는 사람들은 대부분 경제적 어려움 때문일 것이다.

운전석 가까운 곳에 필기구를 상시 비치하도록 하라. 집에서 쓰다 남은 립스틱도 유리창에 잘 써지고 잘 지워진다. 긴급 상황에서 유용하게 사용할 수 있다. 가급적이면 카메라를 설치하는 방법이 좋다. 우선은 목돈이 들지만 만일을 위해서라면 큰 비용도 아니다.

그래도 지금은 세상이 많이 좋아져 차량용 블랙박스가 있어 그나마 사건을 해결하는 데 많은 도움이 되고 있고, 그 카메라 때문에 횡포운전이 줄어들고 있다고 한다. 그나마 다행한 일이 아닐 수 없다.

잔머리

화곡동 우장산역 근처 로또복권을 파는 가게에 다음과 같은 플래카드가 붙어 있었다. "로또 1등 당첨을 축하합니다!"

대개의 로또복권을 파는 가게들은 몇 회 때에 1등이 당첨된 집, 또는 2등이 당첨된 집이라고 써 붙여 가게를 선전하는 데 비해, 이 가게는 밑도 끝도 없이 "1등 당첨을 축하합니다!"라고 큰 글씨로 써 붙여 놓았다. 1등이 언제 당첨됐다는 내용 또한 없었다.

그렇지만 조금만 생각해 보면 그 로또 가게 사장의 얄팍한 상술을 읽을 수 있을 것이다. 사람들이 스치는 눈길로 '1등 당첨을 축하합니다'라는 문구만을 보고 깊이 있게 생각해 보지 않는다면, 마치 그 가게에서 1등 복권이 담청된 것처럼 착각할 수밖에 없다는 것을 노렸다는 사실을 말이다.

필자의 지인이 관광지에서 식당을 운영했었는데, 약 30평 되는 식당의 매상이 하루에 20만 원 정도여서 종업원 월급 주기도 힘든 상황이었다. 그곳에는 전통음식을 파는 식당들이 30여 곳 운집해 있는데 거의 모두가 유명 방송국에 음식을 소개하는 프로그램에 소개된 집들이라고 엄청난 사진을 붙여놓고 장사들을 하고 있었다.

필자의 지인은 아무런 조치 없이 그냥 장사만 하고 있었기에 필자가 방송에 한번 출연해 보라고 제의했더니 그러자고 동의했다. 그런데 아는 사람을 통해 비용을 물어봤더니 1,500만 원을 요구하더란다.

너무 비싸다고 했더니 그쪽에서 하는 말이 "세상을 잘 모르시는군요!"라고 했단다. 그러니까 맛있는 집들을 방송국들이 발굴해서 소개하기보다는 돈만 주면 출연이 가능하다는 말이었다.

비용이 너무 비싸서 포기하고, 방송 3사의 음식을 소개하는 프로그램 제목 모두를 큰 글씨로 간판처럼 써서 붙였다. 그러니까 방송사의 이름만 써서 붙인 것이지 어느 방송사에 출연한 적이 있다거나 또는 없다고 언급하지는 않았다는 말이다. 다시 말하면 스치듯 보는 관찰력이 부족한 사람들에게는 마치 방송사에 출연한 식당처럼 보이게 하려는 얄팍한 상술로서, 이거야말로 그 글귀를 본 사람들이 속아 넘어가 주기를 노린 것이었다.

그런데 웬걸! 효과는 대성공이었다. 하루 20만 원 안팎의 매출에서 거짓말 같은 일이 벌어졌다. 일일 매상이 100만 원을 넘나드는 엄청난 증폭을 가져온 것이다. 그것도 하룻밤 사이에 일어난 일이었다. 거짓말처럼 말이다.

지금까지 5년째 진국을 빼먹고 있다. 동네장사라면 식당주인의 속만 내보이고 말 수밖에 없는 유치한 방법이었을 텐데 그곳은 관광객이 많이 몰리는 장소였기에 먹혔던 것이다.

웃기는 것은 방송에 출연하지 않았는데 방송에 출연한 것처럼 표시하면 벌금이 3,500만 원이라 했다. 그러나 벌금 맞을 일이 없다. 왜냐하면 방송국에 출연했다고 언급한 부분이 전혀 없었기 때문이다. 단지 방송국의 프로그램만을 선전하는 데 동참했을 뿐이다.

세상을 살아가기엔 경험과 지식 그리고 상식도 중요하지만 이것들은 하드웨어에 불과한 것이다. 중요한 것은 소프트웨어라 말할 수 있는데 세상을 살아가는 지혜와 그 요령들이다. 뇌에 각종 정보를 저장해 두는 곳을 뉴런이라고 한다. 이 수많은 정보를 담고 있는 뉴런들을 서로 연결해 주는 고리(시냅스)를 잘 이용하지 못하면 아무런 소용이 없다. 그러니까 아무리 많은 정보를 가지고 있다 해도 자신의 삶에 필요한 이런 저런 정보들을 서로 잘 엮어내야만 훌륭한 지혜와 요령이 만들어지는 것이다. 이런 정보들을 잘 이용하려면 자주 활용하는 습관이 생활화되어야 한다는 말이다.

'빠삐용'으로 유명해진 영화배우 더스틴 호프만이라는 작은 체구의 미국인은 '레인맨'이라는 영화에 자폐증 환자로 출연하기 위해 정신병원에 입원하여 환자들과 똑같이 6개월간 생활한 사실이 그를 소개할 때마다 수식된다. 인기 개그맨도 5분을 출연하기 위해 6개월간 피나는 연습을 했다는데, 그렇게 해서 그는 인기 개그맨이 된 것이다. 인생은 연극인데 NG를 내지 않으려면 연습에 연습밖에는 없다. 더스틴 호프만처럼 말이다.

끝으로, 백 번이고 천 번이고 안전운전에 대한 요령을 잘 연습하여 위험투성이인 도로에서 전천후적인 베테랑 운전자가 되시어 여러분의 가정에 행복이 함께하시길 진심으로 바란다.